Über Wölfe
und
Hunde

*Die vier Jahreszeiten der Hunde: Der Frühling.
Stich von Johann Elias Ridinger*

Rolf von Ende

ÜBER WÖLFE UND HUNDE

VEB Deutscher
Landwirtschaftsverlag
Berlin

2., durchgesehene Auflage
© 1982 VEB Deutscher Landwirtschaftsverlag
DDR – 1040 Berlin, Reinhardtstraße 14
Lizenznummer: 101-175/85/88
LSV: 4489
Typografie und Gestaltung: Erhard Bellot
Printed in the GDR
Gesamtherstellung: IV/10/5 Druckhaus Freiheit Halle
Bestellnummer: 558 918 9

ISBN 3-331-00151-1

01850

INHALT

III.

Wölfe werden rücksichtslos bekämpft

IV.

Aus vorgeschichtlicher Zeit

V.

Aus der Zeit der Antike

7

IX.
Erfahrungen mit zahmen Wölfen

X.
Tierpsychologie und Hundeabrichtung

XI.
Rassehunde und ihre Entwicklung

Literaturverzeichnis

EINLEITUNG

Die Anfänge der Beziehung Mensch – Wolf

Die Ahnen des Hundes waren Wölfe, ausschließlich Wölfe. Vorstellungen, nach denen es Hundegruppen geben soll, die vom Schakal oder noch anderen Caniden abstammen, verweisen die Wissenschaftler in den Bereich der Spekulation. Die Wölfe sind mit Eigenschaften ausgestattet, die es den Menschen ermöglichen, sie zu zähmen und als Hauswölfe in ihre Gemeinschaft aufzunehmen. Bis in unsere Gegenwart gibt es dafür Beispiele, daß Wölfe in der Gemeinschaft von Menschen gehalten werden und dabei Verhaltensweisen zeigen, die an den Hund erinnern oder ihm sogar völlig gleichen. Berechtigt erscheint deshalb die Frage, ob bzw. inwieweit im Hund noch der Wolf steckt.

Vorliegendes Buch enthält ausführliche Beschreibungen über das Verhalten von Wölfen, Hunden, halbwilden oder verwilderten Hunden. Es gibt einen Einblick in die Variationsbreite im Verhalten von Wölfen und Hunden, denn auch von diesem Aspekt aus lassen sich die Vorstellungen über die näheren Umstände der Hausbarmachung des Raubtieres Wolf, seine Umwandlung in einen Hund, bereichern.

Die Domestikation begann nicht mit dem Ziel, einen Hund zu schaffen. Daß aus Wölfen Hunde werden könnten, war nicht voraus-

9

schaubar. Der Wolf mußte dem Menschen nützlich und begehrenswert erscheinen.

Welchen Nutzen konnte der Mensch in vorgeschichtlicher Zeit aus der Haltung von Hauswölfen ziehen? Welcher Entwicklungsstand war Voraussetzung, um Fleischfresser zu halten und zu nutzen? Nach dem gegenwärtigen Stand wissenschaftlicher Erkenntnisse ist folgendes zu sagen:

Über die vielen Jahrtausende, in denen der Mensch als Jäger und Sammler lebte, gab es zeitweilig Annäherungen zwischen Menschen und Wölfen. Diese Kontakte zwischen Mensch und Wildtier, so eng sie auch manchmal gewesen sein mögen, leiteten keine Entwicklung zur Hausbarmachung des Wolfes ein. Sie waren für die spätere Haltung von Hauswölfen gänzlich bedeutungslos. Konnte möglicherweise der eiszeitliche Jäger noch einen Nutzen von den Wölfen seiner Umgebung haben, sei es, daß er ihnen auf ihren Beutezügen folgte und ihnen die Beute abjagte, sei es, daß die Wölfe selbst ihm als Beute dienten, dem Menschen als Tierhalter war der Wolf ein ausschließlich schädliches Tier. Mochte der Wolf seinerseits Vorteile aus der Nachbarschaft mit eiszeitlichen Jägern gezogen, mochte er es für angenehm finden, die verlassenen Lagerplätze des Menschen eingenommen, sich an glimmender Asche erwärmt und nach Nahrungsresten durchstöbert zu haben, in eine Nahrungsabhängigkeit vom Menschen geriet er deshalb nicht.

Nachdem der Mensch dazu überging, sich Pflanzenfresser zu halten, wodurch die Viehbestände anwuchsen, kam es zu einem neuen Verhältnis zwischen Menschen und Wölfen. Als sich vermehrende Nahrungsreserve des Menschen waren die Viehbestände eine geeignete Beute für Wölfe. Die in menschlichem Gewahrsam befindlichen Grasfresser waren von ihnen leicht aufzuspüren, konnten aus ihrer Umzäunung nicht entfliehen und waren damit wehrlos ausgeliefert. Der Mensch wurde deshalb zum erbittertsten Feind des Wolfes. Kein anderes Lebewesen gefährdete immer wieder aufs neue die Viehbestände des Menschen und damit seine Existenzgrundlage wie der Wolf.

Aus alledem, was wir über den Wolf wissen und über die Mittel des Menschen, den Wolf zu bekämpfen, läßt sich folgendes schlußfolgern: Der Pflanzenfresser haltende prähistorische Mensch war nicht in der Lage, das Vieh vor den Wölfen sicher zu schützen. Ein Schutz war um so weniger möglich, je größer der Viehbestand wurde.

Für diese Feststellungen gibt es analoge Beispiele aus dem 18. bzw. 19. Jahrhundert, wonach wegen der Wölfe Viehherden aufgegeben werden mußten. In den südlichen Bezirken Norwegens unternahm man den Versuch, das Rentier zu züchten und in größeren Herden zu halten. Die Rentiere kamen aus Lappland und mit der Aufsicht über die Tiere wurden Lappen betraut. Sie leisteten eine ausgezeichnete Arbeit. Deshalb vergrößerten sich die Herden innerhalb weniger Jahre von Hunderten auf Tausende dieser nützlichen Tiere. Aber mit der Vergrößerung dieser Bestände wuchs die Zahl der Wölfe in einem bedrohlichen Maße. Schließlich kam es zu einer Wolfsplage, und die Rentierzucht mußte aufgegeben werden. Das geschah zu einer Zeit, als der Mensch bereits Feuerwaffen besaß und viele Mittel kannte, Wölfe zu bekämpfen. In welcher Lage aber befand sich der Mensch, der in vorgeschichtlicher Zeit dazu überging, Grasfresser zu halten?

In die Konfrontation mit Wölfen gerieten bereits die ersten Viehhalter vor etwa 10 000 Jahren. Alles spricht dafür, daß damals die Wölfe einer Herdenentwicklung von Grasfressern hinderlich waren. Welcher Hilfsmittel zur Wolfsbekämpfung konnte sich der Mensch dieser Zeit bedienen? Hunde zum Schutz der Viehbestände gab es noch nicht. Das Pferd befand sich noch außerhalb der menschlichen Gemeinschaft. Es war noch nicht als Zugtier, geschweige denn als Reittier, mit dem man Wölfe hätte verfolgen und Herden zusammenhalten können, in den Dienst des Menschen gestellt. Und die Jagdart, vom Rücken der Pferde aus, Wölfe mit Stich- und Hiebwaffen zu erlegen, ersetzte zu keiner Zeit den das Vieh beschützenden Herdenhund.

Wie sollten die Menschen, die dazu übergegangen waren, Grasfresser zu züchten und denen dabei der Wolf als größter Feind erschien, zu der Überlegung kommen, aus Wölfen Hunde zum Schutz der Herden herauszuzüchten? Für derartige Vorstellungen gab es keine Voraussetzungen. Hier blieb eine Lücke in den Betrachtungen über die Hundewerdung. Gewöhnlich meinte man, sie in theoretischen Abhandlungen durch eine Anleihe aus der Zeit zu schließen, da Menschen ausschließlich Jäger und Sammler waren und zeitweilige Annäherungen zwischen Menschen und Wölfen nicht in Abrede zu stellen sind.

Der mit Wölfen konfrontierte Viehhalter konnte keinen Nutzen daraus ziehen, daß Jahrtausende früher, unter anderen Verhältnissen, Menschen und Wölfe vielleicht gut miteinander ausgekommen waren. Frühere Erfahrungen waren verschüttet, dem Bewußtsein der Menschen entrückt, spielten keine Rolle mehr. Wie aber war es unter diesen Umständen möglich, daß aus Wölfen der Hund entstand, wobei nur der Mensch selbst der aktiv Handelnde sein konnte?

Unsere bisherigen Rechnungen haben zu viele Unbekannte, nicht zuletzt deshalb, weil wir alles über den Hund aufrechnen wollen, die Umwandlungsmöglichkeiten eines Wolfes zu einem Individuum mit der Hervorkehrung hundlicher Eigenschaften unterschätzten bzw. nicht genügend mit in Betracht ziehen. Aus der Sowjetunion kommen nicht allein Meldungen über Methoden zur Wolfsbekämpfung, sondern auch über Erfahrungen mit zahmen Wölfen. Eine solche Meldung lautet:

„Wolf Ruslan wacht. Das Sprichwort ‚Lehre den Wolf das Vaterunser, er sagt doch Lamm‘ trifft für den Wolf Ruslan nicht zu, der zusammen mit dem Wachhund Dina ein Lagerhaus in der ukrainischen Stadt Sumy bewacht. Er hängt sehr an seinem Herrchen A. RJABUSTSCHENKO, in dessen Haus er großgezogen wurde“ (Bauern-Echo 19./20.6.1976). Eine andere Meldung besagt, daß der Versuch glückte, zahme Wölfe zum Schutz von Rentierherden zu verwenden. Damit ist wohl ein Schlüssel zu der Erkenntnis gefunden, weshalb Wölfe vor Jahrtausenden den Menschen begehrenswert erschienen, obwohl sie andererseits ihre schlimmsten Feinde blieben.

Wie konnte es aber dazu kommen, daß Menschen, die über die Haltung von Grasfressern erbitterte Feinde der Wölfe geworden waren, plötzlich dazu übergingen, sich Hauswölfe zu halten? Wie konnte der Wolf ihnen nützlich erscheinen? Wie wurde diese Nützlichkeit erkennbar? Welche Fakten gibt es, und welche logischen Schlüsse können wir ziehen?

Funde beweisen, daß Tierzüchter und Fischer Wölfe in damaliger

Wolf.
Aus »Historia Naturalis« von Johann Jonstonus,
1652

Zeit zur Bereicherung des Speisezettels aufzogen. Das setzte voraus,
daß genügend tierische Abfälle vorhanden waren, um Wölfe zur
Fleischerzeugung satt zu bekommen. Dem ging voraus, daß Wölfe
auf diese oder jene Weise erlegt worden waren und man an Wolfs-
fleisch Gefallen gefunden hatte. Beschränkte man sich zuerst darauf,
den erlegten Eindringling zu verspeisen, zog man später auch eingefangene Jungtiere als Schlachttiere groß. Abfälle in Fleisch umzu-
wandeln, war zur anfänglichen Wolfshaltung die mutmaßlich einzige
Triebkraft. Daß die jungen Wölfe sich gegenüber den Menschen anhänglich erwiesen, ihre Haltung relativ einfach war, förderte das Bestreben, Wölfe sogar zu züchten, ohne es aber auf etwas anderes abgesehen zu haben, als auf eine Bereicherung der Nahrung.

Aber der Mensch entdeckte an den in menschlicher Gemeinschaft
gehaltenen Wölfen Eigenschaften, die mit Futterabhängigkeit, Aktivierung des Gemeinschaftstriebes in bezug auf den Menschen, territorialer Gebundenheit und Freiheitsbeschränkung hervortraten. Die
Wölfe erwiesen sich bereit und fähig, den Viehbestand gegenüber

den Angriffen wilder Artgenossen zu verteidigen. Damit stand ihr Fleischwert niedriger als der Wert ihrer Leistung, das Leben der Herde von Grasfressern zu sichern. Mit dieser Erkenntnis, so können wir heute schlußfolgern, ging der Mensch dazu über, sich ständig Hauswölfe zu halten. Damit nahm auch die Zucht von Wölfen ihren Anfang.

Fakten und logische Schlüsse sprechen für die Hypothese, daß der Wolf, der zuerst wegen der Fleischgewinnung gehalten wurde, sich als Beschützer des Viehs und Wächter des Hauses so bewährte, daß bereits die Hauswolfhaltung, noch ehe sich eine Umwandlung zum Hund vollzog, weltweit verbreitet war. Die Hauswolfhaltung führte zur Herauszüchtung von Hunden. Es ist nicht bekannt, von welcher Zeit an die Menschen bewußt nicht mehr Wölfe, sondern Hunde gezüchtet haben. Mit Sicherheit sind auch hier die Grenzen fließend. Einzelne Hunderassen, wie die Schlittenhunde der Eskimos, stehen noch heute den Wölfen sehr nahe. Bis in die jüngste Zeit wurden Wölfe in diesen Hundebestand eingekreuzt.

Es wird in folgenden Ausführungen darzulegen sein, zu welchen schnellen Veränderungen im Verhalten ein Wolf fähig ist, wenn er unter Menschen aufwächst. Futter- und Freiheitsabhängigkeit werden als entscheidende Umweltfaktoren angesehen, um hundliche Verhaltensweisen in einem Wolf entwickeln zu können. Die Nahrungsabhängigkeit aktiviert den Gemeinschaftstrieb zum Menschen. Die Anhänglichkeit des Wolfes ist kaum zu überbieten, tritt im Zusammenleben mit den Menschen stärker in Erscheinung als vordem in der Wolfsmeute. Gleichzeitig wird im Schutzverhalten eine neue Qualität sichtbar, die gleichfalls mit Futterabhängigkeit, Freiheitsabhängigkeit und territorialer Gebundenheit zusammenhängt. Und umgekehrt nähert sich das Verhaltensbild von Hunden in dem Maße wieder ihren wilden Ahnen, wie die genannten Umweltfaktoren für sie verloren gehen. Den tierpsychologischen Aspekt bei den Darlegungen über Wölfe und Hunde ständig im Auge zu behalten und Verhaltensweisen wie ihre Veränderungen in den Zusammenhang mit Umweltbedingungen zu stellen, ist ein Grundanliegen dieses Buches.

Die Frage nach der Domestikation des Hundes verbinden wir nicht mit der haltlosen Schwärmerei, in prähistorischer Zeit sei der Hund

14

als ein nicht faßbares Wunder an die Seite des Menschen getreten, wie es schon in kynologischen Schriften zu lesen ist. Das Wildtier hat sich nicht einen Herrn gesucht, sondern der Mensch hat aus einem Wildtier den Hund geformt. Und daß nicht der Hund, wie oft behauptet wurde, das erste Haustier des Menschen war, sondern Grasfresser an erster Stelle standen, wird in diesem Buch als bewiesen aufgefaßt.

Die Zähmung und Hausbarmachung des Wolfes, seine Umwandlung in einen Hund, spielte in der Geschichte des Menschen eine bedeutende Rolle. Sie wirkte sich auf die Erweiterung der Herdenhaltung aus, mit Hilfe des Hundes erhöhte sich die Jagdbeute. Nützlich erwies sich der Hund dem Menschen besonders auch als Wächter und Beschützer von Haus und Hof und menschlichen Lebens, seine Anhänglichkeit, Wachsamkeit, Verteidigungs- und Schutzbereitschaft,

Windhund.
Von Albrecht Dürer, um 1500

15

sein ausgezeichnetes Gehör, feiner Geruchssinn, Jagdtrieb, seine Ausdauer und Schnelligkeit, nicht zu vergessen auch seine Wasserfreudigkeit (einschließlich seiner Schwimmleistungen) boten später eine breite Skala von Einsatzmöglichkeiten.

Die Herauszüchtung einer Vielfalt von Hunderassen mit unterschiedlicher Körperbeschaffenheit und unterschiedlichen Verhaltenseigentümlichkeiten begünstigte den auf verschiedene Verwendungszwecke spezialisierten Einsatz der Hunde.

Ihre Rassevielfalt führte man bis in die Gegenwart darauf zurück, daß zu den Ahnen der Hunde nicht allein die Wölfe, sondern auch noch andere wild lebende Caniden zu rechnen seien. Südliche Windhunde sollten allein von einer Schakalform abstammen, von einer anderen die Pariahunde des Orients. An der Entstehung der Langkopfhunde sollte neben dem Wolf auch der Schakal beteiligt gewesen sein. Man glaubte, die modernen Hunderassen auf sechs Rassekreise aufschlüsseln zu können, die man auf die Fundstätten der Torfhunde, Schlittenhunde, Broncehunde, Lagerhunde, Aschenhunde und Langkopfhunde zurückführte.

Im Rahmen von sechs Rassekreisen schien die Rassengeschichte der Hunde ihre logische Begründung zu haben, was aber fehlte, seien genauere Angaben im Detail. Das wiederum verführte zu Spekulationen, welchen Weg diese oder jene Hunderassen in geschichtlicher Zeit von einem bestimmten Ort in weit entfernt liegende Gegenden genommen habe. Dabei gibt es feinsinnige und eindrucksvolle Überlegungen und Darstellungen, die dennoch nicht mehr haltbar sind. Daß die Rassenkunde über Hunde erst noch wissenschaftlicher Untermauerung bedurfte, ist bereits den Schriften BREHMS zu entnehmen. BREHM enthielt sich jeder über wissenschaftliche Erkenntnisse hinausgehenden Mutmaßungen. Als er seine Arbeit über die Hunde veröffentlichte, vermerkte er: „Ungeachtet der Anerkennung aller Dienste, die die Hunde uns leisten, und der Dankbarkeit, die wir ihnen schulden, kann ich mich nicht entschließen, auf die fast zahllosen Rassen derselben ausführlich einzugehen, werde vielmehr nur die wichtigsten in den Kreis unserer Betrachtungen ziehen.“

Im vorliegenden Buch wird ebenso verfahren und fast aus gleichem Grunde: „Die Kunde der Rassen liegt außerhalb dem Plan des vorliegenden Werkes, ist auch zur Zeit noch viel zu wenig erklärt, als daß man das Ergebnis begründeter Forschung an die Stelle von Mutmaßungen setzen könnte. Ich gebe daher nur einen flüchtigen Überblick der wichtigsten Formen und enthalte mich aller unfruchtbaren Deutelei über Entstehung und Entwicklung derselben." Bestimmten BREHM die noch ausstehenden wissenschaftlichen Erkenntnisse über die Entstehung der Hunderassen zur Zurückhaltung, sind es jetzt wissenschaftliche Erkenntnisse, die gleiches gebieten: „In Erörterungen über Haustiere, insbesondere im kynologischen Schrifttum, sind immer noch Auseinandersetzungen über nur historisch verständliche Artbeschreibungen im Gange; nach heutigen zoologischen Maßstäben kommt ihnen keine Bedeutung mehr zu" (HERRE/RÖHRS, 1973).

Es ist also erwiesen, daß der Hund einzig und allein vom Wolf abstammt, daß es einen Weg zu einer zoologischen Systematik der Entwicklung der Rassehunde aus historischer Sicht nicht geben kann und auch nicht gibt. Die stammesgeschichtliche Einteilung der Hunde nach sechs Rassekreisen, die auf Wolf bzw. Schakal als Ahnen der Hunde zurückgeführt und über die vorgeschichtlichen Pfahlbauspitze oder Torfhunde, Schlittenhunde, Broncehunde, Lagerhunde, Aschenhunde und Langkopfhunde aufgerechnet werden sollen, ist heute nicht mehr haltbar.

„Schon 1913 hat KLATT gezeigt, daß es sich bei den unterschiedenen alten Hunde-‚arten' im wesentlichen um Kennzeichnungen von Größenstufen innerhalb der gleichen Art handelte, die durch gleitende Übergänge verbunden sind. LUMER (1940) hat für Bulldoggen dargelegt, daß die prähistorischen und frühgeschichtlichen bulldoggen-ähnlichen Formen von den modernen Bulldoggen unabhängig sind und aus ganz anderen Stämmen erzüchtet wurden" (HERRE/RÖHRS, 1973).

Analog dazu ist folgendes zu sagen: Es bedurfte nicht der Tibetdoggen, um zu den assyrischen Hunden und den römischen Molossern zu kommen und nicht der Molosser, um zu den Bordeauxdoggen zu gelangen.

„EPSTEIN (1971) weist darauf hin, daß der palustris-Typ eine ganz allgemeine Phase in der Entwicklung der Haushunde darzustellen scheint und sich unabhängig in verschiedenen Teilen der Welt entwickelte, so daß aus ihm keine abstammungstheoretischen oder kulturgeschichtlichen Schlüsse gezogen werden können. Er gibt außerdem der Meinung Ausdruck, daß Windhunde ebenso leicht aus europäischen Schäferhunden hervorgegangen sein können wie auch andere Rassen" (HERRE/RÖHRS, 1973).

Den stärksten Stoß gegen altgewohnte Vorstellungen über die Rassenentwicklung der Hunde führten R. u. R. MENZEL, deren internationaler Ruf in der Kynologie seit Jahrzehnten unbestritten ist. Ihre neuen Erkenntnisse begründen sich auf Versuche mit Parias, den Hunden also, die in den sechs Rassekreisen nach FEHRINGER (1954) gar nicht mit enthalten sein sollten, außerhalb dieser Rassekreise rangierten. „Weiter zeigen die Erfahrungen von R. und R. MENZEL (1960), daß sich alle Hundetypen aus Pariahunden erzüchten lassen. Dies macht deutlich, daß ein großer Teil früherer Meinungen über die Abstammung von Haushunden in den Bereich der Spekulation zu verweisen ist" (HERRE/RÖHRS, 1973).

Nach derzeitigen Erkenntnissen lassen sich Hunderassen nur bis zum Beginn der Zuchtbuchführung, mit der im vorigen Jahrhundert begonnen wurde, zurückverfolgen. Manche modernen Hunderassen mit unbestrittener Ähnlichkeit zu Hunderassen des Altertums gewannen diese Ähnlichkeit erst in den letzten 200 Jahren. Es kam auch dazu, die Rolle der Kreuzritter als mutmaßliche Importeure orientalischer Hunde zu überschätzen, desgleichen die züchterischen Auswirkungen, die mit einzelnen orientalischen Hunden in der bodenständigen, nur auf Leistung orientierten Hundezucht hätten erzielt werden können.

Selbstverständlich haben alle modernen Rassehunde ihre Vorgeschichte. Das Buch greift in diese Zeit ein, ohne nach einer zoologischen Systematik zu forschen. Veröffentlichungen von BRENTJES waren Anregung und Grundlage zugleich, der Domestikation des Hundes größeren Raum zu geben. Die Arbeiten von BRENTJES boten die Gewähr, sich an jüngsten wissenschaftlichen Erkenntnissen der Archäologie orientieren zu können.

Mit der Herausbildung der ersten Klassengesellschaft entstanden schriftliche Zeugnisse über den Hund. Nach Möglichkeit werden Texte aus dem Altertum zitiert. Da der Hund in Beziehung zur

18

menschlichen Gesellschaft beschrieben wird, ist dieses Buch in einer gewissen Weise auch ein Geschichtsbuch. Die Themen reichen von realistischen Beschreibungen über den Einsatz von Hunden bis zur Mythologie, in die Wolf und Hund Eingang fanden. Auf abergläubische Vorstellungen aus alter Zeit bis zur mittelalterlichen Hexenverfolgung, bei der allerdings der Hund nur eine geringe Rolle spielte, wird mit eingegangen. Im Feudalismus benötigte man Hunde als Herrenobjekte. Die Unterdrückung der Bauern durch die feudalen Gewalten spiegelt sich wider, wenn über die Hunde dieser Zeit gesprochen wird.

Beachtung haben auch die Parias, die Dingos und die Hunde der Eskimos gefunden. Ihre Verhaltensweisen ermöglichen interessante Vergleiche über das Verhalten wilder und zahmer Wölfe sowie über das Verhalten von Hunden im allgemeinen. Leistungen der Hunde werden nicht nur beschrieben, sondern es wird untersucht, wie sie zustande kamen. Die Abrichtung bzw. Dressur von Jagdhunden und Dienstgebrauchshunden wird in ihrer Problematik aufgezeigt, ohne einen Leitfaden zur Abrichtung geben zu wollen. Jede Abrichtung bzw. Dressur nutzt die natürlichen Triebe der Tiere und lenkt sie in künstliche Bahnen. Bei der Ausbildung von Dienst- bzw. Schutzhunden ist das am stärksten ausgeprägt. Beim nervlichen Verarbeiten komplizierter, in künstlichen Bahnen verlaufender Dressurleistungen ist der Hund dem Wolf eindeutig überlegen. Auch darin liegt eine wesentliche Aussage dieses Buches.

Die Ahnen des Hundes

Über die Ahnen des Hundes wurde viel geschrieben, gab und gibt es Hypothesen und Meinungsverschiedenheiten. Die zahlreichen Haushundearten verleiteten zu der Annahme, sie seien auf mehrere unterschiedliche Stammformen zurückzuführen, so unter anderem auf Fuchs, Hyäne, Schakal und Wolf. Nach einer in der Antike entstandenen Vorstellung sollten Hunde von Hyänen und sogar von Tigern abstammen. Schließlich gab es auch die Auffassung, wonach keiner der Genannten als Stammvater einer Haushundeart in Frage käme, sondern alle ihren Ausgang von einer eiszeitlichen, längst ausgestorbenen und deshalb heute nicht mehr bestimmbaren Wildform der Caniden genommen hätten. Eine der Hypothesen lautet: Der „elterntreue" Schakal sei der Ahne der Torfhunde und damit aller Hunderassen, zu denen durch gelegentliches Einkreuzen von Wölfen eine zweite Stammform des Hundes hinzugekommen wäre (LORENZ, 1950). Mit dem Wolfsanteil sei der „rudeltreue" Hund entstanden.

Man ermittelte und verglich verschiedene Merkmale, Hirnmassen, Herzmassen, Verhaltensweise wild lebender Caniden verschiedener Verbreitungsgebiete mit denen von Haushunden. Dazu kamen noch Chromosomenzählungen und Untersuchungen über die Variabilität im äußeren Erscheinungsbild der Tiere. Im Ergebnis dieser Untersuchungen hat sich die Überzeugung durchgesetzt, daß für alle Haushundearten allein der Wolf als Stammform in Frage kommt. Eine wesentliche Stütze dieser These ist die innerartliche Variabilität in Färbung, Körpergröße, Zahngröße – sowohl der Wölfe als auch der Haushunde. Aufschlußreich ist auch ein Vergleich der Verbreitungsgebiete von Wolf und Hund. Überall dort, wo Knochenfunde als Hundereste erkannt werden konnten, war der Wolf verbreitet.

Gewichtige Gründe, den Schakal nicht als einen möglichen Ahnen des Hundes anzusehen, erbrachten die Vergleiche der Hirnmassen und Herzmassen von Schakalen, Wölfen und Hunden. „Alle untersuchten Schakalarten *(aureus, mesomelas, adustus)* haben unabhängig von der Körpergröße geringere Hirngewichte und auch geringere Herzgewichte als Wölfe und die Haushunde. Da im Hausstand zwar Verringerungen, aber nie Zunahme der Hirngewichte und Herzgewichte gegenüber Wildarten festzustellen sind, macht auch dieser Sachverhalt deutlich, daß alle Haushunde eindeutig als Abkömmlinge des Wolfes anzusehen sind; ihre wissenschaftliche Bezeichnung muß lauten: *Canis lupus f. familiaris*" (HERRE/RÖHRS, 1973). Auch die Zahnmerkmale der Hunde entsprechen den Artkennzeichen der Wölfe und nicht der Schakale.

Da es als erwiesen gilt, daß allein der Wolf als Ahne der Hunde zu betrachten ist, wird auf die Fülle anderer Vorstellungen nicht näher eingegangen.

I
Was wissen wir über Wölfe?

Wolf.
Darstellung 1845

Die ersten Spuren

Der Beginn des Eiszeitalters mit seinen Kalt- und Warmzeiten liegt etwa 700 000 Jahre zurück. In großen Zeiträumen veränderten sich die Lebensbedingungen für Tiere und Pflanzen in starkem Maße. „Das Eiszeitalter ist der letzte Abschnitt der Erdgeschichte, unmittelbar vor dem Beginn der geologischen Gegenwart. Während im Tertiär tropische und subtropische Bäume bis unter den Polarkreis wuchsen und wärmeliebende Tiere Europa bevölkerten, setzte am Ende dieser Formation ein weltweiter Klimaumschwung ein, und an Stelle der über viele Jahrmillionen hinweg recht gleichmäßigen und nur von geringen Schwankungen unterbrochenen Klimaverhältnissen folgte nun eine Reihe deutlich ausgeprägter Kaltzeiten, die jeweils von ebenso deutlich ausgeprägten Warmzeiten mit einem dem heutigen ähnlichen Klima unterbrochen wurden. Diese Kaltzeiten führten zu großen Vereisungen und gaben dem ganzen Abschnitt der Erdgeschichte seinen Namen" (KAHLKE, 1955).

Nach dem Beginn des Eiszeitalters starben subtropische Großsäuger der tertiären Warmzeit allmählich aus, und neue Tierformen entstanden. Nicht meßbar am Lebensabschnitt eines Individuums verschoben sich die Vegetationsgürtel von Norden nach Süden und wieder in entgegengesetzter Richtung. Da sich die klimatischen Veränderungen in Zeiträumen von Zehn- und Hunderttausenden von Jahren vollzogen, traten sie nicht als Naturkatastrophen in Erscheinung. Der Vogelzug zum Beispiel ist ein großartiges Phänomen in der Anpassung von Tieren an diese klimatischen Bedingungen, die sich ganz allmählich veränderten. So verlassen Zugvögel ihre Brutheimat periodisch, weil dort für sie nicht mehr das ganze Jahr über der Tisch in der Natur gedeckt ist.

Raubtiere vom Typ des Wolfes gab es in Mitteleuropa bereits im Ältestpleistozän (*Pleistozän = Diluvium*: Folge von Eiszeiten und Zwischenwarmzeiten), von etwa 700 000 bis 590 000 Jahren, und zwar in einer kleinen und einer größeren Art. Im Jungpleistozän, 180 000 bis 20 000 Jahre vor unserer Zeitrechnung, nahmen die Wölfe beider Typen an Größe zu. Den Oberschädel eines großen Wolfstyps aus

der letzten Zwischenwarmzeit fand man im Kalktuff von Weimar-Eh-
ringsdorf. Ein gewisser Rückgang in der Größenentwicklung der mitteleuropäischen Wölfe setzte (nach KAHLKE) allgemein im Postgla-
zial, der Nacheiszeit (*Holozän = Alluvium*), ein. „Wie im Ältestpleistozän des Val d'Arno wurden auch aus den altpleistozänen Sanden
von Mosbach (Biebrich-West, im Rheintal) Skelettreste zweier verschieden großer Wölfe zusammen gefunden. Es ist interessant, daß
bereits – nach diesen Funden zu urteilen – in ältest- wie in altpleisto-
zäner Zeit zwei verschiedene Typen von Wölfen nebeneinander lebten, die sich durch Körpergröße unterschieden. Auch heute sind die
Wölfe der Steppe kleiner als die Wölfe des Waldes.

In Ungarn und Slowenien zum Beispiel unterscheiden die Jäger einen kleinen Rohrwolf, den Wolf der offenen Landschaft, und einen
großen Waldwolf, die sich nicht nur in der Körpergröße, sondern
auch in der Farbe des Pelzes voneinander unterscheiden" (KAHLKE,
1955).

Als Vorfahre des heutigen Wolfes gilt der kleine Etruskische Wolf
des Val d'Arno (Italien) aus ältestpleistozäner Zeit, neben dem jedoch noch ein starker Wolf in der Größe unserer heutigen Waldwölfe
existierte.

Verbreitungsgebiete des Wolfes

Der Wolf war in ganz Europa, in Asien, in Nordamerika und Nord-
afrika verbreitet. Er war ein „Allerweltskerl" und ist es bis heute geblieben, obwohl sich seine Reihen gelichtet haben und sein Biotop
eingeengt worden ist.

Sein ursprüngliches Verbreitungsgebiet weist sowohl extreme klimatische wie auch die unterschiedlichsten geographischen Bedingungen auf: Waldgebiete, Tundren, Steppen, Halbwüsten und Gebirge
bis in 2 500 Meter Höhe – überall war der Wolf zu finden. Kälte nicht
und nicht Hitze und keine Art der Bodenbeschaffenheit hielten ihn

davon ab, sich in jedem Territorium anzusiedeln. Es gab im ursprünglichen Verbreitungsgebiet keine wolfsfreien Landschaften.

In allem kommt bei den Wölfen immer wieder die große Anpassungsfähigkeit an unterschiedliche Umweltbedingungen zum Ausdruck. Mit ihren hohen, drahtigen Läufen, ihren harten Zehen und ihrer widerstandsfähigen Decke können sie auf sandigem oder steinigem Boden ebenso zurecht kommen wie im sumpfigen Gelände und auf Moorgrund, desgleichen in arktischen Schneewüsten. So ist es verständlich, daß auch felsige Hochgebirge zum Lebensbereich der Wölfe gehören.

Noch im 18. Jahrhundert war der Wolf ein ständiger Bewohner in den größten Waldgebieten zwischen Oder und Rhein. Eine anhaltende, mit großem Aufwand betriebene Wolfsbekämpfung seit der zweiten Hälfte des 17. Jahrhunderts führte zur Ausrottung dieses Raubwildes.

Im neunzehnten Jahrhundert erhöhten sich die Abschußzahlen beträchtlich, besonders im Verhältnis zur Größe der Wildbestände. Im Königreich Preußen wurden 1819 1080 Wölfe zur Strecke gebracht. In Pommern erlegte man in den Jahren 1800: 118 Wölfe; 1801: 109 Wölfe; 1802: 102 Wölfe; 1803: 86 Wölfe; 1804: 112 Wölfe; 1805: 85 Wölfe; 1806: 76 Wölfe; 1807: 12 Wölfe; 1808: 37 Wölfe; 1809: 43 Wölfe. Damit standen sie in diesem Gebiet nahe an der Ausrottung und waren nur noch sehr selten zu bemerken.

Für einige Jahre war ein erneutes Ansteigen der Wolfsbestände nachweisbar. Das hing mit dem Rückzug der französischen Truppen im Jahre 1812 zusammen, die auf Befehl Napoleons in Rußland eingefallen waren. Die französische Armee, 600 000 Mann stark, erlag der Kälte, dem Hunger und der russischen Verfolgung. Sie verfiel beim Übergang über die Beresina am 26. bis 28. Oktober der fast völligen Auflösung. Ähnlich den Verhältnissen während des 30jährigen Krieges führten verlustreiche Feldschlachten und Truppenrückzüge zum Ansteigen der Wolfsbestände. Unter solchen Bedingungen gab es keine Möglichkeit, Wölfe, die den Heeren folgten und auf den Schlachtfeldern meist reichlich Nahrung fanden, zu bekämpfen. Diese auch aus einem natürlichen Gleichgewicht erklärbare Tendenz in der Größe der Wolfsbestände war nur so lange gegeben, bis der

Mensch verändernd eingriff. So waren wieder hohe Abschußquoten möglich, und bald lichteten sich die Bestände abermals. Später tauchten dann bei uns nur noch vereinzelt Wölfe auf, die aus weiter östlichen Wäldern kamen.

Eine Reihe von Ortsnamen ist Zeugnis dafür, daß Wölfe früher bei uns heimisch gewesen sind: Wolfen, Wolferode, Wolferschwenda, Wolfersdorf, Wolfersgrün, Wolferstedt, Wolfsbehringen, Wolfsberg, Wolfsburg-Unkeroda, Wolfsgefährt, Wolfsgrün, Wolfshagen, Wolfshain, Wolfslake, Wolfspfütz, wahrscheinlich auch Wolfgangmaßen und Wolfmannshausen. In den Wappen der Ortschaften Pritzwalk, Treuen und Wilkau-Hasslau ist der Wolf als Symbol mit enthalten. Man nimmt an, daß mit dem Wolf und der Linde im Wappen von Pritzwalk das Heiden- und Christentum symbolisiert wird.

Der Wolf im Wappen der voigtländischen Kleinstadt Treuen stammt aus dem Wappen der feudalen Stadtherren, die im 15. Jahrhundert den Ort in Besitz hatten. Später kam als Symbol noch ein Messer hinzu, über dessen Bedeutung man sich nicht im klaren ist. Dieses Symbol ist mutmaßlich auf eine Sage zurückzuführen. In Treuen hätten Wölfe ihr Unwesen getrieben. Ein Schutzheiliger hätte die Wölfe mit einem Messer erlegt und die Menschen von ihnen befreit.

Mit dem Namen des Ortes Wilkau, der bereits urkundlich 1180 erwähnt wird, verbindet sich ebenfalls das Vorhandensein von Wölfen. Das altsorbische Wort „wilk" bedeutet Wolf. „Wilkow" ist der Ort, wo es Wölfe gibt. Aus „Wilkow" wurde „Wilkau". Die Ortsbezeichnung Wilkendorf im Kreis Strausberg ist auf einen gleichen Ursprung zurückzuführen. Auch die slawisch-altpreußische Bezeichnung für Wölfe lautet Wilkis. Davon abgeleitet bedeuteten: Wilklauken-Wolfsfeld; Wilkomeden-Wolfswald; Willkamm und Willkaim-Wolfsdorf. Mit der Ausdehnung des Deutschen Ritterordens nach Osten entstanden Wortzusammenlegungen aus altpreußischen und deutschen Worten, wie zum Beispiel Wilkendorf im Kreis Strausberg.

Der letzte Wolf des Harzes wurde 1793 bei Wernigerode erlegt. 1823 konnte bei Strausberg noch ein Wolf zur Strecke gebracht werden. Im Stralsunder Museum befindet sich ein Wolf, der 1952 in Mecklenburg zur Strecke kam. Einer der letzten Wölfe wurde zwi-

Der gemeine Wolf (Canis lupus).
Aus »Abbildungen zu Oken's Naturgeschichte«

schen Kippelsdorf und Ihlow im Bezirk Potsdam erlegt. Die Länge
des Tieres betrug 1,85 m und die Schulterhöhe 83 cm, seine Körpermasse 70 kg. Es war somit ein respektables Exemplar, das im Luckau-
er Heimatmuseum seine ständige Bleibe gefunden hat und nun von
Alt und Jung als Jagdrarität bewundert wird.

In den dichter besiedelten Teilen Europas hat sich der Wolf nur in
Hochgebirgslagen halten können. Offenbar haben hier die natürlichen Voraussetzungen dem Wolf sichere Überlebenschancen gegeben. Beispiele aus jüngster Zeit sind aus den Apenninen bekannt. In
Asien ist gegenwärtig der Wolf noch weit verbreitet. Aber in den
nächsten Jahrzehnten ist mit einem starken Rückgang der Wolfsbestände und ein Verdrängen in die mehr unzugänglichen Gegenden,
vor allem ins Gebirge, zu rechnen. In China will man den Wolf aus-
rotten.

In Nordamerika bestand bis zum Aufkommen der europäischen Einwanderung gewissermaßen ein Wolfsidyll, lebten doch die Präric-Indianer und die Wölfe recht einträchtig miteinander. Damit fehlte den Wölfen eine natürliche, geschichtlich gefestigte Vorsicht gegenüber den Menschen, wie das bei den europäischen Wölfen zu dieser Zeit bereits seit langem der Fall war. Die Konfrontation mit den weißen Männern kam zu plötzlich, war zu kraß, als daß die Wölfe sich darauf einzustellen vermochten. Somit erlagen sie in Massen den Menschen, die Feuerwaffen besaßen, Gift auslegten und Wölfe wie Indianer gleichermaßen haßten und verfolgten. Wenige Wölfe gibt es noch im Norden Minnesotas und auf Isle Royal. In Mexiko ist es noch eine Restpopulation. In Kanada und Alaska befindet sich noch eine echte Heimstatt des Wolfes.

Hagerer Körper
und dürre Läufe

Abgesehen davon, daß es Wolfsschläge von unterschiedlicher Größe gibt und auch noch individelle Größenverschiebungen möglich sind, gelten für Wölfe folgende Maße: Körperlänge 1,60 m, wovon 45 cm der Rute zukommen. Ein solch ausgewachsener Wolf erreicht eine Widerristhöhe von 85 cm. Der Körperbau der Wölfin ist schwächer als der des Wolfes, ihr Fang ist spitzer und die Rute dünner. Die Wölfe haben 42 Zähne, je sechs scharfe Schneidezähne oben und unten, begrenzt von den für Raubtiergebisse typischen, wie Dolche anmutenden Fangzähnen. Wegen des dicken Kopfes erscheint der gestreckte Fang recht spitz. In der Größe und demzufolge auch in der Körpermasse der Wölfe gibt es vom Norden zum Süden ein Gefälle. Die größten Wolfsschläge leben in den nördlichen Waldzonen, kleinere in der Tundra, und südwärts bis nach Arabien und Indien bzw. Mexiko nehmen Körpergröße und Körpermasse weiter ab.

„Unter 250 Wölfen, die in den Gebieten um Moskau erlegt wurden, befand sich nur ein extrem schwerer Rüde von 76 kg. Von 500

Tundrawölfen, die zwischen den Halbinseln Kanin und Taimyr erlegt wurden, war nur ein alter Rüde 52 kg schwer. 60 Wolfsrüden aus dem Beloweser Wald wogen im Durchschnitt zwischen 23 und 45 kg, 60 Wölfinnen zwischen 21 und 36 kg. Es ist anzunehmen, daß die früher häufiger gemeldeten ‚Riesenwölfe‘ von über 80 kg nur großzügig geschätzt worden sind" (SENGLAUB, 1977).

Die Decke des Wolfes ist meist fahl, graugelb mit schwärzlicher Mischung. Am Unterleib sind die Haare heller bis weißlich grau. Diese Färbung finden wir auch an der schief abfallenden Stirn. Der Fang ist gelblich grau, immer mit Schwarz vermischt. Auch gelblich, zuweilen undeutlich schwarz gestreift ist das Haarkleid unterhalb der Augen. Im Sommer ist die Färbung mehr rötlich, im Winter mehr gelblich. Der Farbenunterschied zwischen Sommer- und Winterdecke entsteht, da die im Winter dichtere Unterwolle die Grannenhaare auseinander treibt und so das Haarkleid heller erscheint. Auch „Jugend- und Alterskleid" weisen Unterschiede auf. Die Welpen kommen fast schwarz auf die Welt. Die später durchwachsenden Grannenhaare geben dann die endgültige Färbung.

Bei den Wölfen in nördlichen Ländern neigt die Färbung zum Weißlichen und südlichen zum Schwärzlichen. Ab und zu kommt es auch zu einer schwarzen Spielart des Wolfes. Das Haar der Wölfe in den nördlichen Ländern ist lang, rauh und dicht, am längsten ist es am Unterleib und an den Schenkeln. Buschig ist die Rute, die lang herabhängend getragen wird, dicht ist das Haarkleid am Hals und an den Seiten. Die südlicher lebenden Wölfe haben gewöhnlich kürzeres und rauheres Haar.

Die Decke umschließt straff den hageren Wolfskörper. (Bei vielen Hunden ist diese Straffheit verloren gegangen. Bei massigeren Hunderassen wird das durch eine starke Faltenbildung an Kopf und Hals sichtbar.)

„In Färbung und Zeichnung variieren Wölfe geographisch stark; aber auch am gleichen Ort und im gleichen Rudel können sie sich auffällig unterscheiden. Sehr helle Exemplare treten ebenso wie fast schwarze vielerorts auf. Sibirische Tundrawölfe sind deutlich heller als die meist kräftig gefärbten Waldwölfe. Hinzu kommt, daß die Felle im Frühjahr erlegter Tiere durch Ausbleichen heller sind als die der im Winter erlegten. Die einst im Rauchwarenhandel so berühmten weißen Wolfsfelle, die über die Hudsonbay-Posten Fort Churchill angeliefert wurden, haben tatsächlich fast reinweißes, langes, seidiges Haar. Ganz oder vornehmlich weiße Wölfe kommen an den arktischen Küsten Alaskas und im nördlichen Kanada vor. Die Tiere sind auch im Sommer weiß, nur die Jungtiere sind grau" (SENGLAUB, 1977).

Die Augen stehen schief und schaffen im wesentlichen das gegenüber Schäferhunden auf den ersten Blick zu unterscheidende Wolfsgesicht. Die Ohren sind breit, spitz und stehen aufrecht. Der hagere Körper und die hohen und dürren Läufe lassen den Wolf gewöhnlich etwas klapprig erscheinen. Doch darf man daraus keine falschen Schlüsse ziehen. Die Wölfe der freien Wildbahn haben die Kondition von Langstreckenläufern und sind auf kurzen Strecken schnell und wendig. Auf ihren Raubzügen durchstreifen sie zuweilen weite Gebiete. Wölfe können in einer Nacht Entfernungen von etwa 50 Kilometern Luftlinie zurücklegen, ihre tatsächliche Wegstrecke wäre somit wesentlich länger.

In der UdSSR sind vom Flugzeug aus im hohen Norden Wölfe beobachtet worden, die in ausdauerndem Wolfstrab in 24 Stunden 150 km bewältigten. Und die Spitzengeschwindigkeit galoppierender Wölfe wird mit 55 bis 60 km/h angegeben. „Dann das ständige Unterwegssein: von den wenigen Beutetieren, die meistens über ein großes Gebiet verteilt leben, ist nur ein kleiner Teil für die Wölfe erlegbar. Sie müssen also große Distanzen zurücklegen, um Beute zu finden. Bei ihren Wanderungen traben die Wölfe mit einer Geschwindigkeit von etwa 6 bis 8 Kilometern pro Stunde. Diese Geschwindigkeit können sie lange durchhalten, wenn sie dazu gezwungen werden, wie z.B. bei Wolfsjagden in Finnland, von denen berichtet wird, daß Wölfe auf hartem Schnee bis zu 200 Kilometer in 24 Stunden zurückgelegt haben. Normalerweise sind die zurückgelegten Distanzen allerdings sehr viel geringer, da sie zwischendurch auch viel schlafen, spielen oder fressen" (ZIMEN, 1978).

Nach ZIMEN folgte MECH im Winter auf Isle Royale 31 Tage lang einem Wolfrudel, das in dieser Zeit 446 Kilometer, demzufolge pro Tag durchschnittlich 14 Kilometer, zurücklegte. Doch muß man noch in Betracht ziehen, daß von den 31 Tagen die Wölfe sich 22 Tage in der Nähe der erlegten Beute aufhielten und somit die 446 Kilometer in neun Tagen, mit einem Streckendurchschnit von 50 Kilometern, bewältigten.

Die großen Laufleistungen bedingen einen großen Energieverbrauch und damit eine große Energieergänzung bzw. eine hohe Energiezufuhr. Das oft erbärmliche Aussehen von Wölfen in strenger Winterzeit ist gewöhnlich ein Zeichen für ein Energiedefizit.

Der hohe Nahrungsbedarf der Wölfe erklärt sich nicht allein aus ihren Laufleistungen, wie Versuche von ZIMEN (1978) ergeben haben. Wölfe wurden unter gleichen Bedingungen wie Großpudel gehalten. Im Sommer benötigten die Wölfe täglich eine Nahrungsmenge von etwa 7 Prozent ihrer Körpermasse, die Hunde jedoch nur knapp 4 Prozent. Zum Vergleich dazu der Nahrungsbedarf Kanadischer Wölfe im Winter, die in der freien Wildbahn leben: 14 Prozent ihrer Körpermasse. Wenn sprichwörtlich von einem „Wolfshunger" die Rede ist, dann hat das schon seine Berechtigung.

ZIMEN (1978) verweist auf eine Literaturangabe, nach der ein Wolf 9 Kilogramm auf einmal gefressen haben soll. Ein schneller Verdauungsvorgang ermöglicht es einem Wolf, innerhalb von 24 Stunden 20 Kilogramm Nahrung zu verschlingen. Andererseits kann er über Tage ohne Futter auskommen. Nach ZIMEN (1978) hält MECH die Wölfe für fähig, leicht 14 Tage lang ohne Nahrung bleiben zu können – unter Beibehaltung ihrer normalen Wanderungsaktivität. Für den Wolf der freien Wildbahn ist eine tägliche Futteraufnahme von 2,5 bis 10 Kilogramm errechnet worden. Für einen in Gefangenschaft gehaltenen Wolf reicht ein Kilogramm zur Ernährung aus.

Die Bestandsdichte

Die Feststellung, daß es in ursprünglichen Verbreitungsgebieten der Wölfe keine von ihnen unbewohnten größeren Territorien gab, darf nicht zu der Annahme verleiten, ihre Populationsdichte sei allerorts ziemlich gleich gewesen. Die Bestandsdichte der Wölfe beeinflußt

»Der fraessig Wolff«.
Aus ». . . warhafte und eygentliche Beschreibung
wunderbarlicher seltsamer Art«
von Michael Herz, 1546

der Mensch, und zwar anders als man vielleicht vermuten könnte.
Nicht das Feindverhältnis zu den Wölfen war ursprünlich für die Bestandsdichte ausschlaggebend, sondern die Tatsache, daß die Menschen mit ihren anwachsenden Haustierbeständen den Wölfen eine
günstige Nahrungsgrundlage boten. Es ist deshalb bezeichnend, daß
Wölfe in allen vom Menschen schwach besiedelten Gebieten in geringer Zahl vorkamen; nahm aber die Populationsdichte der Menschen
zu, dann stiegen die Wolfsbestände an. Zu dieser Erkenntnis kam
auch der sowjetische Zoologe HEPTNER schon vor Jahren: „Die Zahl
der Wölfe ändert sich stark, je nach Bevölkerungsdichte und Wirt-
schaftsform. In schwach bevölkerten Gegenden mit wenig Vieh ist

der Wolf selten; mit dem Anwachsen der Bevölkerung und des Vieh-
bestandes wird auch der Wolf häufiger. Am zahlreichsten ist er in den
Viehzuchtgebieten der Steppenzone. Mit zunehmender Stallhaltung
des Viehs bei großer Bevölkerungsdichte nimmt seine Zahl wieder
ab, bis er schließlich ganz verschwindet."

Gegenüber Viehherden, die tagsüber in der Steppe weiden und
nachts dort übernachten, hat der Wolf die größte Aussicht auf Beute.
In gut gebauten Ställen ist das Vieh vor Wölfen sicher. Die Stallhaltung mindert deshalb die Bestandsdichte der Wölfe. Aber nicht allein
die Viehbestände sind Regulator von Wolfspopulationen. Der Wolf
hat nicht nur einen relativ großen Nahrungsbedarf, sondern als
Fleischfresser auch einen ständig hohen Wasserbedarf. Trocknen in
Dürreperioden die Wasserstellen der Wölfe aus, gehen sie auf die Suche nach Ersatzstellen. Zuerst verenden auf solch beschwerlichen
Wegen die Jungwölfe. Aber auch ältere Wölfe sind in Steppen und
Halbwüsten schon verdurstet. Künstliche Bewässerungssysteme der
Menschen in solchen Gegenden kommen – wenn auch unbeabsichtigt
– auch den Wölfen zugute und fördern ihre Zahl.

„Sind die Lebens- und Ernährungsbedingungen günstig, dann können sich Wolfsbestände innerhalb weniger Jahre vervielfachen. Das
geschah und geschieht immer dann, wenn der Mensch mit seinen
Haustieren, Abfallplätzen, mit Wegebau, Rodungen und Bewässe-
rungsmaßnahmen in die Wildnis eindringt. Dann muß die Bestandsdichte der Wölfe – auch zum Schutz der Nutzwildbestände – durch
den Menschen reguliert werden. Unterbleiben diese Maßnahmen
oder werden sie – etwa in Kriegszeiten – eingeschränkt, dann wachsen Wolfspopulationen innerhalb weniger Jahre drastisch und stiften
erheblichen Schaden unter Haustieren und Nutzwild" (SENGLAUB,
1977).

Daß Wölfe nicht in Gebieten wie zum Beispiel in der einsamen
Taiga ihren Bestand begünstigende Bedingungen vorfinden, ist durch
Zahlen aus jüngster Zeit belegbar. So leben nach Angaben von BIBI-
KOW (SENGLAUB, 1977) in der Kasachischen SSR etwa 30000 Wölfe;
10000 werden davon jährlich zur Strecke gebracht. Dagegen hat
Westsibirien nur eine Population von etwa 800 Wölfen, und in der
ausgedehnten Jakutischen ASSR existieren nicht mehr als 1000 Wöl-

fe. Diese Zahlen sind ein Beweis dafür, daß in den von Menschen dichter besiedelten Gebieten mit großer Viehzucht auch die Populationsdichte der Wölfe ansteigt.

Wölfe sind Standwild

Große Erfahrungen mit Wölfen haben auch polnische Jäger. Die Zahl der vor dem zweiten Weltkrieg in polnischen Wildbahnen lebenden Wölfe schätzte man auf 500 bis 600 Stücke. Das ist gewiß keine große Zahl. Deshalb ist es verständlich, daß sich damals schon polnische Weidmänner für Schonzeiten für Wölfe aussprachen. Eine Ausrottung sollte unter allen Umständen vermieden werden. Man vertrat den Standpunkt, daß der Wolf in polnischen Jagdrevieren eine Daseinsberechtigung habe. „Überdies behauptete man, daß es möglich sei, ein verhältnismäßig friedliches Nebeneinander von Standwölfen und anderen jagdbaren Tieren sicherstellen zu können, sofern der Wolfsbestand nicht überhand nahm. Gefährlicher waren die Wanderwölfe. Aber auch diese vermochte man zu kontrollieren und den von ihnen verursachten Schaden in erträglichen Grenzen zu halten" (v. HOPPE, 1959).

Die Unterscheidung in Standwölfe und Wanderwölfe ist neu, nahm man doch lange Zeit an, alle Wölfe führten ein unstetes Wanderleben. „Die Ansicht von dem unsteten Wanderleben der Wölfe hat sich als Irrglaube erwiesen. Eingehende und umfangreiche Ermittlungen russischer und polnischer Wolfsjäger haben ergeben, daß der Wolf im Prinzip Standwild ist und ein monogames Familienleben führt, wobei sich der Rüde der Wölfin unterordnet. Die Wolfsfamilie wird von dem Elternpaar und den letztjährigen Jungwölfen gebildet. Hinzu tritt oft, wenn auch nicht regelmäßig, ein zweijähriger Jungrüde, der sich gegenüber dem Geheck als Wärter betätigt und die Jungen betreut, wenn die Alten auf Raub ausgehen. Er sorgt auch dafür, daß die Jungen ihr Lager nicht durch Heulen verraten. Die Familie untersteht und gehorcht der Wölfin. Während der Säugeperiode der Jungwölfe versorgt der Rüde die Wolfsmutter mit Fraß. Später, während

der Aufzucht der Jungen, sorgen die Eltern gemeinsam für den Fraß"
(v. HOPPE, 1959).

Zur zeitweiligen Wanderung von Wölfen werden folgende Ursachen gesehen: Verlieren Jungwölfe Mutter bzw. Vater, dann ziehen sie oft in neue Gebiete. Jungwölfinnen begeben sich nach der Ranz mit ihrem Partner auf die Suche nach einem eigenen Jagdrevier mit einem Lager für ihr Geheck. Wolfsfamilien wandern in Ausnahmefällen, wenn ihr Jagdrevier nicht ausreicht, was besonders bei starken Frösten der Fall sein kann. Aber auch im Verhalten der Wanderwölfe ist das Ziel zu erkennen, wieder Standwild zu werden.

Wie groß ist das Jagdrevier einer Wolfsfamilie? Der Radius kann 10 bis 30 km und mehr betragen. Die Größe eines Wolfsreviers hängt von der Wolfsdichte des Gesamtgebietes ab. So klein oder so groß auch ein Wolfsrevier sein mag, keinesfalls jagen Wölfe in der Nähe ihres Lagers.

Während des zweiten Weltkrieges und danach konnten sich Wölfe in Polen ungehindert vermehren. Das führte zu einer Wolfsplage, und es setzte 1955 in der VR Polen eine planmäßige Bekämpfung der Wölfe ein. Gleichzeitig gewann man neue Erkenntnisse über die Biologie des Wolfes, so zum Beispiel, daß ein Wolf im Grunde zum Standwild rechnet. Es fand sich auch bestätigt, daß der Wolf den Menschen scheut und sogar die Wölfin ihm gegenüber ihr Geheck nicht verteidigt.

Die Wolfsjäger in Polen haben nicht nur große Erfahrungen in der Jagd auf Wölfe, sondern überprüfen auch Gerüchte, wonach Menschen von Wölfen angegriffen und verletzt worden seien. Dabei konnten sie für den Zeitraum von etwa 1920 bis 1960 keinen Fall bestätigen. Die Abschußzahlen der Wölfe in der VR Polen betrugen: 1954: 260; 1955: 330; 1956: 426; 1957: 257; 1958: 456.

Bis 1960 war die Wolfsplage beendet. Die Bestände stehen wieder unter Kontrolle, große Landstriche sind wolfsfrei. „Weiterhin wird ihre Verminderung angestrebt, ein erträglicher Bestand in unseren Wildbahnen wird aber erhalten bleiben, da wir den Wolf als höchst interessantes Jagdwild betrachten" (v. HOPPE, 1959).

Schlupfwinkel
und Jagdreviere

Nicht in der Tiefe unermeßlich großer Wälder, wie oft angenommen wurde, hausen die Wölfe mit Vorliebe, sondern in Waldrändern, die den Feldern und damit den menschlichen Siedlungen zugewandt sind. Sie bevorzugen Waldungen, die halbrund, als Rechtecke oder wie Keile ins Feld ragen bzw. Inseln in der Weite bebauter Landflächen darstellen. Dennoch sind ihre Verstecke schwer auffindbar. Denn die Wölfe wählen stille Gegenden und Wälder mit dichtem Gehölz für ihre Lagerstätten. Es ist auch schon wiederholt vorgekommen, daß Wölfe sich in Getreidefeldern niedergelassen haben.

Durch die Ernährung mit rohem Fleisch haben Wölfe ständig Durst. Deshalb kann man sicher sein, daß sie ihre Lager in der Nähe von Wasserstellen anlegen – Flüssen, Bächen, Seen und Tümpeln. Sie begnügen sich auch mit Wasserlöchern oder Mulden mit Grundwasser. Oft befinden sich Wolfslager in großen, mit Schilf und Büschen dicht bewachsenen Sümpfen. Morastiges Gelände sagt ihnen durchaus zu.

Das alles sind Anhaltspunkte für denjenigen, der sich aufmacht, ein Wolfslager zu entdecken. Versiegt in Folge eines heißen und trockenen Sommers oder aus anderen Gründen die zu einem Wolfslager zu rechnende Wasserstelle, verlassen die Wölfe sofort ihren Schlupfwinkel und richten sich anderswo ein – wenn sie dazu noch in der Lage sind. Es kann vorkommen, daß unter ungünstigen klimatischen Bedingungen weit und breit keine neue Wasserstelle zu finden ist, die Durststrecke sich als zu weit erweist und die Tiere auf der Suche nach dem lebensspendenden Naß verenden. Zuerst trifft ein derartiges Los die Jungtiere. Wenn nach einem regenreichen Frühjahr und Sommer sich allerorts viele neue Wasserstellen gebildet haben, ist es schwer, nach mutmaßlichen Wolfslagern Ausschau zu halten.

Mit der Erkenntnis, daß Wölfe Standwild sind und die sogenannten Wanderwölfe auch das Bestreben haben, ein freies Revier zur Seßhaftigkeit zu finden, verbinden sich neue wissenschaftliche Ermittlungen über ihre Territorien und Jagdgebiete. „Die Jagdgebiete von Wölfen in den vom Menschen schwach besiedelten Gebieten umfassen nach Beobachtungen in Wisconsin etwa $300\,km^2$. In Ostsibirien beträgt der Radius, in dem sich die Wölfe während der Jungaufzucht bewegen, durchschnittlich $10\,km$, in europäischen Gebieten nur 3 bis $6\,km$" (SENGLAUB, 1977).

Die Größe des Jagdgebietes eines Wolfsrudels ist, wie man feststellen konnte, zum Beispiel abhängig von der Populationsdichte der Wölfe in einem größeren Gebiet. Diese wiederum wird wesentlich beeinflußt von der Dichte und dem Verhalten der Beutetiere. Ein weiterer Faktor ist die Siedlungsdichte der Menschen mit ihrer Haustierhaltung.

Mitbestimmend für die Größe eines Wolfsrudels ist anscheinend auch die vorherrschende Beuteart. Bei Vorhandensein größerer und wehrhafterer Beutetiere tendieren die Wölfe zu größerer Rudelbildung, wie bei der Jagd auf Elche. Ein Rudel dürfte optimal zehn bis 15 Wölfe umfassen, wobei den Angriff gegen den gefährlichen Elch kaum das ganze Rudel eröffnet. Dieser Aufgabe kommen die älteren, im Reißen erfahreneren Wölfe nach. Bei einer Rudelstärke von sieben bis neun Tieren können sich durchaus zwei bis drei als Reserve zurückhalten – als Ersatz für Ausfälle – unter ihnen die jungen, noch unerfahrenen und deshalb besonders gefährdeten Wölfe.

„Einen Weißwedelhirsch scheinen zwei oder drei Angreifer genauso erfolgreich erlegen zu können wie viele Tiere. Auch hier sind, nur von der Jagdeffektivität her gesehen, mehrere Tiere nicht nachteilig. Ein fünfzig bis siebzig Kilogramm schwerer Hirsch kann aber, wenn man von dem Fell, den gröbsten Knochen und dem Mageninhalt absieht, nicht mehr als zehn hungrige Wölfe auf einmal sättigen. So dürfte für ein hirschjagendes Rudel das Optimum bei sieben bis zehn Wölfen liegen.

Noch kleiner können Rudel sein, die von Rehen oder gar Hausschafen leben. Ein gesundes Reh zu erlegen, bedarf einiger Erfahrung; ein Schaf aber kann auch bereits ein recht junger Wolf im Alter von achtzehn Monaten ohne weiteres allein töten. Wichtig hierfür ist nur die Erfahrung, wo und unter welchen Bedingungen er, vor dem Menschen einigermaßen sicher, Schafe angreifen kann" (ZIMEN).

Allem Anschein nach wirkt sich auch der Bestand an Beutetieren auf die Größe eines Rudels aus. Deren Abnahme führt zur Aufspaltung größerer Rudel in kleinere und nicht zur Vergrößerung der Territorien. Damit werden gefährliche Kämpfe mit Nachbarrudeln ausgeschlossen. Die sinnvolle Reduktion der Rudelgröße bei Beuteknappheit kann schließlich dazu führen, daß der Jagderfolg zu gering wird, der Nachwuchs nicht mehr gesichert ist und das Territorium gegen den Druck fremder Wolfsrudel nicht mehr behauptet werden kann.

Regulation der Rudelgröße

Welche Faktoren wirken sich auf die Größe eines Rudels aus? Wesentlich ist nachfolgend angeführter Umstand, der ein starkes Anwachsen eines jeden Rudels dämpft: „Unabhängig von ihrer Größe, und somit auch von der Zahl geschlechtsreifer Weibchen, tendieren diese Einheiten zu einem Welpenwurf pro Jahr. Dadurch können wir von dem prozentualen Anteil weiblicher Tiere in der Population absehen, ihrer Altersverteilung, ihrem Reproduktionspotential und weiteren sonst für die Natalität wesentlichen Faktoren. Auch das mögliche dichteabhängige Geschlechtsverhältnis der Welpen muß uns hier nicht beschäftigen" (ZIMEN, 1978).

In sehr großen und sehr kleinen Rudeln ist auch die Welpensterblichkeit höher als in Rudeln von optimaler Größe. „Nicht nur bei der Reproduktion bilden die Rudel exklusive Einheiten. Auch die Jagd und die Nahrungsverteilung finden im Rudel statt. Hier entscheidet sich also die für die Mortalität so wichtige Frage, wie viel jedes Tier zu fressen hat" (ZIMEN, 1978). Die Nahrungsmenge für jedes einzelne Tier erweist sich als ein Hauptfaktor zur Regulierung der zahlenmäßigen Stärke eines Rudels. Die Jagdergebnisse entscheiden über die Regelfaktoren Sättigung bzw. Hunger. Anhaltender Hunger steigert die Aggressivität der Rudelmitglieder zueinander und gegenüber rudelfremden Wölfen.

Leben Wölfe in Territorien, in denen große Beutetiere, wie zum

Beispiel Elche, in ausreichender Zahl gerissen werden können und das Beuteangebot sehr groß ist, reguliert lediglich die sozialbedingte Kapazitätsgrenze die Rudelstärke nach oben. Jedoch Futterknappheit bedingt Steigerung der Aggressivität im Rudel. Diese Aggressivität führt zu einer verstärkten Unterdrückung rangniedriger Rudelmitglieder, die diesem Druck schließlich nicht mehr standhalten, das Rudel verlassen und zu Wanderwölfen werden.

Der Abgang von Wanderwölfen aus Nahrungsmangel und Aggressivität im Rudel kann die Wolfsgemeinschaft in einem solchen Maße verkleinern, daß ein optimales Jagen nicht mehr gewährleistet ist und es zu erhöhter Welpensterblichkeit kommt. Unter diesen Umständen kann ein Rudel aussterben.

Wie sehr der Ernährungszustand das soziale Verhalten der Wölfe beeinflußt, konnte mit wissenschaftlichen Versuchen verdeutlicht werden. ZIMEN (1978) experimentierte mit Wölfen. Zehn Tage lang ließ er sie hungern. Mit zunehmenden Hunger steigerte sich bei ihnen die Aggressivität sowohl qualitativ als auch quantitativ. Der Anteil anderer sozialer Verhaltensweisen, wie Spiel, Kontaktaufnahme usw. nahmen gegenüber der Aggressivität ab. Die Toleranz der Tiere zueinander näherte sich dem Nullpunkt. Annäherungen lösten sofort Drohverhalten aus, Gruppenüberfälle gegen rangniedrigere Wölfe nahmen zu. Die Rangstrukturierung nahm krassere Formen an. Vorentscheidungen für spätere Rudelabgänge zeichneten sich ab. Zusammenfassend kann man also sagen: Hunger bewirkt eine Zunahme des aggressiven Verhaltens und eine Abnahme des sozialen Verhaltens, lockert die Meutenbindung, fördert die Rudelemigration.

Aus den Versuchen wurden folgende Erkenntnisse gewonnen: Während ranghohe Wölfe die Beute für sich beanspruchen und gegenüber rangniedrigen behaupten und sich sattfressen, bleiben unter Umständen rangniedrige Wölfe hungrig. Während erstere sich mit satten Bäuchen der Ruhe hingeben können, sind die anderen gezwungen, die Jagd fortzusetzen. Wird dies ein Dauerzustand, kommt es zu einem Bruch im Rudel und damit zu seiner Verkleinerung.

Beim Reißen eines großen Beutetieres verhalten sich Wölfe zueinander recht friedlich. Je kleiner aber Futterstücke sind, desto ausgeprägter verteidigen sie ihren Anteil, desto aggressiver wird die Stimmung untereinander. Ranghöheren Wölfen gelingt es unter Umständen, rangniedrigen Wölfen den Beuteanteil wegzuschnappen. Für die Welpen gelten im Wolfsrudel besondere Gesetze. Bettelnden Welpen gestattet auch ein ranghoher Wolf meist das Mitfressen an seinem Anteil.

Das Beute-Wolf-Verhältnis

Es gab Zeiten, da konnten sich Beutetiere und Wölfe ohne wesentliche Eingriffe des Menschen ungehindert entwickeln. Wäre der Wolf nichts anderes als eine blutrünstige Bestie, wofür ihn viele Menschen in der Welt noch heute halten, dann hätte bereits in vorgeschichtlicher Zeit seine Existenz verheerende Auswirkungen in der freien Wildbahn haben müssen. Aber es gibt in großen Zeitabläufen keine Tierart, für deren Aussterben man den Wolf verantwortlich machen könnte. „Seit der Eiszeit hat sich offensichtlich eine stabile und sich wechselseitig bedingende enge Beziehung zwischen Vegetation, Huftier und Wolf entwickelt. Den Einfluß der Wölfe auf die Population der Beutetiere kennen wir jetzt: Es werden bevorzugt junge, alte, kranke und schwache Tiere gerissen – vom Wolf nicht etwa absichtlich, sondern weil er nur diese zu töten in der Lage ist. Auf die Population hat dies einen sanitären Einfluß. Außerdem wird die Altersstruktur zugunsten der reproduzierenden Altersklasse verschoben, mit einer erhöhten Reproduktivität als Folge. Schließlich scheint der regulative Einfluß des Wolfes Populationsschwankungen zu dämpfen, was wohl wesentlich zur Stabilität des Systems beiträgt" (ZIMEN, 1978).

Die selektive Jagdweise des Wolfes wirkt sich nicht auf alle Tiere der Beutepopulation gleich aus. Wenden wir uns den jungen, besonders gefährdeten Beutetieren zu. Im Kind-Mutter-Verhältnis entwickeln sich Verhaltensweisen in Richtung auf Verbergen, Unerreichbarkeit und schweres Entdecken. „Das junge Reh und zum Teil auch das Hirschkalb leben in den ersten Lebenstagen und Wochen abgelegt, äußerst versteckt. Bei den im Gebirge lebenden Arten ziehen sich die Mütter zur Geburt und Aufzucht in für Wölfe unzugänglich steile Gebiete zurück. Das junge Rehkalb der Tundra ist sehr bald in der Lage, jedem Wolf davon zu rennen. Bei zwei weiteren Arten des offenen Geländes (Bison und Moschusochse) haben sich – wenn auch in unterschiedlicher Form – kollektive Verteidigungsstrategien für die Jungen entwickelt. Die Wölfe haben nur eine Chance, wenn sie das Kalb, oder bestenfalls Mutter und Kalb, von der restlichen Gruppe oder Herde getrennt finden oder abtrennen können. Auch eine gesunde Elchkuh scheint ihr Kalb gegen ein großes Rudel verteidigen zu können" (ZIMEN, 1978).

ZIMEN hält es für falsch, den Wolf auf Grund selektierter Vorteile für die Beutetiere als deren Feind zu bezeichnen. Der Wissenschaftler geht davon aus, daß selbst junge Huftiere, solange ihnen genügend Nahrung zur Verfügung steht und sie gesund bleiben, gegenüber dem Wolf große Überlebenschancen haben. Er sieht noch folgende Vorteile für die Beutetiere in der Konfrontation mit Wölfen: Die Beutetiere werden von den Wölfen wirkungsvoll auf Gesundheit und Stärke getestet. Die im Walde lebenden Pflanzenfresser sind gezwungen, sich über das gesamte Gebiet zu verteilen. Das verhindert eine übermäßige Konzentration und eine Überweidung einzelner günstiger Wintereinstände. Die Dezimierung der Beutepopulation von schwächeren und kranken Tieren bedeutet mehr Platz und Futter für die stärkeren und gesunden Pflanzenfresser und begünstigt ihre Reproduktion.

Gewöhnlich waren die getöteten Tiere zur erfolgreichen Elternschaft zu alt oder zu schwach. „Die Evolution von Beutegreifer und Beute ist in engster wechselseitiger Abhängigkeit voneinander verlaufen und hat bei beiden eine Vielzahl anatomischer, physiologischer, ethologischer und ökologischer Merkmale mit bedingt. Wenn diese verzahnte Beziehung derart verschoben wird, wie es in den letzten Jahrhunderten unter dem Einfluß des Menschen geschehen ist, muß das langfristig nicht nur für den Beutegreifer – den die Verfolgung des Menschen besonders traf – von Nachteil sein, sondern auch für die Beutetiere" (ZIMEN, 1978).

Der Eingriff des Menschen
in die Wildpopulation

Unter urgemeinschaftlichen Verhältnissen wirkten die als Jäger lebenden Menschen auf die bejagten Tierpopulationen selektierend, ähnlich den Wölfen. Aus dieser Zeit reichen historische Leitlinien bis in die Neuzeit, bis zu den Prärie-Indianern, die ihren Lebensunterhalt noch als Jäger bestritten. „Mit einfachen Waffen wurden in erster Linie die unaufmerksamen oder schwachen Tiere getötet, und auch nur so viele, wie zum Lebensunterhalt der Jäger erforderlich waren; der Mensch war ein integrierter Teil der Lebensgemeinschaft. Interessanterweise waren die konkurrierenden Beutegreifer für diese Jäger keine Feinde, die gehaßt und verfolgt wurden. Die Indianer zum Beispiel sprachen vom Wolf als ihren ‚Bruder'" (ZIMEN, 1978).

Mit dem Übergang zur Tierzucht änderte sich die Einstellung des Menschen gegenüber dem Wolf. Der Mensch konnte die Eingriffe des Wolfes in seine Herden nicht tolerieren. Infolge dieser sich herausbildenden Interessengegensätze kam es zu einem Feind-Verhältnis zwischen Mensch und Wolf. Die Aktivitäten des Menschen führten dazu, daß der Wolf sich zunehmend vor ihm fürchtete, ohne das Interesse für Haustiere als Nahrungsspender zu verlieren.

In dem Maße, wie die Jagd als Nahrungsquelle für den Menschen gegenüber der Haustierhaltung an Bedeutung verlor, erlangte sie als Standesprivileg eine exklusive Bedeutung mit negativen Auswirkungen auf den Wildbestand. „So kam es zu einer Überausbeutung der Wildbestände bis hin zur lokalen oder weltweiten Ausrottung. Auerochse und Wildpferd verschwanden ganz, und Bison, Wisent, Steinbock, Rothirsch, Elch sowie die großen Beutegreifer Wolf, Bär und Luchs wurden bis auf wenige Individuen in abgelegenen oder speziell geschützten Gebieten reduziert. In manchen Teilen der Welt ist dieser Ausrottungsprozeß immer noch nicht abgeschlossen" (ZIMEN).

ZIMEN trifft die Feststellung, daß heute der Jäger die Funktion des Wolfes übernommen hat und beschäftigt sich mit der Frage der Auswirkungen. „Auf Grund der nicht ‚testhetzenden' Jagdweise des menschlichen Jägers fällt zusätzlich zu der Nichtregulation auch der selektive Einfluß des natürlichen Beutegreifers weitgehend weg. Durch Winterfütterung und medikamentöse Behandlung gehen weitere wesentliche Selektionsfaktoren, wie der winterliche Nahrungsengpaß und die Krankheiten, verloren" (ZIMEN, 1978). Was zeichnet sich aus alledem ab?

Das über den Wolf entstandene Bild, er sei ein reißendes, furchtbares, blutdürstiges und schädliches Raubtier, das während des ganzen Jahres zu erlegen sei und ausgerottet werden müsse, ist zu revidieren.

Aus spielenden Wolfskindern werden Raubtiere

Nach der Schneeschmelze lebt der Wolf einzeln, paarweise oder auch zu dritt. Die Ranzzeit dauert von Ende Dezember bis Mitte Februar. Bei älteren Wölfen beginnt sie Ende Dezember und dauert bis Mitte Januar, bei jüngeren Wölfen setzt sie Ende Januar ein und reicht bis Mitte Februar. Um die Wölfinnen kommt es zwischen den Rüden bisweilen zu harten Kämpfen. Der ranghöchste Wolf paart sich mit der ranghöchsten Wölfin.

Die Wölfin wölft nach einer Tragezeit von 63 bis 64 Tagen drei bis neun, gewöhnlich vier bis sechs Junge, die blind geboren werden und erst ab der vierten Lebenswoche sehen können. Wolfskinder wachsen an einem verborgenen Platz unter der fürsorglichen Obhut der Mutter sicher auf. Die Wölfin wählt zu ihrem Wochenbett den Wald, dicht mit Holz bestandene Stellen in meist sumpfigem, unwegsamem Gelände, selbstgegrabene Löcher unter Baumwurzeln, auch erweiterte Fuchs- und Dachsbaue. Sie ist bereit, ihre Jungen unter Einsatz ihres Lebens zu schützen und zu verteidigen. Oft fordert sie zu gleichem Verhalten der Vater der Nestwölfe heraus. Während der ersten sechs Wochen, der hauptsächlichen Säugeperiode, ist die Mutter besonders auf der Hut.

Das Lager wird von der Wölfin sauber gehalten. die Mutter massiert nach der Geburt mit der Zunge die Welpen und veranlaßt sie so zum Lösen der noch nährstoffreichen Abgänge, die sie selbst aufnimmt. Den heranwachsenden Welpen trägt die Wölfin Futter im Fang herbei oder würgt aus ihrem Magen angedaute Nahrung hervor.

Sobald die Jungen sehen und laufen können, beginnen sie mit kindlichen Spielereien, zuerst noch recht tolpatschig. Sie klettern sich gegenseitig auf den Rücken, lassen sich umfallen, beißen zu und gehen sich gegenseitig an die Kehle. Damit üben sie Griffe, die sie später im ernsten Kampf anwenden. Geduldig und nachsichtig ist die Wolfsmutter gegenüber den herumbalgenden Jungen, selbst, wenn sie an ihr ihre zunehmende Geschicklichkeit und Kraft erproben. Hält die Wölfin ein Versteck nicht mehr für sicher, packt sie die Welpen am Genick und schleppt sie schnell an einen anderen Ort, der ihr sicherer erscheint.

Sobald die Zeit heran ist, daß die Jungwölfe dazu imstande sind, ihren Lebensunterhalt selbst zu bestreiten, führt sie die Mutter zur Jagd. Eine Zeitlang bleiben sie noch unter mütterlicher Führung. Bald aber löst sich diese enge Verbindung zwischen Mutter und Kindern.

Aggressivität – eine Verhaltensweise innerhalb des Rudels

Man könnte sich vorstellen, daß ein Rudel Wölfe ein harmonisches Ganzes darstellt, im dem im wesentlichen alles friedlich verläuft und Eintracht herrscht. Man könnte annehmen, alle Wölfe seien auf die gemeinsame Aufgabe der Jagd und der Fürsorge der Welpen eingestellt. Aggressivität ja, aber nur nach außen, beim Reißen der Beute, zur Absicherung des Territoriums vor rudelfremden Wölfen und zum

Schutz des Rudels, insbesondere der Jungen. Diese Harmonie hätte Rangfreiheit und Gleichberechtigung jedes einzelnen Wolfes im Rudel zur Voraussetzung. Aber gerade das ist nicht der Fall.

Es herrscht eine hierarchische Struktur, nach Geschlechtern getrennte Rangordnung, als Ergebnis von Rangkämpfen – Aggressivität spielt im Verhalten der Rudelmitglieder zueinander eine große Rolle, somit bedarf sie einer Regulierung. Und es sind die unterschiedlichen Rangpositionen, die zu ständigen Reibereien führen und aggressives Verhalten immer wieder auslösen. Dabei bestätigen sich entweder die alten Rangverhältnisse, oder es entstehen neue.

Die Aggressivität unterliegt jahreszeitlichen Unterschieden. Nach ZIMEN (1978) steigert sich während der Wintermonate die Häufigkeit allgemeiner sozialer Verhaltensweisen. „Aber im Vergleich zum jahreszeitlichen Verlauf nichtaggressiver Verhaltensweisen, wie Chorheulen, Spritzharnen oder neutrale Kontakte, tritt die Zunahme aggressiven Verhaltens im Herbst in der Regel etwas verspätet auf, dann aber sehr plötzlich; ebenso klingt sie im Frühjahr verzögert ab. Zudem beobachteten wir eine deutliche Beruhigung aggressiver Auseinandersetzungen in der Mitte des Winters zur Ranzzeit.

Schließlich ist ersichtlich, daß der Prozentsatz aggressiven Verhaltens überproportional zunimmt, also viel ausgeprägter ist als die Steigerung der allgemeinen Aktivitäten im Winter. Alle Verhaltensweisen erfahren offenbar im Winter eine ähnliche endogen bedingte Antriebssteigerung, wobei die meisten Änderungen dem Sexualzyklus entsprechend verlaufen. Die Aggressivität hingegen unterliegt offensichtlich zusätzlichen Einflüssen" (ZIMEN, 1978).
ZIMEN sieht folgende Erklärung für den verzögerten Anstieg und Abfall aggressiven Verhaltens: Im Sommer drängt die Beschäftigung des Rudels die endogene Komponente der aggressiven Handlungsbereitschaft gegeneinander zurück, vermutlich auf Grund hormoneller Faktoren. Obwohl im Herbst die Bereitschaft zur Aggressivität steigt, verhindern die festen Rangbeziehungen vom Sommer her das beträchtliche Ansteigen aggressiven Verhaltens. Jedoch nimmt die Spannung im Rudel zu.

„Die Welpen zeigen erste Ansätze zu Rangauseinandersetzungen. Die Juvenilen zeigen eine Expansionstendenz nach oben, die Älteren

44

erste Unterdrückungsversuche nach unten. Schließlich kommt es zu ausgetragenen Streitigkeiten und, als Folge davon, auch zu ersten Rangwechseln. Veränderte Rangbeziehungen zwischen Einzelwölfen haben einen Einfluß auf viele weitere Beziehungen, und die soziale Rangordnung wird von unten nach oben zunehmend instabil. Schließlich kommt es auch zu Auseinandersetzungen zwischen den älteren Wölfen mit ihren sehr viel festeren Rangbeziehungen und damit zu dem starken Anstieg aggressiver Verhaltensweisen. Als Folge dieser Auseinandersetzungen entsteht langsam eine neue Rangordnung, ein neues Gleichgewicht, das wiederum zu einem Abflauen aggressiven Verhaltens führt. Die Ranz setzt ein, die mit vielen kleinen lokalisierten Konflikten, aber meist ohne große Kämpfe vonstatten geht. Nach der Ranzzeit verringert sich schlagartig die endogene Antriebskomponente der Aggressivität" (ZIMEN, 1978).

Aber auch nachlassender Druck der Ranghöheren gegenüber den Rangtieferen bringt nach einer gewissen Zeit das Gleichgewicht im Rudel in Bewegung, löst neue Rangkämpfe aus; zum Anfang des Sommers bildet sich wieder eine neue Ordnung heraus, mit Nachlassen der Aggressivität.

Rangkampf
und Demutsverhalten

Im Verhalten der Wölfe gibt es altersgebundene, geschlechtsgebundene und jahreszeitliche Veränderungen, und die Wissenschaft schließt nicht aus, daß bei dieser Tierart mit einem Verbreitungsgebiet über Kontinente auch mit geographisch zu differenzierenden Unterschieden im Verhalten zu rechnen ist. In südlichen Gegenden lebende Wölfe neigen weniger zur Rudelbildung als die nördlich beheimateten. Aber solche Fragen bedürfen noch eingehender Untersuchungen.

Der Wolf ist ein Lebewesen mit einem ausgeprägten Meutetrieb, der die elementare Verhaltenseigenschaft zur Rudelbildung ist. Die

Aggressivitäten innerhalb einer solchen Gemeinschaft sind nicht Ausdruck einer schwachen Rudelbildung, sondern man kann einschätzen, daß die Zwistigkeiten der Rangkämpfe einen starken Meutetrieb bedingen. Die Rangkämpfe stellen einen regulierenden Faktor im Zusammenleben der Wölfe dar, und der Bestand eines Rudels wäre gefährdet, wenn sich die Tiere gegenseitig umbringen würden. Jedoch ist es meist so, daß eine ernste Formen annehmende Auseinandersetzung eine für beide Seiten günstige Wendung nimmt. Der Sieg des stärkeren Tieres gipfelt nicht in der Tötung des Widersachers. Der Unterlegene bleibt am Leben. Ihm ist es möglich, sich ohne schwere Verletzungen oder gar mit heilem Fell aus der Affäre zu ziehen. Wie ist das möglich unter Wölfen, die, wenn sie die Zähne gebrauchen, Kämpfe auf Leben und Tod zu führen verstehen? Jeder Wolf ist von Natur aus mit einem sogenannten Demutsverhalten ausgerüstet. Droht er in einem Kampf mit einem Rudelangehörigen zu unterliegen, hilft ihm das Demutsverhalten, mit heiler Haut davonzukommen. Wölfe und Wölfinnen kämpfen getrennt voneinander ihre Rangordnung aus.

Aggressive und defensive Verhaltensweisen bestimmen den Ausgang der Rangordnungskämpfe. Zum Ritual der aggressiven Verhaltensform gehört das Imponiergehabe: hochgestellte Rute, starrer Blick, hochgezogene Lefzen, das Zeigen der Zähne, gerunzelter Nasenrücken, gerunzelte Stirn, drohendes Knurren bei gesenkter Kopfhaltung, nach vorn gestellte Ohren. So beginnen zwei Wölfe die Auseinandersetzung, wenn sie sich noch gleichrangig fühlen oder der bis zu diesem Zeitpunkt noch rangtiefere Wolf dem ranghöheren eben diesen Rang streitig zu machen versucht.

Der sich als der Stärkere erweisende würde rücksichtslos seinem Gegner ans Leben gehen, wenn nicht dessen rituales Unterwerfungsangebot bei ihm naturgemäße Beißhemmungen auslösen würden. Zum Ritual der defensiven Verhaltensform, des Demutsverhaltens, gehören hauptsächlich: Anheben einer Pfote, Abwenden des Kopfes, Anbieten des ungeschützten Halses, Zukehren des Körperhinterteils, angedeutete Bisse als Abwehrbeißen, Zeigen der Zähne in Verbindung mit einem Zurückweichen, angstvoll weit geöffnete Augen, seitliches Fallenlassen, in der Rückenlage Abstemmen mit der Pfote

46

vom Gegner, Belecken des Fanges des Gegners, Anlegen der Ohren.

„Auseinandersetzungen zwischen rangnahen Tieren sind drastischer als zwischen deutlich rangverschiedenen. Rangpositionen werden mehr oder weniger ständig in Frage gestellt, durch Begegnungen bestätigt oder verändert. Solche Auseinandersetzungen sind keine ‚Privatsache‘, sondern werden vom Rudel aufmerksam verfolgt.

Zu ernsten Kämpfen kommt es in der Regel nur zwischen den Ranghöchsten um die sog. Alpha-Position. Ein solcher Kampf wird lautlos geführt; das Beiwerk aus dem Repertoire des Ausdrucksverhaltens entfällt meist ganz. Der Kampf endet mit der Niederlage eines Partners, der verletzt aufgibt bzw. flieht. Kommt es zu keiner Entscheidung, folgen bald neue Kämpfe" (SENGLAUB, 1977).

Rangkämpfe um die Wölfin nehmen auch ernstere Formen an. Die Bindung der Wölfe an das Rudel löst sich in der Ranz, indem sich Paare absondern und eigene Wege gehen. Das kommt blutig abgewiesenen Freiern zugute, weil sich die Rangkämpfe um die Wölfin gewöhnlich nicht innerhalb eines geschlossenen Rudels abspielen. Der Kampf kann deshalb auch blutig enden, ohne daß der Unterlegene von weiteren Rudelmitgliedern angegriffen würde.

Es kann zu Ernstkämpfen zwischen Wölfen kommen, indem dem unterliegenden Wolf das Demutsverhalten nichts nützt, der Sieger weiter hemmungslos angreift. Der Ausweg ist dann nur die Flucht.

„Ob der Verlierer im Rudel bleiben kann, hängt vom Verhalten der anderen Rudelmitglieder ab. Greifen diese ihn an, so hat er offenbar auch ihnen gegenüber seine dominante Stellung verloren. Das letztere wird eher bei den Weibchen beobachtet, die dadurch zwangsweise aus dem Rudel ausscheiden" (ZIMEN, 1978).

Das Ausscheiden muß nicht von Dauer sein. Hält sich der Besiegte in der Nähe des Rudels in einer von den Wölfen geduldeten Distanz, sind neue Kontaktaufnahmen möglich. Die Situation dafür ist günstig, wenn im Rudel keine aggressiven Aktivitäten vorherrschen, sondern spielerisch-freundliche. Das ist der Augenblick, den der Vertriebene nutzen kann. Mit Ansätzen des Demutsverhaltens muß er sich dem Sieger nähern. Werden diese vom Sieger akzeptiert, können als nächstes distanzierter vorgebrachte Spielhandlungen das Feindverhältnis weiter abbauen. Mit Einhaltung ausgekämpfter Rangordnungen kann sich ein neuer Ausgleich herstellen. Mit diesem Erfolg wäre die Wiederaufnahme ins Rudel perfekt.

Das Thema Rangordnung der Wölfe ist voller Nuancen und damit unerschöpflich. ZIMEN (1978) beobachtete differenziert nach Geschlechtern ausgetragene Rangkämpfe. Er erkannte dabei wesentliche Unterschiede zwischen Rüden und Wölfinnen: „Bei den Weibchen wurde von Anfang an aggressiv angegriffen: ohne Beißhemmung, ohne Drohen, Imponieren oder andere Formen von zur Schau gestellter Stärke. Alle Weibchen beteiligten sich an den Auseinandersetzungen, und die Verliererin des Kampfes wurde weiter hemmungslos angegriffen, ja wäre sogar getötet worden, wenn ich sie nicht aus dem Rudel entfernt hätte. Bei den Rüden (hier ging es allerdings nur um die zweite Position der Rangordnung) waren die Auseinandersetzungen sehr viel weniger aggressiv. Auftritt, Drohungen, Imponieren und Proteste beherrschten die Szene. Fest gebissen wurde kaum, und dementsprechend gab es auch keine ernsthaften Verletzungen. Außerdem war der Kampf nur auf die Rangordnung direkt benachbarter Tiere beschränkt... Obwohl die Entscheidungen in beiden großen Rangordnungen gefallen waren, trat im Rudel keine Ruhe ein" (ZIMEN, 1978). Weitere Rangkämpfe folgten, bis wieder ein Gleichgewichtszustand erreicht war.

Rangkämpfe beginnen oft auch als Spielhandlung und werden erst fortgesetzt, wenn einer der Partner nicht bereits beim Spiel mit einer Demutshaltung seine Waffen streckt. Belästigungen zählen auch zu den Eröffnungsformen des Rangkampfes.

ZIMEN (1978) beobachtete, daß Angriffe auf ausgestoßene Wölfinnen im Winter zunehmend von drei Jungwölfen unterstützt wurden. Man kann das wohl als Ankündigung werten, selbst bald Rangpositionen anderen Wölfen streitig zu machen.

Eine Vorstufe zu den späteren Rangordnungskämpfen erweist sich bereits im Welpenalter. „Wie bei allen Welpen kam es auch zwischen Alexander, Wölfchen, Näschen und Mädchen in den ersten Wochen und Monaten häufig zu heftigen Streitereien. Auch beim Spiel wurde geknurrt und gebissen, und im Zusammenhang mit dem Futter entbrannten manchmal kleine Kämpfe. Nicht immer ging es dabei Wel-

48

pe gegen Welpe, sondern manchmal fielen zwei oder sogar drei über den vierten her. Trotzdem konnten sie Minuten später ganz friedlich, auf einen Haufen zusammengedrängt, schlafen. Und beim nächsten Streit hatten sich drei neue Freunde gefunden. Irgendwelche Feindschaften oder traditionelle, die Kämpfe bereits vorentscheidenden Kräfteverhältnisse ergaben sich aus diesen Streitigkeiten nicht. Auch das Geschlecht spielte keine Rolle" (ZIMEN, 1978). Mädchen griff also ihre Brüder an, setzte sich durch und unterwarf sich situationsgebunden. Die Kämpfe der Welpen brachten keine dauerhaften Ergebnisse.

„Es scheint, daß es den Welpen bei ihren Auseinandersetzungen nur um augenblickliche Interessenkonflikte geht und nicht um irgendwelche Statusfragen. Sie versuchen, ihre Geschwister nicht längerfristig zu unterdrücken und haben entsprechend auch keine Expansionstendenzen, um den eigenen Freiheitsraum auf Kosten der anderen zu erweitern – außer natürlich für den augenblicklichen Bedarf" (ZIMEN, 1978).

Es gibt Verhaltensforscher, die Streitereien der Welpen bei der Nahrungsaufnahme als Rangkämpfe ansehen, die sogar für spätere Rangstellungen aussagekräftig sein sollen. Zumindest ist zu sagen, daß Welpen bei rein sozialen Begegnungen keinen Freiheitsraum einhalten. Unter alten Wölfen werden aber mit individuellen Freiheitsräumen Rangbeziehungen sichtbar gemacht, die nicht unbedingt einer zeitlichen Futter-Rangordnung entsprechen müssen.

„Eine Rang- oder Dominanzbeziehung zwischen zwei Tieren beruht auf der Einschätzung der Stärke des anderen in Relation zur eigenen in einer bestimmten Situation. Sie entspricht also nicht unbedingt dem wirklichen Kräfteverhältnis und muß auch nicht notwendigerweise durch eine direkte Konfrontation erfahren werden. Dominanz drückt sich unter anderem aus (und läßt sich somit auch messen) im individuellen Freiheitsraum, den ein Tier im Umgang mit den Partnern innehat. Der Freiheitsraum kann sich in dem Zugang zu bestimmten Objekten wie Futter oder Sexualpartner äußern oder in der Bewegungsfreiheit bei rein sozialen Begegnungen. Je größer die Differenz zwischen dem Freiheitsraum der Partner ist, desto größer ist der Rangunterschied" (ZIMEN, 1978).

Nach Zimen (1978) ist das Gleichgewicht zwischen dem Freiheitsraum eines Wolfes zu dem eines anderen Rudelangehörigen nicht sehr stabil und häufigen Verschiebungen unterworfen auf Grund der Tendenz der Partner, ihren Freiheitsraum zu erweitern.

Das Problem der Rangbeziehungen ist hier nicht vollständig behandelt. Manche Teilfragen unterliegen noch der weiteren Forschung, wie überhaupt zu sagen ist, daß das Verhalten der Wölfe zunehmendes wissenschaftliches und allgemeines Interesse findet.

Kannibalismus

Der als zoologischer Begriff zu wertende Kannibalismus der Wölfe ist allgemein bekannt. In der Literatur finden sich viele Hinweise. Es ist verständlich, daß Kannibalismus kein Thema ist, dem man sich gern im wissenschaftlichen Versuch zuwenden möchte, wofür es eine ganze Reihe von Gründen gibt. Der Aufwand stände wahrscheinlich auch gar nicht im vertretbaren Verhältnis zu dem Ergebnis. Den Verhaltensforschern genügt es offensichtlich, die Erfahrungen der Wolfsjäger als Tatsachen zu registrieren, die wahrscheinlich eine wissenschaftlich wenig interessante und ergiebige Randerscheinung wölfischen Verhaltens darstellen. Wer sich aber diesem Thema zuwendet und nicht einfach Beobachtungen beschreibt, findet zwangsläufig Spielraum zu subjektiven und hypothetischen Auslesungen.

Gerät ein Wolf mit einem ihm fremden Rudel zusammen, dann kann es geschehen, daß er umstellt und zerrissen wird. Die Intoleranz gegenüber Fremdwölfen ist groß. Daraus resultiert Inzucht. Die Wissenschaft kann heute noch keine Antwort auf die Frage geben, wie lange solch ein Rudel existiert bzw. wann und unter welchen Bedingungen es zur Aufnahme fremder Wölfe ins Rudel kommt. Es ist möglich oder gar wahrscheinlich, daß infolge der Tötung eines rudelfremden Wolfes kannibalistische Gelüste ausgelöst werden, besonders im Hungerzustand. Ein solcher Kampf auf Leben und Tod entspringt allein dem Feind-Feind-Verhältnis und nicht dem Wolf-Beute-Verhältnis. Hochrangige Wölfe sind gegenüber fremden aggressiver als rangniedrige. Aber sie werden noch an Aggressivität übertroffen von der ranghöchsten Wölfin.

Die Gefahr, getötet, zerrissen und auch verschlungen zu werden, droht auch einem Rudelangehörigen, der, aus welchem Grund auch immer, plötzlich umstellt, ernstlich angegriffen wird und dem die Flucht nicht gelingt. In solch eine Lage geraten verletzte und kranke Wölfe. Ihr Zustand unterhöhlt ihre Rangstellungen, macht sie hilflos. Diese Hilflosigkeit wird im Rudel offensichtlich nur den Welpen zugebilligt und nicht Älteren. Verletzte und kranke Wölfe werden zum Reizauslöser für Aggression und Fraß. Man kann annehmen, daß die Angriffe auf verletzte und kranke Wölfe dem Regulativ der Rangkämpfe unterliegen und in den Kannibalismus übergleiten. Es erhöht die Überlebensfähigkeit des Rudels in Notzeiten. Bei den zerfleischten Wölfen handelt es sich um Rudelangehörige, deren Chance, die Kälte- und Hungerperiode zu überstehen, geringer geworden ist. Mit dem Kannibalismus in der beschriebenen Weise optimiert ein Wolfsrudel seine Leistung. Ob bzw. inwieweit dieser Umstand Regie beim Kannibalismus gegenüber Verletzten und Kranken geführt hat oder gar auslösender Faktor war, ist ungewiß.

Im Prozeß der Domestikation der Wölfe zu Hunden verlor der Kannibalismus, was auch seine Hauptursachen gewesen sein mögen, seine biologische Bedeutung und verschwand – mit Ausnahme bei den Schlittenhunden des hohen Nordens. „Wie ich selbst beobachten konnte, tut dies der Polarhund im Notfall auch, wobei wohl die besonders harte und erbarmungslose Natur des Nordens die Hauptschuld trägt" (KOBER, 1952).

Signale und ihre Bedeutung

Im Zusammenleben der Wölfe in einem Rudel mit den gegenseitigen Aggressivitäten, der Notwendigkeit einer Gleichgewichtsherstellung mit der Entwicklung einer hierarchischen Struktur und einer Geschlossenheit nach außen zur Verteidigung des Territoriums gegenüber rudelfremden Wölfen und einem relativ einheitlichen Jagdverhalten bedarf es einer Verständigung, einer Signalgebung und einem Reagieren auf Signale. Diese Kommunikation erstreckt sich auch auf die Beziehungen zu fremden Wölfen und Wolfsrudeln. Das Signalsystem ist allen Wölfen eigen. Die Hauptkomponenten sind erblich vorgegeben: zum zweckmäßigen Reagieren auf Verhaltensaktivitäten eines Wolfes bedarf es möglicherweise auch Erfahrungen, eines Erlernens von Signalbedeutungen.

„Kommunikation setzt voraus, daß zwischen Sender und Empfänger Übereinstimmung herrscht über die Bedeutung der Signale. Wir müssen also genau unterscheiden zwischen der Form eines Signals – d.h. wie es entsteht und übermittelt wird, seinen physikalischen Merkmalen also – und der Bedeutung des Signals, also wie es vom Partner verstanden wird. Bei den Wölfen dürfte die Form der meisten Verhaltensweisen, die der Kommunikation dienen, angeboren sein" (ZIMEN, 1978).

Auffällig ist, daß Welpen nicht auf das Drohen erwachsener Wölfe reagieren. Unbekümmert, nach einigen eventuellen Schreckreaktionen, greifen sie einen knurrenden und drohenden Wolf immer wieder unbekümmert mit spielerischem Eifer an. Das Rudel dürfte es sonst kaum einem erwachsenen Wolf gestatten, nach einer Drohung, wenn diese einen Zweitwolf unbeeindruckt läßt, nicht sofort aggressive Reaktionen folgen zu lassen. Erwachsene Wölfe sind gehemmt, Welpen aggressiv zu begegnen, und sie gehen vorsichtig mit ihnen um. Das entspricht dem Lebensinteresse des gesamten Rudels.

„Anders als die Ausführung kommunikativen Verhaltens scheinen die Welpen die Bedeutung vieler Signale erst lernen zu müssen. Als Anfa mit der Zeit eine Art Mutterersatz für die Welpen verkörperte, wurden ihr diese manchmal zu lästig. Immer wieder rannten sie auf Anfa zu, kletterten an ihr herum, zerrten an ihrem Schwanz oder wollten einfach neben ihr liegen. Wenn es Anfa zuviel wurde, bleckte sie die Zähne, knurrte, schnappte gegen die Welpen oder umfaßte ihre Schnauzen quer mit dem Maul, so als ob sie ihnen hineinbeißen wollte. Die Welpen kümmerten sich um diese deutlichen Proteste aber überhaupt nicht. Es war, als ob sie dadurch nur noch stärker zur Kontaktnahme animiert würden, und schließlich blieb Anfa nichts anderes übrig, als wegzulaufen" (ZIMEN, 1978).

Nicht im Umgang mit alten Wölfen sammeln Welpen schmerzhafte Erfahrungen und lernen Drohungen in ihrer richtigen Signalbedeutung. „So hört man auch ganz selten einen Welpen im Umgang mit erwachsenen Wölfen vor Schmerz schreien. Bei Auseinandersetzungen der Jungen untereinander kommt dies sehr viel häufiger vor, besonders wenn die Zähne im Alter von zwei bis drei Monaten lang genug und die Kiefermuskeln stark genug sind, um ebenfalls schmerzhafte Bisse austeilen zu können. So scheint es mir, daß die Welpen im Spiel und bei Auseinandersetzungen untereinander die Bedeutung vieler Signale richtig einzuschätzen lernen, die für sie im späteren Leben so wichtig sein werden" (ZIMEN, 1978).

Es gibt aber auch Signale, die Welpen nicht erst erlernen müssen. Darunter fallen das Verbergen und Fluchtreaktionen auf Warnlaute. Würden Welpen nicht sofort auf das Wuffen der Mutter oder die Warnlaute anderer Altwölfe mit Verbergen oder Flucht reagieren, würde ihre Lebenschance stark gemindert.

Die »Mimik« des Wolfes

Der Wolf ist ein ausgesprochenes Nasentier. Sein Geruchsanalysator ist von allen Analysatoren am leistungsfähigsten. Analysatoren gibt es so viele, wie es Sinne gibt, also wie zum Beispiel Gesichts-, Geruchs-, Gehör-, Geschmacks-, Tastanalysatoren u.a. In der Geruchswahrnehmung übertrifft der Wolf den Menschen um ein Vielfaches. Hervorragend ist auch seine Hörfähigkeit.

Die Verständigung der Wölfe erfolgt über die verschiedenen Sinnesorgane. Die Wahrnehmung des Individualgeruchs, des Fährtengeruchs und der durch Urin markierten Bodenstellen, Baumstämme, Pfähle usw. spielt im Leben der Wölfe eine große Rolle. Geruch und Gehör ermöglichen eine Kommunikation auf große Distanzen, nicht so der Gesichtssinn. Das gegenseitige Erkennen erfolgt im wesentlichen über den Geruchsanalysator und mit der Unterscheidung der Individualgerüche. Aber auch die Lautgebungen, insbesondere die Heultöne, bieten den Wölfen Unterscheidungsmöglichkeiten der einzelnen Individuen und selbstverständlich auch das Heraushören fremder Wölfe.

Der Begriff des Sich-Nicht-Riechen-Könnens mag aus der Charakterisierung einer Feindschaft zwischen Hunden sprichwörtlich geworden sein, hat aber seinen substantiellen Ausgangspunkt im Wolfsverhalten.

Die Sehkraft des Wolfes liegt unter der des Menschen. Jedoch spielt im Nahbereich die optische Kommunikation, in Verbindung mit Lautgebungen, aber auch ohne sie, eine sehr große Rolle. Der Wolf verfügt über ein umfangreiches nuanciertes Ausdrucksverhalten. Es dürfte kaum ein anderes Tier der freien Wildbahn ihm darin gleichkommen.

In normaler Haltung bewegt sich der Wolf aufrecht mit gelöster Beinhaltung und locker nach unten hängender Rute vorwärts. Die Lefzen bedecken die Zähne. Die Ohrenstellung verändert sich zur ständigen Kontrolle der Geräusche aus der Umwelt aus Gründen der Wachsamkeit. Angriffe zum Ernstkampf ohne Vorwarnung erfolgen aus dieser Grundhaltung heraus. Im Ritual der Rangkämpfe und im Spielverhalten erweisen sich die vielen möglichen Ausdrucksformen. Dazu zählen Droh-, Knurr-, Fauch- und Imponiergehabe, Scheinkämpfe, aber auch ernste Beißereien.

Aggressive und defensive Verhaltensformen, mit geringer oder starker Angst, selten wohl ohne sie, dienen der Regulierung der Rangordnung.

„Das Drohen des Wolfes ist an gerader Schwanzhaltung, nach vorn gestellten Ohren, starrer optischer Fixierung, gerunzeltem Nasenrükken und gerunzelter Stirn, Zähneblecken und Knurren erkennbar. Zu den defensiven Verhaltensformen zählen das Zukehren des Körperhinterteils zum Partner, ein den Hals ungeschützt lassendes Abwenden des Kopfes, Abwehrschnappen, abwehrendes Drohen mit vollem Zähneblecken und Abwehrbeißen. Wahrscheinlich haben Wölfe die differenzierteste Gesichtsmimik unter allen Caniden (Hundeartigen); dazu gehören der Öffnungsgrad der Augen, die kurze oder lang nach hinten gezogene Lippenspalte, das Runzeln von Nasenrücken und Stirn, das Freilegen der Zähne – differenziert in ‚Vollblecken‘ mit weit nach hinten gezogenen Mundwinkeln (Hemmung)

Zwei Wölfe. Von Antonio Pisano, um 1430

und ‚Vornblecken' (Hemmung ausgeschaltet). Das Heben einer Vorderpfote, auch das Stemmen einer Pfote gegen den Partner sind Zeichen der Unterwerfung. Jungtiere legen sich vor erwachsenen Wölfen häufig strampelnd auf den Rücken und versuchen, deren Schnauze zu belecken. Auch Rangniedere zeigen ähnliches Verhalten gegenüber Ranghohen" (SENGLAUB, 1977).

Die akustische Kommunikation

Grundlaute des Wolfes sind Winseln, Knurren, Wuff-, Schrei- und Heullaute. Die akustische Kommunikation betrifft den Nahbereich und erstreckt sich auf große Distanzen. „Innerhalb der einzelnen Lautäußerungen gibt es viele Abstufungen und auch individuelle Variationen, viele Übergänge und Mischlaute. Ähnlich den einzelnen optischen Ausdruckselementen stellen die meisten Laute für sich allein keine Aussage dar, sondern erlangen ihre volle Bedeutung nur im Zusammenhang mit dem gesamten Verhalten der Wölfe in einer bestimmten Situation" (ZIMEN, 1978).

Das Winseln ist nicht allein eine Eigenart der Welpen, es gehört auch zu den Lautäußerungen erwachsener Wölfe, ist bei ihnen sehr variabel und bezieht sich auf viele soziale Situationen. „Es sind meist recht leise und helle Töne, die Unruhe, Unzufriedenheit oder höchste Erregung zum Ausdruck bringen, die aber auch bei Aufforderungen, etwa im sexuellen Bereich, zu hören sind. Welpen winseln, wenn sie frieren, hungrig oder allein sind, ältere Wölfe, wenn sie zu den Welpen gehen, um sie aus der Höhle oder einem Versteck hervorzulocken, oder wenn sie ihnen Futter zutragen" (ZIMEN, 1978).

Wuff ist ein Warnlaut, der Gefahr signalisiert, das Nahen eines Menschen zum Beispiel oder fremder Wölfe. Auch Wölfe, die Zeuge eines Rangkampfes von Rudelangehörigen sind und von der Erregung des Kampfes angesteckt werden, geben zuweilen ihrer Unruhe mit Wufflauten Ausdruck. Die Wölfe dürften den Wufflaut kaum als Drohlaut gebrauchen.

Ein Warnlaut besonderer Art ist das Knurren. Er bezieht sich auf eine breite Skala sozialer Situationen, verdeutlicht im sozialen Bereich die eigene Interessenlage zu Rudelangehörigen. Knurren kann (nach ZIMEN, 1978) ein Protest sein, ein Protest eines Wolfes gegen die Aufdringlichkeit von Welpen; ein Protest eines ranghohen Wolfes gegen unerlaubtes Verhalten eines tiefer im Rang stehenden Tieres; ein Protest eines Rangniedrigen gegen die Unterdrückungsbemühungen eines Ranghöheren.

In Verbindung mit dem Hochziehen der Lefzen und dem Zeigen der Zähne wird das Knurren ein Drohlaut. „Bei geringer Intensität wird manchmal geknurrt, ohne daß die Zähne auch nur leicht gebleckt sind. In seltenen Fällen geht es auch umgekehrt: Die Zähne werden lautlos gebleckt. Bei zunehmender Intensität treten die beiden Informationsträger aber stets zusammen auf; je intensiver die Zähne gebleckt sind und das Maul geöffnet ist, desto lauter wird auch das Knurren" (ZIMEN, 1978).

Sowohl der Angreifer als auch der Angegriffene bedienen sich des Knurrens als Drohlaut. Der Wolf, der von beiden zu defensiven Verhaltensformen überleitet, verändert seine Lautgebung. Sein drohendes Knurren geht in Schreilaute über.

Mit zunehmender Überwindung der traditionellen Abneigung gegenüber dem Wolf wird man ihrem Heulen in der freien Wildbahn Interesse entgegenbringen. In Kanada zum Beispiel zählt das Anhören von Wölfen zu einer echten touristischen Attraktion.

Über die Bedeutung des Wolfsgeheuls wurde viel gerätselt, bis man wissenschaftliche Erkenntnisse gewann. Der Wolf öffnet zum Heulen den Fang, meist mit angehobenem Kopf und angelegten Ohren. Der Heulton besteht aus einem langgezogenen U-Laut von etwa zwanzig Sekunden Dauer. Bis zur nächsten Lautäußerung entsteht eine kurze Pause zum Luftholen. Das Geheul kann Minuten andauern. In das Geheul eines Wolfes stimmen gewöhnlich weitere Wölfe des Rudels zum Chorheulen ein, zumindest wenn ein ranghoher Wolf begonnen hat. Das Heulen eines rangniedrigen Wolfes findet weniger Beachtung.

Für Wölfe hat das Geheul individuelle Komponenten zur Unterscheidung jedes einzelnen Tieres. Die Gefühlslage, aus der heraus

Wölfe zu heulen beginnen, kann Vereinsamung sein. Eine weitere Funktion des Heulens ist die gegenseitige Standortbestimmung mit der Möglichkeit, daß sich das Rudel wieder zusammenfindet, vielleicht zu einem Beutezug. Im Winter heulen die Wölfe mehr als im Sommer. Das erklärt sich aus dem größeren Zusammenhalt des Rudels in der kalten Jahreszeit.

Es gibt Überlegungen, ob das Wolfsgeheul noch verborgene Informationen enthält, wie über mögliche Jagdbeute. Letzteres erscheint schon deshalb als unwahrscheinlich, weil die Jagd lautlos vor sich geht und kein Zusammenhang zwischen Geheul und Jagdverhalten zu erkennen ist. Früher nahm man an, daß sich im Winter die Wölfe zu großen Gemeinschaften bis vielleicht gar zu 100 Wölfen zusammenheulten. Heute weiß man, daß dies nicht der Fall ist.

Neben der Zusammenführung des eigenen Rudels hat das Geheul die Funktion, das Territorium, welches durch rudelspezifische Duftstoffe (Urin) abgegrenzt ist, auch akustisch zu markieren. Die Wolfsrudel sind bestrebt, sich aus dem Wege zu gehen und sich noch nicht einmal in den Grenzgebieten der Territorien zu begegnen. Wie Jäger und Wissenschaftler beobachteten, heult ein Rudel im Chor hauptsächlich vor dem abendlichen Aufbruch zur Jagd.

„In meinem Rudel tritt es auch in den frühen Abendstunden und früh am Morgen ein, als Auftakt zur abendlichen oder morgendlichen Aktivitätsphase. Nicht beteiligt sind dabei alle unterdrückten, aus dem Rudel ausgestoßenen oder ausgeschiedenen Wölfe. Diese Beschränkung auf das engere Rudel läßt vermuten, daß es sich hier um eine Verhaltensweise handelt, die den Zusammenhalt des Rudels stärkt. Die Wölfe bestätigen sich sozusagen gegenseitig ihre freundschaftliche kooperative Stimmung. Der Zeitpunkt des Auftretens läßt weiter vermuten, daß diese Rudelzeremonie der Synchronisation, der Gleichschaltung der Aktivitätsphase, dient. Auf diese Weise kommen sie nach dem Schlafen bald in eine ähnliche Stimmung, die einen gemeinsamen Aufbruch ermöglicht" (ZIMEN, 1978).

Das Heulen versprengter, ausgestoßener oder übriggebliebener Wölfe hat auch die Funktion der Zusammenführung sich bis dahin fremder Wölfe zu einem neuen Rudel in einem freigewordenen Territorium.

Wölfe auf Beutezug

Über das Verhalten der Wölfe steht in MEYERS KONVERSATIONSLEXIKON aus dem vorigen Jahrhundert folgendes:

„Nur in einsamen Wäldern zeigt er sich bei Tage, in bevölkerten Gegenden wird er meist erst in der Dämmerung rege. Er ist ungemein blutdurstig, jagt Säugetiere, Vögel und allerlei Kleingetier, frißt auch Aas und Pflanzenstoffe, namentlich Obst. Dem Wildbestand wird er sehr gefährlich. Im Herbst und Winter nähert er sich den Ortschaften, durchläuft Dörfer und Städte, überfällt das weidende Vieh, jagt namentlich auch Hunde und wagt sich in Meuten selbst an Pferde und Rinder. Dabei würgt er viel mehr, als er fressen kann und wird dadurch namentlich im Winter, wo ihm der Wald weniger bietet, zur Geißel für Hirten und Jagdbesitzer. Er frißt auch seinesgleichen."

Der Wolf ist gewöhnlich als eine blutrünstige Bestie verschrien, dem die Lust am Töten „über das Maß des raubtierhaften Beutemachens hinausgehend" eigen ist. Beweis dazu sollte sein, daß der Wolf mehr Tiere reiße, als zu seiner Sättigung erforderlich seien.

Ein Raubtier ist wohl grundsätzlich überfordert, beim Beutemachen Maß zu halten. Auch vom Wolf können wir nicht erwarten, beim Kampf Tier gegen Tier Betrachtungen über die Größe seines Hungers und der demgemäß zu reißenden Beute anzustellen. Außerdem geht es nicht allein um die Nahrungsbefriedigung des Einzeltieres, sondern ebenfalls um die der Wolfsfamilie wie die der Wolfsgemeinschaft, des Rudels. Diese Größe ist für den einzelnen Wolf nicht überschaubar.

Am Tage hält sich der Wolf zurück und verweilt im einsamen Lager. In dichter bewohnten ländlichen Gebieten beginnt er mit seinen Beutezügen gewöhnlich nicht vor Einbruch der Dämmerung. In entlegenen Wäldern ist er schon in den Nachmittagsstunden auf den Läufen, ständig auf der Suche nach etwas Freßbarem.

Im Sommer, wenn der Wolf auch Kleinsäuger, zum Beispiel Mäuse fängt, ebenfalls Kerbtiere verspeist, Igel und Fuchs nicht vor ihm sicher sind, ist er auf größere Haustiere gewöhnlich nicht aus. Aus dem alten Rußland wurde berichtet, daß Wölfe den Zügen der Lem-

minge folgten und sich dabei allein von diesen massenhaft auftreten-
den Wühlmäusen ernährten. Der Wolf bereichert seinen Speisezettel
auch mit Eidechsen, Nattern, Fröschen und liest selbst Käfer auf. Alles in allem – er ist nicht wählerisch. Der Wolf hat die Ausdauer,
stundenlang am Wildwechsel zu warten. Lautlos vermag er sich an
Wildtiere heranzuschleichen, um seine Beute aus der Nähe mit einem
Satz an der Kehle packend niederzureißen. Der Wolf sieht in der
Nacht recht scharf. Zusätzlich orientiert er sich durch sein ausgezeichnetes Gehör und sein feines Geruchsvermögen. Er wird also immer versuchen, die Beute im Auge zu behalten, nimmt aber auch
Witterung auf und verfolgt Spuren und Fährten mit der Nase. Einer
Wildfährte bzw. Wildspur folgt er mit Leichtigkeit.

Der Wolf ist ein guter Einzeljäger. Zur Lebenserhaltung genügt im
Sommer unter Umständen die Einzeljagd. In dieser Zeit ist er nicht
gezielt auf Haustiere aus. Kleinvieh, das unbeaufsichtigt weidet,
kann ihm schon einmal zum Opfer fallen, ausnahmsweise auch einmal ein Stück Großvieh. Sobald aber der Winter naht, ändert sich
sein Verhalten.

Im Herbst beginnt er, weidendes Vieh gezielt zu umschleichen.
Jetzt stellt er kleinen und großen Grasfressern nach. Die wehrhaften
Pferde, Rinder und Schweine greift er nur dann nicht an, wenn sie in
geschlossenen Herden zusammenstehen und dem Einzelwolf ein Angriff zu riskant ist. Sobald sich die Wölfe mit Einbruch des Winters in
Rudeln zusammengefunden haben, schrecken sie zwar auch vor den
wehrhaften Pferden und Rindern nicht zurück, greifen aber nicht die
geschlossene Herde an.

Bei der Belagerung von Herdentieren zeigen Wölfe ständig das Bemühen, einzelne Tiere von der Herde abzusprengen. Gegenüber einer gut von Hirten und kampfstarken Hunden geschützten Herde
sind Wölfe besonders vorsichtig und zurückhaltend. Löst sich ein
Hund, von der Wolfswitterung verleitet, aus der Gemeinschaft mit
den anderen Hunden und den Menschen, weicht der Wolf zuerst zurück. Sobald die Verbindung dieses einzelnen Hundes zu seiner
„Mensch-Hund-Meute" deutlich abgerissen ist, wendet sich der Wolf
blitzschnell gegen den Verfolger und nimmt den Kampf auf. Gemeinsam fallen jetzt alle Wölfe über den Hund her und zerfleischen ihn.

In der Literatur wird diese Art des Wolfsverhaltens als schlau und listig ausgelegt; in Wirklichkeit folgen auch hier die Wölfe der Taktik als Triebhandlung, der geschlossenen Kampfkraft wehrhafter Tiere nach Möglichkeit auszuweichen und erst das abgesprengte Tier zu erlegen.

Vieles aus dem Leben der Wölfe sehen wir in einem neuen Licht, so auch ihre Jagderfolge: „Die Jagden verlaufen keineswegs immer erfolgreich; das gilt z.B. für Jagden auf Rentiere und Saigas, besonders aber auf Elche. Von 77 registrierten Angriffen auf Elche führten z.B. nur 6 zur Tötung" (SENGLAUB, 1977).

Den Menschen meidet der Wolf, wenn es nur irgendwie geht. Der Hunger treibt ihn bis in die Nähe von und zuweilen bis in die Ortschaften hinein. Mit Vorliebe macht er dabei Jagd auf Hunde. Ist die Gelegenheit günstig, dringt er auch in Stallungen ein, doch kommt das recht selten vor.

Sobald sich die Wölfe zu Rudeln zusammengeschlossen haben, geschieht alles weitere unter Berücksichtigung der Gemeinschaft. Der Zusammenhalt des Rudels ist auch in der Dunkelheit gewährleistet.

Im Winter schließt sich das Rudel enger zusammen. Ist es die kalte Jahreszeit selbst, die hier Regie führt? Zumindest ist es jährlich wiederkehrende, durch den Winter bedingte Futterknappheit, die die Wölfe zur Gemeinschaftsjagd veranlaßt. Und diese Zweckmäßigkeit ist bereits in der Eiszeit in den Lebensrhythmus der Wölfe eingegangen. Tagsüber ist das Rudel verstreut, liegt jeder Wolf in seinem Lager. Mit dem Geheul geben sie ihren Standort bekannt. Der nächtliche Aufbruch zur Jagd erfolgt lautlos.

In jedem Wolfsrudel gibt es einen ranghöchsten Rüden und eine ranghöchste Wölfin, denen man in der Literatur eine ständige Führung des Rudels zuschreibt. In diesen Erzählungen gelten sie als die Helden auf Beutezügen, die in jedem Fall gegenüber wehrhaften Tieren selbst den Angriff einleiten. Das klingt alles sehr schön, entspricht aber nicht den Tatsachen. „Eine früher oft behauptete ‚autoritäre' Führung gibt es im Wolfsrudel nicht. Ein ranghöchster Rüde und eine ranghöchste Wölfin sind vorhanden; aber es ist keineswegs immer der ranghöchste Rüde, der durch Umherlaufen und aufforderndes Verhalten zur Jagd animiert. Das in der Jagdvorbereitung (die durch zahlreiche soziale Kontakte – z.B. Körperkontakte, Aneinanderdrängeln, Schnauzestoßen, Schnauzenlecken – gekennzeichnet ist) aktivste Tier engagiert sich dann möglicherweise bei der Jagd nur wenig" (SENGLAUB, 1977).

Früher vertrat man die Meinung, der Wolf würde grundsätzlich in zwei Gruppen, aufeinander abgestimmt, jagen. Danach zweifelte man Berichte über koordiniertes Vorgehen und Zutreiben von Beutetieren an und fand keine Bestätigung. Neue Beobachtungen belegen jetzt die alte These.

Das Töten der Beute

Pflanzenfresser haben, sofern ihnen pflanzliche Nahrung in ausreichender Menge zur Verfügung steht, keine Not. Der Wolf jedoch, dem Tiere als Nahrung dienen, muß sich bemühen, dieser habhaft zu werden. Das ist mit Schwierigkeiten verbunden. Beutetiere nehmen ihren Feind nicht erst dann wahr, wenn sie zwischen dessen Zähne geraten sind, sondern bemerken ihn bereits auf Distanz. So können sie sich rechtzeitig schützen. Sie verbergen sich, flüchten oder gehen, wenn sie wehrhaft genug sind, in Verteidigungsstellung. Der Wolf muß sein Jagdverhalten darauf einstellen. Und nicht immer ist er ein erfolgreicher Jäger. Der Wolf ist nicht sonderlich wählerisch. Er schnappt nach Insekten, fängt Mäuse, verschmäht nicht Fuchs, Kaninchen und Katze, stellt Hunden nach, holt sich Schafe und wagt sich mit wechselndem Glück an Pferde, Elche und Wisente heran. Bären und Wildschweine liegen ihm gar nicht, ihnen gegenüber fehlt ihm wohl das ein Jagdrisiko rechtfertigende Erfolgserlebnis. Deshalb zählen sie offensichtlich nicht zu seinen Beutetieren.

Die Beute jagen und töten sie je nach Art und Größe auf verschiedene Weise. Eine Maus wird im Sprung mit den Vorderpfoten zu Boden gedrückt, blitzschnell mit den Zähnen erfaßt, durchgekaut und verschlungen. Mittelgroßen Tieren springt der Wolf an die Kehle und würgt sie in Sekundenschnelle ab. Bei schwerem und vor allem wehrhaftem Wild wird das Opfer gehetzt, verletzt und zum Verbluten gebracht. Der Wolf versucht zum Beispiel Wisenten die Bauchwand aufzureißen. So ist es der Blutverlust, der einem Wisent schließlich die letzte Kraft nimmt und ihn in die Knie zwingt.

Bis in jüngster Zeit galt noch die Meinung, zum Jagdverhalten der Wölfe gehörten lange Verfolgungen, an deren Ende die Beute geschwächt den Wölfen erlägen. „Ganz entgegen früheren Vorstellungen, nach denen Wölfe ihre Beute durch lange Verfolgungsjagden schließlich zur Erschöpfung bringen, ist DAVE der Ansicht – und er sollte es wissen –, daß die Wölfe ihre Beute durch eine kurze, schnelle Jagd überrumpeln. Falls sie nicht herankommen, geben sie sehr schnell auf. Auch die Beutetiere bleiben stehen, nachdem sie merken, daß sie nicht mehr verfolgt werden. Es geht sogar soweit, daß Rentiere erkennen können, ob ein Wolf jagt oder nur durch eine Herde trottet. Im letzteren Fall lassen sie ihn bis auf wenige Meter herankommen. Außerdem weichen sie dem jagenden Wolf nur soweit wie unbedingt notwendig aus. Ebenso wie die Wölfe müssen auch die Beutetiere sparsam mit ihren Kräften umgehen" (ZIMEN, 1978).

Aus Amerika wurde bekannt, daß die Fluchtdistanz der Bisons gegenüber den Prärie-Indianern größer war als gegenüber Wölfen, erwachsene Bisons oder Bisonherden Wölfe sogar an sich herankommen ließen. Die Prärie-Indianer nutzten diese geringe Fluchtdistanz, bekleideten sich mit Wolfsfellen, um sich leichter an die Bisons heranpirschen zu können.

Wolf hinter Wolf

In einem Gedicht TOLSTOIS heißt es: „Heimlich ziehen aus den Wäldern Wolf hinter Wolf über Felder auf Beute aus." Das ist nicht nur eine künstlerische Darstellung, sondern auch eine genaue Verhaltensbeschreibung.

Im Winter, wenn tiefer Schnee liegt, folgt ein Wolf dem anderen in gleicher Spur. Im Schritt oder Trab, der Wolf tritt genau mit dem rechten Hinterlauf in die Spur seines linken Vorderlaufes. Deshalb werden seine Spuren im Schnee zu einer wie mit dem Lineal gezogenen punktierten Linie. Und jeder nachfolgende Wolf hält die gleiche Spur, benutzt die vorhandenen Trittsiegel, und zwar so genau, daß man annehmen muß, es sei nur ein Wolf des Wegs gekommen. Nur erfahrene Wolfsjäger und Spurenleser lassen sich nicht täuschen. Der Wolf hat ein längeres und schmaleres Trittsiegel als der Hund, und tiefer sind die Abdrücke seiner Krallen und Ballen. Die beiden Vorderkrallen des Wolfes verschmelzen im Schnee zu einem einzigen Abdruck, was beim Hund nicht der Fall ist. Erstaunlich ist es auch, daß ein Wolf, wenn er mehrmals den gleichen Weg im Schnee nimmt, auch seiner Spur mehrmals folgt und genau die alten Trittsiegel einhält.

Welch biologischer Sinn liegt im Spur-in-Spur-Laufen der Wölfe in verschneiter Landschaft? Soll den Tieren der freien Wildbahn die Zahl der auf Beute ausziehenden Wölfe verborgen bleiben? Sollen menschliche Verfolger der Wölfe über die Stärke des Rudels getäuscht werden? Nichts von dem. Diese Verhaltensweise festigte sich als Triebhandlung bereits im Eiszeitalter mit dem Bemühen, so kraftsparend wie möglich im Schnee vorwärtszukommen.

II
Gehaßt und verfolgt wie kaum ein anderes Tier

Der Wolf im mittelalterlichen Stadtwappen von Treuen.
Das Messer wird auf die Sage zurückgeführt,
daß ein Schutzheiliger des Ortes mit einem Messer Wölfe erlegt habe,
vor denen man in Furcht lebte.

Konfrontation
zwischen Mensch und Wolf

Wissenschaftler weisen heute die Bedeutung des Wolfes bei der Erhaltung des biologischen Gleichgewichtes in der Natur nach. Immer mehr Menschen setzen sich für die Erhaltung des Wolfes in der freien Wildbahn ein.

„Der Wolf ist keinesfalls eine im Ganzen vom Aussterben bedrohte Tierart. Ausgerottet wurden bislang ‚nur‘ einige geographische Gruppen (Unterarten). In vielen Fällen besteht kein Grund, den Wolf total zu vernichten; vielmehr lassen sich Wolfsbestände in vielen Gebieten in begrenzter Populationsdichte erhalten, ohne daß menschliche Interessen wesentlich beeinträchtigt werden. In Schweden will man Wölfe wieder ansiedeln; in Norwegen, Finnland, Italien, Mexiko und im Bundesstaat Michigan gibt es Schutzbestimmungen. Andere Länder erwägen, den Wolf in die Gruppe der jagdbaren Tiere aufzunehmen, was den Weg zu Schonzeiten – zumindest während der Welpenaufzucht – freimacht. HELL schlägt vor, für die Wölfe der nördlichen und östlichen Slowakei Schonzeiten vom 1. April bis 30. September einzuführen. In Polen, wo noch etwa 100 Wölfe leben, wurde der Einsatz von Gift und Fangeisen untersagt, in Kanada schaffte man die Kopfprämien für erlegte Wölfe ab" (SENGLAUB, 1977).

Ein Umdenken beginnt, aber noch herrschen alte Denkgewohnheiten vor, historisch entstandene Vorurteile, tief in den Völkern verwurzelt, sind zählebig und schwer abzubauen.

Was waren die Ursachen der Konfrontation zwischen Mensch und Wolf? Wann begann der Mensch den Wolf zu verfolgen, zu hassen und zu fürchten?

Nach dem Stand gegenwärtiger Erkenntnisse lebten Menschen und Wölfe, beide Jäger, in vorgeschichtlicher Zeit ohne Feindschaft nebeneinander. Es bot sich ein Bild wie bei den Prärie-Indianern und den Eskimos. „Von dem positiven Wolfsbild der Indianer und Eskimos Nordamerikas habe ich schon berichtet. Sie jagten die gleichen

Beutetiere wie der Wolf, waren also im ökologischen Sinne seine Konkurrenten, wenn auch die Jagd des einen die Beute des anderen kaum verringert hat. Für den Wolf allerdings war der Mensch schon zu jener Zeit Feind. Die Prärie-Indianer jagten ihn gelegentlich des Felles wegen und womöglich auch in schlechten Zeiten als Nahrung. Trotzdem nannten sie ihn ‚Bruder‘, wohl in Kenntnis ihrer ähnlichen ökologischen Stellung" (ZIMEN, 1978).

Wegen seines Felles erlegten auch Eskimos Wölfe. Hinzu kam später die staatliche Abschußprämie als Anreiz zur Wolfsjagd. Das änderte aber nicht die Einstellung der Eskimos zum Wolf, dem sie weiterhin ohne Haß begegneten.

Die Indianer der Westküste, die in ständiger unmittelbarer Nachbarschaft mit Wölfen lebten, hielten den Wolf für mutig und weise. In indianischen religiös-mythischen Vorstellungen galt der Wolf als eine dem Menschen hilfreiche und das Böse bekämpfende Erscheinung. Die positive Einschätzung des Wolfes bzw. die Toleranz der Prärie-Indianer und Eskimos ihm gegenüber dürfte eine Grundhaltung der von der Jagd lebenden Menschen sein und auch urzeitlichen

Wolfsrachen.
Aus »Unterhaltungen aus der Naturgeschichte« 1806

67

Verhältnissen entsprechen. „Wir haben allen Grund zu glauben, daß diese positive oder wenigstens nicht negative Einstellung zum Wolf typisch war für alle Gesellschaften auf der Stufe der Sammler, Jäger und ersten Ackerbauern. Erst mit der extensiven Haltung von Haustieren änderte sich dieses Bild. Jetzt wurde der Wolf zu einem Feind. Schon in der altgermanischen Mythologie ist er Symbol böser Mächte, und auch in der bildhaften Sprache des Alten Testaments trägt der Wolf negative Merkmale, nicht selten bereits symbolhaft den Teufel darstellend" (ZIMEN, 1978).

Dort, wo der Mensch mit der Tierzucht begann und sich eine Nahrungsreserve schuf, sich damit von jagdlicher Abhängigkeit befreite, entwickelte sich ein neues Verhältnis zwischen Mensch und Wolf. Der Wolf riß vom Menschen behütete Haustiere und erntete dessen Feindschaft: es kam zur Konfrontation.

Beginn der organisierten Jagd auf den Wolf

Die Konfrontation der ersten Tierhalter mit dem Wolf mochte entschiedener gewesen sein, als die der reiche Herden besitzenden Sklavenhalter im Altertum. Diese mußten um ihren noch kleinen, aber für sie alles bedeutenden Viehbestand bangen, jene schöpften aus dem vollen, waren reich, besaßen Land, Menschen und viele Schafe. Was berührte es sie, wenn irgendwo in ihren Besitzungen ein Wolf oder ein Rudel Wölfe auftauchte und ein oder mehrere Schafe riß. Das war so, als ob dieses oder jenes Schaf einer Krankheit zum Opfer fiel. Und was bedeutete den Römern schon ein von Wölfen gerissenes Haustier, da sie im Amphitheater an blutige Schauspiele ganz anderer Art gewöhnt waren. Und ihre jagdlichen Interessen in der freien Wildbahn standen meist hinter denen für Tierhetzen im Amphitheater. Das Vordringen des Menschen im Altertum in die Lebensräume des Wolfes mit Waldrodungen brachte diese nicht in Bedrängnis. Weite Rückzugsgebiete standen ihnen offen.

Hirten und Hunde bewachten und beschützten die Herden. Das Geplänkel mit den Wölfen nährte das Feindverhältnis zwischen Mensch und Wolf, doch es wurden keine Jagden auf ihn veranstaltet. Damit begann man im Mittelalter. Ursachen dafür gab es mehrere.

Nach dem Untergang des römischen Reiches drang der Mensch abermals mit seinen Rodungen und Siedlungen in Lebensräume des Wolfes ein. Rückzugsgebiete standen dem Wolf kaum noch offen. Der Mensch intensivierte die Jagd, und sein Eingriff in die Natur brachte diese zunehmend aus dem Gleichgewicht. Vermutlich verknappte sich die Beute für die Wölfe, so daß er immer mehr Haustiere riß. Die Konfrontation Wolf-Mensch verschärfte sich. Die Jagden des Wolfes wurden nicht mehr toleriert, man begann, ihn organisiert zu verfolgen.

Erstmals war die Rede vom hauptberuflichen Wolfsjäger, ein Begriff, der sich bis heute erhalten hat. Und erstmals berichtete man von Wolfsüberfällen auf Menschen. Der Entwicklung von Jagdmethoden, gegen die Existenz des Wolfes gerichtet, galt besonderes Interesse. Eine Hundezucht mit einer Selektion nach dem Gebrauchswert zur Wolfsjagd entstand.

Die weitere Intensivierung der Landwirtschaft und der Jagd, weitere Waldrodungen, die Gründung neuer Siedlungen, die Zunahme der Bevölkerung, das Anlegen von Burgen – bis in das unwegsame Gelände der Gebirge, wie des Harzes – um die Jahrtausendwende verschärften die Konflikte zwischen Mensch und Wolf, dem kaum noch Rückzugsgebiete offenstanden. „Der Konkurrenzkampf um die immer seltener werdenden Beutetiere trieb die Wölfe in die von Menschen besiedelten Gebiete, wo sie zunehmenden Druck auf die Haustiere ausübten und schließlich zur Landplage wurden" (ZIMEN, 1978).

Diese Unterbilanz an jagdbaren Pflanzenfressern dürfte jedoch nicht das ganze Mittelalter über bestanden haben. Mit dem Zugriff der Burgherren bereits seit dem 13. Jahrhundert nach den Allmenden, die sie sich schrittweise aneigneten, wuchsen die Wildbestände an. Der Begriff Allmende (früher auch Allmande) leitete sich von „Alemannen" ab, hatte die Bedeutung von allgemein, bezeichnete den „allen gehörigen Besitz", ein „allgemeines Nutzrecht", das sich

Jagd im September. Aus »Jahr des Jägers«.
Zeichnung von Juliusz Kossak, 19. Jahrhundert

auch auf die Jagd und den Fischfang erstreckte. Die Bauern durften Hunde halten und zur Jagd verwenden. Die Feudalherren schlugen die Allmende ihrem Besitz zu, wobei sie sich auf das römische Recht beriefen. Die aus dem römischen Recht übernommene Auslegung von „herrenlosen Sachen" wurde zuerst auf die Tiere des Waldes angewendet und damit die Jagd als Herrenrecht deklariert. PHILIPP I., Landgraf von Hessen, sprach in seinem Testament von einem „fürstlichen Jagdrecht": „So ist's auch gut, daß sich die Herren zu Zeiten verlustieren [...]" Die Lust an der Jagd übertraf an Bedeutung mehr und mehr den Gedanken an eine Nutzjagd. Die Population der Beutetiere wuchs an. Dies können wir aus Beschwerdeschreiben der Bauern aus der Zeit des deutschen Bauernkrieges entnehmen. So heißt es im Beschwerdeschreiben der Eltmainer, Ende April 1525: „Item wir haben auch gewaltiglich müssen leiden, daß uns das Wild unser Samen (Saat) zertreten und abgefressen hat, auch in den Weinbergen merklichen, großen Schaden gefügt, und solches mit haben dorfen scheichen (verscheuchen) mit Hunden weder mit Geschoß..."

Allgemein klagten die Bauern, daß das Wild Schaden auf ihren Feldern anrichtete. Und sie sprachen nicht von einem Druck von Wölfen auf ihre Haustiere, sondern von dem Druck der Pflanzenfresser auf den Wuchs auf ihren Feldern. Objektiv war zu dieser Zeit der Wolf hinsichtlich einer Dezimierung der wild lebenden Pflanzenfresser ein Interessenvertreter der Bauern geworden. Wir wissen nicht, ob die Bauern die Wölfe als ein Gegengewicht gegen die Pflanzenfresser der Wildbahn ansahen. Die Unlust, dem Aufgebot des Jagdherren zur Wolfsjagd zu folgen, entsprach der Abneigung auch gegenüber anderen Treiberdiensten. Es war die Abneigung gegen die Jagdfronen überhaupt. Eine Toleranz wird damit nicht bewiesen. Es ist anzunehmen, daß die Einstellung der Bauern von der traditionellen, besonders nach dem Untergang des alten Roms entstandenen Abneigung geprägt war. Wir können nicht ausschließen, daß es im Mittelalter auch zu Überfällen hungriger Wölfe auf Menschen kam, ohne uns ein Bild über Zahl und Umstände machen zu können. Der Wahrheitsgehalt alter Nachrichten läßt sich heute nicht mehr ermitteln.

Krieg mit Wölfen

„Bei den Nomadenvölkern ist der Wolf der schlimmste aller Feinde und kann unter Umständen die Viehzucht geradezu unmöglich machen" (Brehms Tierleben, o. J.). In Lappland kannte man die Worte Friede und Krieg nur in Verbindung mit Wölfen. Friede! Das bedeutete Ruhe vor Wölfen. Krieg! Das war der Kampf gegen die Wölfe, die die Tierzucht der Nomaden und damit deren Existenz bedrohten.

Aus einer Schweizer Chronik ist zu entnehmen: „Sobald man einen Wolf gewahr wird, schlecht man Sturm über ihn, alsdann empört sich eine ganze Landschaft zum Gejägt, bis er umgebracht oder vertrieben ist."

Der Kampf gegen Wölfe wurde allerorts geführt. Ein Schreiben aus dem Jahre 1784 besagt über die Verfolgung des Wolfes in preußischen Landen folgendes: „Der König Friedrich II. hat die Wolfsjagden zur Ausrottung dieser Raubtiere einem jeden nicht nur verstattet, sondern auch dem, der einen Wolf tödtete, dry bis vier Rthlr. als einen Preis ausgesetzt. Diese Belohnung hat das Landvolk ermuntert, in Verfolgung dieser Thiere den größten Eifer zu beweisen. Inzwischen finden sich noch Wölfe, besonders in kalten Wintern und wenn viel Schnee gefallen, da sie nicht nur Vieh niederreißen, sondern auch wohl Menschen anfallen.

Der Hunger treibet sie alsdann in die Dörfer, wo sie Hunde und Schweine wegholen, auch sich unter den Schwellen der Viehställe eingraben. Man hat Beyspiele, daß sie zu solcher Zeit so gar in Städte gekommen." Und weiter wird berichtet: Man ist „bemühet, so bald sich ein Wolf zeiget, ihm so geschwind als möglich sein Handwerk zu legen. Wenn man einen gefangen oder getödtet, so wird er in den Dörfern umher geführt, und der so sich seiner bemächtigt hat, reichlich beschenkt".

In der Regierungszeit der sächsischen Kurfürsten Johann Georg I. und II. (1611 bis 1665) wurden, wie aus einer Statistik ersichtlich ist, 5093 Wölfe erlegt. Das ist eine große Zahl, die verdeutlicht, wie sehr sich während des 30jährigen Krieges die Wölfe vermehrt haben müssen. Sie wurden in diesen Jahren zur Landplage, so auch wahrscheinlich im damaligen Herzogtum Gotha. Im Jahr 1656 erließ der gothaische Herzog ERNST der FROMME eine Wolfsordnung, wonach das Fürstentum zur Kontrolle und Bekämpfung der Wölfe in Reviere eingeteilt wurde. Kirchenglocken gaben das Signal zum Aufgebot der Einwohner zur Wolfsjagd. In dieser Verordnung vom 21. November 1656, ausgestellt und unterzeichnet im Schloß Friedenstein zu Gotha, bot der Herzog zu den fürstlichen „Jagdbediensteten" und neben „Forst- und Holzknechten" noch weitere „Untertanen" auf.

Die Organisation zum Jagdaufgebot war abhängig von der Nachrichtenübermittlung. Vordem galt es, Wölfe aufzuspüren „Forst- und Holzknechte", verstärkt durch Bauern aus den Dörfern jedes Reviers, hatten dieser Aufgabe nachzukommen. Sobald die „Kreißenden" einen Wolf gewahrten, mußten sofort – wie es in der Verordnung hieß – durch die mitgegebenen Leute die nächstgelegenen Dörfer verständigt und die Glocken der Kirchtürme gezogen werden. Um Irrtümer auszuschließen, den Wolfsalarm von Feueralarm und anderem Geläut zu unterscheiden, sollten nur vier Schläge hintereinander gegeben werden, nach einer Pause wieder vier und sofort, bis alle zur Jagd Aufgeforderten zur Stelle waren. Die Glocken waren so lange anzuschlagen, bis aus den nächstgelegenen Ortschaften mit gleichen Glockenschlägen geantwortet wurde. Blieben dort die Glocken stumm, konnten sie wegen des windigen Wetters oder dazwischenliegender Berge von einem Dorf zum anderen nicht gehört werden, wurden Boten ausgesandt. Um des Alarms gewärtig zu sein, waren Tag für Tag auf den Kirchtürmen und vor den Dörfern von Morgen bis Mittag, 12 Uhr, Bauern als Wache eingesetzt.

Das alles bestimmte der Fürst in seiner Verordnung und noch vieles mehr, zum Beispiel, daß sich auf den Glockenschlag alle männlichen Dorfbewohner, sofern sie nicht wegen zu großen Alters oder wegen Krankheit als befreit galten, an dem angezeigten Ort einzufinden hätten. Nicht mit leeren Händen, aber auch nicht mit Musketen, sollten die Bauern erscheinen, sondern bewaffnet mit Heu- oder Mistgabeln, Äxten, Spießen oder zumindest einem langen, starken Prügel. Nach Möglichkeit sollten sie noch Hunde mitführen.

So sehr alle Einwohner in den thüringischen Landen gegen die Wölfe auch eingestellt sein mochten, ließen sie sich doch nicht mit

Begeisterung zu den Wolfsjagden aufbieten. Als 1618 der fürstliche Jägermeister in der Grafschaft Henneberg die Bürger von Wasungen zur Wolfsjagd aufforderte, weigerten sie sich und führten als Grund an, sie seien mit der Wolfsjagd nicht belastet. Die Wasunger Bürger lehnten es ab, neuerlich feudale Lasten in Form von Jagdfronen auf sich zu nehmen, auch wenn es sich nur um die Wolfsjagd handle.

Um dem Aufgebot des Landesherren den Städten gegenüber formal den Charakter von Jagdfronen zu nehmen, begründete der Vertreter der Feudalgewalt den Einsatz der Bürger damit, daß der Wolf einem Mörder gleichzusetzen sei. Damit sei die Wolfsjagd keine Jagd im üblichen Sinne, sondern ein Akt der Gerechtigkeit, und um diese durchzusetzen, seien Bürger und Bauern gleichermaßen der gnädigen Herrschaft verpflichtete Untertanen. Für die Bauern gab es keine Frage. Auf ihnen lastete die Feudalgewalt schwer, und sie hatten besonders unter den Jagdfronen zu leiden.

Wahrheit oder Legende?

Im Jahr 1820 sollen im damaligen Großherzogtum Posen 19 Menschen, Erwachsene und Kinder, von Wölfen überfallen und getötet worden sein. Wir können heute den Wahrheitsgehalt dieser Nachricht nicht mehr überprüfen.

Nach allem, was wir heute über das Verhalten der Wölfe wissen, erscheint uns der Vorgang jedoch unglaubwürdig. Gehen wir davon aus, daß wirklich 19 Menschen unterwegs ums Leben kamen. Herz-Kreislauf-Versagen, Erfrieren, Verletzungen, alle diese Ursachen werden in solchen Statistiken nicht in Betracht gezogen. An leblosen Menschen konnten sich auch Füchse und Bären zu schaffen machen, nicht nur der Wolf.

„Da wird das Ungeheuer von Gévaudan, über das sogar mehrere Bücher geschrieben wurden, immer wieder aufgewärmt, oder es werden die ‚Wolfsjahre 1880 und 1881‘ in Finnland heraufbeschworen, wo Wölfe angeblich in der recht dicht besiedelten Gegend um Åbo 22 Kinder im Alter von zwei bis neun Jahren getötet haben sollen. Es ist nachträglich sehr schwer herauszufinden, was wirklich passiert ist, da viel Phantasievolles mit in die Tatsachenschilderungen hineingeflossen ist. So soll am 14. November 1880 ein Wolf bei Nykyrko den achtjährigen Sohn des Schneiders D. Hornberg um 13 Uhr mitten auf dem elterlichen Hof erbeutet haben und, den Jungen im Maul tragend, in den Wald gerannt sein und ihn dort aufgefressen haben. Aus der Geschichte geht nicht hervor, wie schwer der Junge war, aber entweder muß er sehr mager oder der Wolf ein Riese gewesen sein, um solch eine Last im Maul über lange Distanz frei zu tragen" (ZIMEN, 1978).

Nicht durchgängig wurde im vorigen Jahrhundert der Wolf als eine menschenwütige, blutige Bestie verschrien. In einer enzyklopädischen Beschreibung heißt es, der Wolf würde nach Möglichkeit Menschen meiden, man schloß aber den Angriff auf eine Frau oder ein Kind nicht aus. Und an einen einzelnen Mann wage sich in der Regel nur ein vom Hunger gepeinigtes Wolfsrudel heran, nicht leicht ein einzelner Wolf.

„Im polnischen Florus wird erzählet, wie 1657 im Jenner bey Tilse in der Nacht ein großer Wolf auf die am Ufer der Memel zu Pferde stehende Schildwache grimmig gesprungen und dieselbe am Arm verwundet. Die nächste Schildwache eilet zu Pferde der ersten zu Hülfe und der Wolf lief nach der Stadt, bis nahe an die Pallisaden, riß dem daselbst auf der Wache stehenden Soldaten Nase und Augen aus dem Kopf, fiel die vierte Schildwach an, und richtete dieselbe grausam zu. Einen aus der Stadt kommenden Fleischer warf er zu Boden, worauf die ganze Hauptwache sich ins Gewehr setzte. Endlich wurde er mit zwei Kugeln durch den Kopf geschossen" („Wild und Hund", 1905). Eine Schildwache anzugreifen, – wie angeblich „1657 bey Tilse" geschehen –, wäre eher einem Hund als einem Wolf zuzutrauen. Jedoch ist selbst ein äußerst aggressiver Hund außerhalb seiner „Schutzzone" (vergl. „Territoriumsverhalten") keine wild um sich beißende Bestie. Zu einem Angriff auf eine Person müßte eine bestimmte Ursache vorliegen, ein älterer Konflikt, eine weiter zurückliegende schlechte Erfahrung. Solch ein Konflikt könnte sich durchaus auf Schildwachen im allgemeinen ausgeweitet haben. Wahrscheinlich reduziert sich die Gruselgeschichte auf einen herumstreunenden Hund, der in winterlicher Nacht den einsamen Posten erschreckte. In seiner Furcht vor Wölfen sah er in dem Hund einen Wolf. Später mochte er selbst glauben, ein gefährliches Abenteuer mit einem Wolf bestanden zu haben. Und da gibt es die Geschichte vom Bauern FUNDEC aus dem Dorf Gratschetz in Kroatien. Er soll im Winter eine Wolfsgrube ausgehoben haben und fand in ihr an einem Sommertag zu seiner nicht geringen Verwunderung einen Wolf auf dem Boden sitzend. Er habe einen Knüppel geholt, um damit den Wolf zu erschlagen, verlor jedoch das Gleichgewicht und stürzte in die Grube. Zu seinem Erstaunen sei ihm der Wolf nicht an die Kehle, sondern auf seinen Rücken gesprungen, um von da aus mit einem Satz die Freiheit zu erlangen.

Nach ZIMEN (1978) hat ein deutscher Jagdschriftsteller ernsthaft berichtet, wie im Jahre 1729 der Pastor PETRUS PETRI SCHISSLER bei dem Bemühen, Wölfe erschlagen zu wollen, in die Grube gefallen sei, in denen die Tiere schaurig heulten. Soviel ist auf jeden Fall sicher: Ein in solch eine Bedrängnis geratender Wolf heult nicht. Und im weiteren geht die Geschichte so aus, wie schon zu erahnen ist: Ein Wolf nach dem anderen sprang auf den Rücken des Pastors und von dort aus der Grube heraus.

Eine andere Nachricht lautet, daß am 8. Dezember 1871 etwa sechzig Wölfe die Herde Schafe eines Hirten aus dem Dorf Suhaj in Kroatien überfallen hatte. 24 Tiere seien gerissen worden, die restlichen in Todesangst davongelaufen. Nur ein Lamm sei wieder zurückgekehrt.

Aus dem Jahre 1784 stammt die Meldung: „Trifft der Wolf auf weidende Gänse, so beißt er 3 bis 4 todt, leget ihre langen Hälse übereinander, umschließt solche mit seinem Rachen, und so zieht er mit denselben davon, wovon jemand Augenzeuge gewesen" („Wild und Hund", 1905). „Als einst ein Wolf bey einem Sprung über einen Zaun, an dessen anderer Seite ein Brunnen war, in diesen hineinfiel, ließ er sich ohne den geringsten Widerstand von einer Weibesperson die Schlinge anlegen." „1727 den 2ten Jan. fand sich des Abends in Angerburg in einem Hause ein Wolf ein, der sich vor das Ofenloch stellte, bis man ihn gewahr wurde."

Aus gleicher Zeit stammt auch diese Meldung: „In dem Städtchen Tauroggen, wo die Ofen des Winters von der Straße (aus) geheizt werden, siehet man bey großer Kälte einen Wolf und eine Ziege sich an dem Feuer wärmen, und jener untersteht sich nicht unter solchen Umständen, diese anzufallen" („Wild und Hund", 1905).

In Kanada, Alaska und den Tundren der UdSSR zählen die Rudel im Durchschnitt fünf bis acht Wölfe. Ein Rudel mit 60 Wölfen in Kroatien kann man, nach alledem, was wir heute über die Rudelbildung von Wölfen wissen, für eine Übertreibung halten. Und die Schilderung, ein Wolf würde die Hälse von totgebissenen Gänsen übereinander legen, gehört ins Reich der Fabel.

Zum Abschluß eine ältere Veröffentlichung, die für sich selbst spricht: „In Rußland erzählte man sich, wie Leonis mir mitteilte, daß hungrige Wolfsmeuten sogar Bären anfallen und nach heftigem Kampf schließlich bewältigen sollen; ob etwas Wahres an dieser unglaublich scheinenden Erzählung ist, lasse ich billig dahingestellt sein. So viel ist sicher, daß der Wolf auf alles Lebende Jagd macht, das er bewältigen zu können glaubt. Immer und überall hütet er sich solange wie irgendmöglich, sich mit den Menschen einzulassen. Die schauerlichen Geschichten, die in unseren Büchern erzählt und von unserer Einbildungskraft bestens ausgeschmückt worden, beruhen zum allergeringsten Teil auf Wahrheit" (BREHMS TIERLEBEN, o. J.)

Überfälle auf Menschen?

Ein rumänischer Raubtierjäger leistet sich (nach BAUER, 1957) die Liebhaberei, allen Gerüchten, nach denen Menschen durch Wölfe zu Schaden gekommen seien, nachzugehen und auf ihren Wahrheitsgehalt zu untersuchen.

Nur ein Gerücht bestätigte sich, aber der Fall sprach nicht eindeutig gegen den Wolf. Es handelte sich um einen alten Zigeuner, der im Walde, ehe Wölfe ihn angriffen, entweder eingeschlafen oder gar bereits erfroren war. Über eigene Erfahrungen mit dem Wolf sagte der Raubtierjäger aus, daß er nur ein einziges Mal von Wölfen bedroht gewesen sei, ohne daß sie sich zum Angriff entschließen konnten. Und die Bedrohung galt seiner Meinung nach weniger ihm als einem

Hund, der bei ihm Schutz und Deckung vor den Wölfen gesucht und sich deshalb zwischen seine Beine geflüchtet hatte.

Wenn von Wölfen Gefahr droht, wie ist sie richtig einzuschätzen? „Daß eine vom Hunger gepeinigte, blindwütige Wolfsmeute auch einen Menschen überfällt, niederreißt, tötet und auffrißt, kann leider nicht in Abrede gestellt werden; so schlimm aber, wie man sich die Gefahren vorstellt, die dem Menschen in den von Wölfen bewohnten Ländern drohen, ist die Sache bei weitem nicht. Ein wehrloses Kind, ein Weib, das zur Unzeit vor das Dorf sich wagt, mag in der Regel gefährdet sein; ein Mann, und wenn er auch nur mit einem Knüppel bewaffnet wäre, ist es nur in seltenen, durch Zusammentreffen ungünstiger Umstände herbeigeführten Fällen. Einzelne Wölfe wagen sich schwerlich jemals an einen Erwachsenen, Trupps schon eher; vom Hunger gepeinigte Meuten können gefährlich werden" (BREHMS TIERLEBEN, o. J.). Aber auch letzteres wird von der modernen Verhaltensforschung in Frage gestellt bzw. bestritten. „Auch die so beliebte Vorstellung, Wölfe könnten bei großem Hunger Menschen angreifen, ist sicherlich falsch. Was Beute ist, unterliegt, wie wir [...] gesehen haben, einem individuellen Lernprozeß, und es ist daher sehr unwahrscheinlich, daß der Mensch, den der Wolf normalerweise als Feind zu betrachten gelernt hat, plötzlich als Beuteobjekt behandelt wird. Vom Hunger getrieben kommen die Wölfe auf ihrer Suche nach Freßbarem lediglich näher an menschliche Siedlungen heran, und dies hat wohl zu der Vorstellung von der Gefährlichkeit hungriger Wölfe geführt" (ZIMEN, 1978).

Es besteht also eine psychologische Schranke zwischen Mensch und Wolf, die letzterem versperrt, den Menschen als Beute anzusehen. Aber solch eine psychologische Schranke entsteht auf der Grundlage von Lebensverhältnissen, als eine Gewohnheit. Ihre Festigkeit ist relativ, kann Veränderungen unterliegen, sich verstärken oder auch labiler werden. Infolge einer Lernleistung, so muß man einschätzen, könnte es durchaus dazu kommen, daß auch der Mensch ein Objekt des Beute-Triebverhaltens von Wölfen wird. Genaues wissen wir nicht.

Auch ZIMEN (1978) räumt ein: „Doch völlig unabhängig von der gängigen Erwartungshaltung kann das Verhalten des Wolfes nicht gewesen sein. Wenn es nachträglich, wie gesagt, sehr schwer oder unmöglich ist, bei allen diesen Schilderungen das wirkliche Geschehen zu rekonstruieren, und uns ein sicher belegter Fall eines Angriffes wildlebender, gesunder Wölfe auf Menschen mit tödlichem Ausgang fehlt, müssen wir doch annehmen, daß solche Fälle tatsächlich, wenn auch sehr selten, eingetreten sind."

Wann können Wölfe dem Menschen gefährlich werden?

In den 50er Jahren hatte der Verfasser Gelegenheit, in der ČSSR Wölfe in der Gefangenschaft zu beobachten. Sie waren scheu, neugierig und auf Fluchtdistanz bedacht. Sobald ich näher kam, vergrößerten sie sofort wieder die Abstände. Mir wurde ermöglicht, einen Wolf in eine Ecke einer gesonderten Umzäunung zu drängen. Ich ging behutsam vor. Als der Wolf seinen Rückzug durch den Zaun verwehrt sah, nahm er eine seitliche Drohhaltung ein. Zähnefletschen, Augenausdruck, die Stellung des Kopfes, alles verriet die Bereitschaft zum Ernstkampf. Gleichzeitig war das die letzte Warnung, die Fluchtdistanz zu überschreiten. Eine weitere Annäherung hätte einen Kampf in Bedrängnis ausgelöst.

Nach Beobachtungen von ZIMEN (1978) erwies es sich, daß bei in Gefangenschaft gehaltenen Wölfen die Fluchtdistanz nachts viel geringer war als tagsüber. Und ZIMEN meinte, er könne sich sogar einmal einen Angriff unter günstigen Voraussetzungen vorstellen und diese könnten sein: „Ein Kind beispielsweise, oder ein Verletzter, vielleicht bewußtloser Mensch allein nachts im Gehege: Vermutlich würden sie das Objekt anfangs gar nicht als Beute betrachten, sondern sich nach langem Zögern, wie oft bei fremden Gegenständen, zuerst vorsichtig und ständig fluchtbereit nähern, es beriechen und dann zum Teil mal hineinbeißen. Mehrere Wölfe würden hinzukommen, daran riechen, testen, daran zerren, es zerreißen, vielleicht darum kämpfen und es womöglich anfressen [...] ein schrecklicher Gedanke, doch völlig fiktiv. Aber so könnte man sich die Entwicklung zu menschenfressenden Wölfen vorstellen!" Bis ein Wolf einen gesunden kräftigen Menschen als Beute ansehen und angreifen würde, wäre es wohl immer noch ein weiter Weg. Zu groß ist die Furcht des Wolfes vor dem Menschen, und er hat gelernt, ihn mehr zu meiden als den Bären.

Zu Zeiten, als der Mensch noch nicht den Wölfen mit „Knall und Blitz" begegnete, mochte die Furcht der Wölfe vor Menschen recht gering gewesen sein. Mit Knüppeln, Mistgabeln, Dreschflegeln – mit allen möglichen Schlag-, Hieb- und Stichwaffen – hatten die Wölfe Bekanntschaft gemacht. Jedes Mittel wurde dem Menschen recht, seit sie sich Haustiere hielten, Wölfe zu vertreiben oder zu töten und schließlich bis zur Ausrottung zu dezimieren. Für einen Wolf wurde es zunehmend gefährlich, in den Wirkungsbereich des mächtigen, über so viele Kampfmittel verfügenden Menschen zu geraten. Der Büchsenknall mußte schließlich wie ein Schmerz die empfindlichen Ohren des Wolfes treffen, von der Wirkung der Geschosse gar nicht zu reden.

Um sich ein Bild von der Gefährlichkeit des Wolfes dem Menschen gegenüber zu machen, soll folgender Vergleich herangezogen werden: Im vorigen Jahrhundert hatte das Schreckensbild Wolf unter den Menschen in Europa noch stärkere Konturen als in der Gegenwart. Wo aber kamen Menschen in Gegenden, in denen der Wolf noch stark vertreten war, wirklich zu Schaden?

Und in jenem Jahrhundert verunglückten viele Menschen im Umgang mit Pferden, ohne daß davon groß Notiz genommen wurde. Nehmen wir nur die Unfälle mit der Pferdebahn. Allein in der Zeit von 1882 bis 1888 wurden in Deutschland 12463 Straßenbahn-Unfälle registriert, von denen 12227 auf den Pferdebetrieb und 236 auf den, wie es in MEYERS KONVERSATIONSLEXIKON heißt, „mechanischen Betrieb" entfielen. Im Pferdebahnbetrieb nahmen 272 Fälle tödlichen Ausgang, 695 führten zu schweren und 3257 zu leichten Verletzungen. Mit diesen Unfällen fanden sich die Menschen ab, ohne sonderlich beeindruckt zu sein.

Schaden an Viehbeständen

Es gibt amtlicherseits registrierte Schadensfälle. Wir entnehmen folgender „Consignation wegen der im Ambt Brandenburg ao: 1695 und 96 von den Wölffen zerrissenen Pferden und Viehes": 190 Pferde, 30 Ochsen, 32 Kühe, 146 Schafe und Ziegen, 64 Schweine und sechs Kälber sind angegeben.

Eine Ermittlung im Auftrag des zaristischen Ministeriums des Innern, laut Veröffentlichung Petersburg 1877, besagt: In Rußland wurden von den Wölfen jährlich 180000 Stück Großvieh und 560000 Stück Kleinvieh (ohne Federvieh), im Gouvernement Kasan allein 11000 Gänse, vernichtet.

1823 wurden den Behörden in Livland folgende Tiere als den Wölfen zum Opfer gefallen gemeldet: 15182 Schafe, 1807 Rinder, 1841 Pferde, 3270 Lämmer und Ziegen, 4190 Schweine, 713 Hunde und 1873 Gänse und Hühner.

Bei Temeswar, eine Achtelmeile von der Festung entfernt, in Jagdwalde, sollen die Wölfe in einem Winter über 70 Rehe gerissen haben, in einem walachischen Grenzdorf innerhalb von zwei Monaten 31 Rinder und drei Pferde und in dem kroatischen Dorf Basma in einer Nacht 35 Schafe.

„Bei den Nomadenvölkern oder allen denen, die Viehzucht treiben, ist er entschieden der schlimmste aller Feinde. Es kommt vor, daß er die Viehzucht wirklich unmöglich macht. So wurde ein Versuch, das nützliche Ren auch auf den südlichen Gebirgen Norwegens zu züchten oder in Herden zu halten, durch die Wölfe vereitelt. Man hatte Rentiere aus Lappland gebracht, und der Obhut einiger Lappen übergeben, die ihrem Amte so gut vorstanden, daß nach wenigen Jahren die Herden von Hunderte auf Tausende gewachsen waren. Mit der Vermehrung der Rentiere nahm aber die Zahl der Wölfe derart überhand, daß man zuletzt gezwungen wurde, die Rentiere teils zu töten, teils verwildern zu lassen, um nur die Plage wieder los zu werden" (BREHMS TIERLEBEN, o. J.)

Der Beutedruck auf Haustiere wird stark, wenn die Wolfsbestände über das biologische Gleichgewicht – mit den naturgemäßen Beute-

81

tieren – hinauswachsen oder solche Bestände kaum noch vorhanden sind.

Jedoch sind Wölfe keine „Tausendkünstler", die sich wie Schlangen winden können und so in die Stallungen eindringen. Es ist der Hunger, der sie in die Nähe menschlicher Siedlungen treibt, und sie suchen nach Freßbarem, was sich ihnen bietet. Ein verendetes Haustier, achtlos am Dorfrand abgelegt, ist ihnen ein willkommener Fraß, herumstreunende Hunde eine leichte Beute, die einzige oft. Verluste an Haustieren hat es gegeben, ob jedoch alle Zahlenangaben stimmen, das läßt sich heute nicht mehr nachprüfen.

In den Abruzzen, dem zentralen Teil der Apenninen, soll 1974 ein Rudel in eine Herde von dreihundert Schafen eingebrochen sein und 150 Schafe getötet und 150 versprengt haben. In Wirklichkeit hatte der Eigentümer die Schafe töten bzw. beiseite schaffen lassen, um zum heimlichen Geschäft mit den geschlachteten Tieren noch die stattlichen Entschädigungen einzustecken, die für von Wölfen verursachte Schäden staatlicherseits gezahlt werden.

Ob es in früherer Zeit vorgetäuschte Wolfsüberfälle gab, ist nicht zu sagen. Es gibt auch keine Anhaltspunkte dafür. Aber Übertreibungen von Schadensfällen kamen mit großer Wahrscheinlichkeit vor.

III
Wölfe
werden rücksichtslos
bekämpft

Wolf. Aus »Historia Animalium«
von Conrad Gesneri, 1551

Die Treibjagd

Eiszeitliche Menschen trieben als kollektive Jäger mit großem Erfolg Wildpferde in Abgründe, so daß viele Tiere sich zu Tode stürzten oder verletzt liegenblieben. Auf diese Weise wurden nach und nach in vorgeschichtlicher Zeit allein bei Solutré etwa 100000 Pferde erlegt, wovon Skelettfunde Zeugnis ablegen.

Der Mensch entwickelte Schußwaffen und kam damit in die Lage, zugetriebenes Wild mit Geschossen zur Strecke zu bringen. Die Treibjagden nahmen verschiedene Formen an, wurden auf verschiedene Art und Weise durchgeführt, bezogen sich auf eine zunehmende Anzahl von Wildtieren – schließlich auch auf den Wolf. Aber das Prinzip, auf einem im voraus bestimmten Geländeabschnitt Tiere zu treiben und sie dort zu erlegen, ist bei allen Treibjagden gegeben.

Noch im vorigen Jahrhundert wurden in Litauen breite Schneisen durch den Wald geschlagen und Waldungen auf diese Weise in große Quadrate aufgeteilt. Stellte man in einem solchen Quadrat Wölfe fest, wurden sie wie folgt gejagt: Auf den drei unter Wind liegenden Seiten, mit den Schneisen als Schußfeld, postierten sich die Schützen. Von der vierten Seite aus gingen die Treiber vor. Meist schon nach dem ersten Lärm verließen die Wölfe das Gehölz und gerieten, langsam trabend, in das Schußfeld. Die besten Schützen hatten ihre Gewehre mit Kugeln, die übrigen ihre Doppelflinten mit grobem Schrot geladen, Posten in Norwegen als Wolfsschrot bekannt. Guten Schützen entkamen die Wölfe nicht.

Zur Treibjagd kann man sich auch des Einläppens oder Einflaggens von Wildtieren bedienen, anwendbar auch zur Jagd auf Wölfe. Zum Einflaggen werden $0,5\,m^2$ große Tuchlappen verwendet und auf einer fast fingerstarken Leine im Abstand von etwa 1 m an einer Seite fest angenäht. Mit der beflaggten Leine wird ein Waldstück umgrenzt, in dem sich die zu jagenden Wildtiere, in unserem Falle die Wölfe, befinden.

Die Flaggen ersetzen eine Anzahl von Treibern; ihre Wirkung beruht auf dem ihnen anhaftenden menschlichen Geruch und ihrem ungewöhnlichen Aussehen. Wildtiere sind solche Tuchstücke, die sich dazu noch im Winde bewegen, nicht gewöhnt. Diese für sie fremde Erscheinung mahnt die Wildtiere zur Vorsicht und zum Meiden der Beflaggung. Wölfe sind davon nicht ausgenommen. Die mit den Lappen versehene Leine wird ungefähr einen Meter über den Boden um Sträucher und Bäume geschlungen oder wie eine Wäscheleine an Stangen befestigt. An einer Stelle der weiträumigen Einkreisung wird ein „Tor" offen gehalten. Im gegenüber liegen die Schützen versteckt.

Ohne Treiber ist diese Jagd nicht möglich. Von ihnen werden die Wölfe aus ihrem Lager aufgestöbert. Aus Scheu vor den Flaggen lassen sie sich auf das Tor zutreiben. Damit die Wölfe nicht doch einmal in Bedrängnis aus der Beflaggung ausbrechen und so „durch die Lappen" gehen, werden, sofern genügend Treiber zur Verfügung stehen, außerhalb der Einlappung noch „Schweiger" postiert. Sie hören den „Schreiern" zu, verfolgen das Treiben. Ihre Aufgabe ist es, Wölfe, die an den Flaggen auftauchen, zurückzuscheuchen. Auf diese Weise wird verhindert, daß die Tiere aus der Beflaggung ausbrechen und flüchtig werden.

Pferd und Wagen bei der Verfolgung des Wolfes

Die Treibjagden gleichen das Unvermögen des Menschen aus, den schnellen Wildtieren im gleichen Tempo folgen zu können. Andererseits brachte es der Mensch zuwege, Tiere als Fortbewegungsmittel zu nutzen, auch wegen des schnelleren Vorwärtskommens. Das Pferd ist hier an erster Stelle zu nennen, und Hirten waren es, die zuerst vom Pferderücken aus Wild verfolgten und jagten. Eskimos bedienten sich des Hundeschlittens bei der Jagd.

Im vorigen Jahrhundert noch gab es Bewohner russischer Steppen, die zu Pferde den Wolf verfolgten, ohne dabei ein Gewehr zu verwenden. Sie jagten stundenlang den Wolf, bis ihm schließlich die

Kräfte versagten. Die Pferdehirten verwendeten als Waffe einen Stock mit einer eisernen Kugel am Ende, den sie vom voll galoppierenden Pferd aus mit großer Geschicklichkeit auf den Wolf warfen. Die Wirkung dieser Waffe war so stark, daß der getroffene Wolf sofort gestreckt wurde.

Auch die Lappen übten eine Verfolgungsjagd zur Bekämpfung von Wölfen aus, bei der auf das Gewehr verzichtet wurde. Sobald genügend Schnee gefallen war, schnallten sich die Tierzüchter Schneeschuhe an. Die neugebildete, noch unverkrustete Schneedecke war zur Jagd auf den Wolf besonders geeignet. Der Wolf versank tief im Schnee, und das Vorwärtskommen fiel ihm schwer und kostete große Anstrengungen und Kraft. Die Skiläufer, die als Waffe einen Stock mit sich führten, an dem oben ein scharfschneidiges Messer angebracht war, verfolgten den Wolf unablässig. Sobald die Verfolger an den entkräfteten Wolf herankamen, stachen sie ihn tot.

Wölfe verfolgen den Schlitten

Wölfe jagen zu wollen, indem man sich von ihnen verfolgen läßt, ist für die Jäger nicht ungefährlich. Zu dieser Art von Jagd benutzt man einen Schlitten, bespannt mit einem Pferd. Daß man sich darauf beschränkt, nur ein Pferd zum Ziehen des Schlittens zu verwenden, hat seinen guten Grund: Zwei Pferde sind, wenn die Wölfe mit der provozierten Verfolgung des Schlittens beginnen, zu schwer oder überhaupt nicht zu bändigen.

Die Jäger haben ein Ferkel mit sich im Schlitten und einen Sack, gefüllt mit Heu und Schweinedung, der an einer langen Schnur befestigt ist. Den Wölfen entgeht nicht der auf verschneiten Waldwegen dahinfahrende Schlitten. Die Wölfe folgen. Die Jäger zwicken das Ferkel in die Ohren, so daß es laut quiekt. Das muß den Wölfen wie „Musik" in den Ohren klingen. Ferkel sind für sie besondere Leckerbissen. Auch reizt sie der starke Pferdegeruch, der ihnen zuweht.

Damit nicht genug. Der Sack mit dem Heu und dem Schweinedung wird jetzt an langer Leine hinter dem Schlitten hergezogen. Die

Wölfe folgen der verlockenden Spur und halten den hinter dem Schlitten schleifenden und pendelnden Sack für das quiekende Schwein. Die hungrigen Wölfe kommen näher und näher. Sind sie ganz dicht an den Sack heran, werden sie von den Jägern schonungslos abgeknallt.

Die Jagd kann sich zu einer Hetzfahrt entwickeln, wobei alles darauf ankommt, daß der Schlitten nicht umkippt und Sicht zum Schießen bleibt. Gefährlich für die Jäger kann es werden, wenn das angreifende Rudel sich teilt und es dem zweiten Trupp gelingt, das Schlittengespann zu umgehen und ihm den Weg zu verlegen. Die vom Hunger gepeinigten Wölfe würden, wenn ihr Angriff sich soweit entwickelt hat, vor nichts mehr zurückschrecken.

Wolfsgruben

Der Mensch hat viele Mittel ersonnen, Wölfe auszurotten. Dazu zählen Schlingen, Fangeisen, Gift – aber auch Fallgruben. Die Fallgruben haben eine lange Geschichte. Durch Fallgruben bemächtigten sich schon eiszeitliche Jäger des Mammuts. Seither ist die Fallgrube immer wieder zum Fangen von Wildtieren verwendet worden und schließlich auch zum Fangen von Wölfen.

Wolfsgruben werden gewöhnlich 3 m tief und mit einem Durchmesser von 2,5 m angelegt. Auf jeden Fall müssen sie so tief sein, daß sich ein Wolf aus ihr nicht befreien kann. Die Gruben werden mit Zweigen, Moos und dergleichen überdeckt, damit sie nicht zu sehen sind. Ein fester Boden wird vorgetäuscht. Jedoch darf man nicht erwarten, daß sich der Wolf leicht in Gefahr begibt. Gewöhnlich haftet der Fanggrube bzw. der Abdeckung noch menschliche Witterung an, die den Wolf zu besonderer Vorsicht mahnt. Selbst wenn ein Köder über der Abdeckung liegt, muß der Wolf sich nicht unbedingt in sein Verderben stürzen.

Damit der Wolf nicht Zeit und Gelegenheit findet, wieder auszuweichen, wird eine Wolfsgrube mit einem Zaun umgeben. Sticht dem Wolf der Geruch des Köders in die Nase, muß er, um zur „Beute" zu gelangen, mit einem Satz über den Zaun springen. Es bleibt ihm keine Möglichkeit, erst genauer zu prüfen, was hinter dem Zaun los ist. Selbst bei solchen Vorkehrungen läßt der Wolf noch nicht alle Vorsicht außer acht, ehe er zum Sprung ansetzt. Doch auf die Dauer kann er dem Geruch des Köders nicht widerstehen und wagt den Sprung, der mit dem Fall in die Grube endet.

Einem älteren Augenzeugenbericht ist folgendes zu entnehmen: Zuerst flogen Raben und Krähen den Köder an, was die Aufmerksamkeit eines Wolfes erregte. Seine angeborene und durch die Erfahrungen bekräftigte Vorsicht bestimmte ihn, am Rande der Grube zu verharren, weil ihm der Boden nicht ganz geheuer schien, ohne aber etwas von der Grube zu entdecken. Mit der Zeit konnte er dem Köder nicht widerstehen, sprang und landete in der Grube.

Nach dem Prinzip der Wolfsgruben werden aus Rundhölzern auch „Fanggruben" über der Erde angelegt. Man errichtet sie, wenn es zu beschwerlich ist, eine Grube auszuheben, zum Beispiel wenn der Boden tief gefroren ist. Man erwartet von einem Wolf nicht, daß er ohne weiteres über den Palisadenzaun springt. Er wird auf folgende Weise überlistet: In der Mitte der Umzäunung ist ein Pfahl eingerammt, an dem oben ein Köder befestigt wird. An einer Seite der Einzäunung wird außen eine Bodenerhebung benötigt, die künstlich angelegt werden kann. Ein Brett, das zum Teil auf der Bodenerhebung aufliegt, ragt mit dem anderen Teil wie ein Sprungbrett frei über die „Grube" – bis fast an den Köder heran. Diesem Angebot und der vermeintlichen Möglichkeit, an den Köder heranzukommen, kann ein ausgehungerter Wolf nicht lange widerstehen. Er wagt sich auf das Brett und strebt mit langem Hals dem Köder zu, bis das Brett abkippt und er in die Umzäunung stürzt.

Der Wolfskäfig

In einer Wolfsgrube läßt sich jeweils nur ein Wolf fangen. Anders mit dem Wolfskäfig, mit ihm kann man mehrere Wölfe gleichzeitig gefangen setzen. Zur Errichtung eines Wolfskäfigs schlägt man Rundhölzer nebeneinander so in die Erde, daß ein größerer äußerer Ring und ein kleiner innerer Ring entstehen. Im Innenraum des kleineren Ringes wird ein Ferkel oder Schaf eingesetzt, mit dem die Wölfe geködert werden sollen. Die beiden Ringe müssen so angelegt sein, daß zwischen ihnen ein schmaler Gang entsteht, im dem Wölfe sich zwar vorwärts bewegen, aber nicht umkehren können. Wie aber gelangen Wölfe in diesen Gang? In dem äußeren Ring befindet sich eine Tür, die nur nach innen zu schwenken ist. Sie wird für die Wölfe offen gehalten. Da sie genau so breit wie der Gang ist, versperrt sie ihn nach einer Seite, sobald sie offen steht. Die von dem Ferkel oder Schaf angelockten Wölfe umkreisen die Umzäunung, finden die Öffnung im äußeren Ring; sie bemühen sich jetzt, der Beute näher zu kommen. Einer nach dem anderen betritt vorsichtig den schmalen Gang. In der Runde gelangt der erste bis an die offene Tür. Eine Umkehr ist nicht möglich, außerdem drängen die anderen Wölfe nach. Die Tür läßt sich leicht zuschlagen, womit zwar der Gang frei wird, sich aber die Türöffnung schließt. Es gibt jetzt für die Wölfe kein Entrinnen mehr.

Nicht alle Tiere sind Wölfen gegenüber wehrlos

Wölfe sind gezwungen, um genügend Nahrung zu erbeuten, sich auch mit solchen Tieren in Kämpfe einzulassen, die ihr Leben verteidigen und solchen sogar, die einen Wolf in Gefahr oder auch ums Leben bringen können.

Nur mit Friedfertigkeit könnte ein Wolf in der freien Wildbahn nicht leben. Er ist, um sich zu ernähren, gezwungen, andere Tiere zu töten. Um auch wehrhafte Tiere überwältigen zu können, bedarf es der Stärke der Wolfsgemeinschaft, des Rudels. Aber auch auf der anderen Seite gibt es Gemeinschaften, Herden zumeist, die eine geschlossene Abwehr ermöglichen. Der Wolf respektiert die Gemeinschaft von Tieren, die zu einer geschlossenen Abwehr bereit sind. Unter solchen Umständen zögern Wölfe mit einem Angriff. Sie beobachten und warten, ehe sie zupacken. Sie sind aus Gründen eigener Sicherheit auf von der Herde abgesprengte Tiere aus und versuchen auch, selbst Tiere von der Herde abzusondern. Über diese fallen sie dann schnell her. Die Wölfe sind darauf aus, Schafe dann anzugreifen, wenn Hirten und Hunde abwesend sind, die Herde also schutzlos ist.

Brechen Wölfe in die Herde ein und reißen ein Schaf, stieben die anderen hunderte von Metern davon, verharren dann und drängen sich ängstlich zusammen. Aber die Herde wird nicht aktiv, den nächsten Angriff der Wölfe abzuwehren. Sie können wieder ungehindert in die Herde einfallen und das nächste Opfer erlegen.

An eine Rinderherde wagt sich ein Wolf in dieser Weise nicht heran, selbst ein Rudel von Wölfen hält erst einmal Abstand. Die Wölfe halten Ausschau und warten darauf, daß sich ein Rind oder Kalb von der Herde löst. Dieses Tier ist dann verloren. Aber die Wölfe müssen jederzeit damit rechnen, daß andere Rinder auf sie losgehen. Die Hörner sind gefährliche Waffen.

Auch Pferdeherden in der Steppe umschleicht der Wolf nur mit Vorsicht. Selbst mehrere Wölfe bringen eine Pferdeherde nicht zum Weichen. Die Wölfe können sogar in Gefahr kommen, von den Pferden umringt und mit den Vorderhufen erschlagen zu werden.

Hengste machen mit Erfolg auch von ihren Zähnen Gebrauch. Mit einem einzigen Hufschlag kann ein Wolf getötet werden, ein Biß des Hengstes kann ihn arg verletzen. Die Wölfe versuchen, einem Pferd schnell an die Kehle zu kommen und es niederzureißen.

Gegenüber Schwarzwild sind Wölfe so gut wie machtlos. Ein einzelnes Stück kann Wölfen zum Opfer fallen, gegen eine Rotte Wildschweine kommen sie nicht an. Einziger Ausweg in einem solchen Falle ist die Flucht. Selbst ein einzelner Eber oder eine Bache lassen sich nicht ohne wirkungsvolle Gegenwehr niederreißen.

In den Wäldern Andalusiens, so wurde berichtet, fand man eine Bache, die zwischen zwei von ihr erlegten Wölfen verendete. In Wäldern Spaniens und Kroatiens machten Wölfe zeitweilig mit Schwarzkitteln so schlechte Erfahrungen, daß sie ganze Waldgebiete mieden, in denen sich Wildschweine aufhielten. Diese übertrugen zuweilen ihre Kampfeswut, zu der sie die Wölfe reizten, auch auf Hunde. Ein Jäger, der mit seinem Hund zufällig in die Nähe einer Schwarzwildherde geriet, erlebte einen nicht aufzuhaltenden Ansturm auf seinen Hund. Ihm blieb nichts anderes übrig, als sich selbst schnellstens in Sicherheit zu bringen.

Über die Wehrhaftigkeit von Haustieren gegenüber Wölfen haben wir Zeugnis aus dem Altertum, und zwar von dem römischen Gelehrten VARRO, der im Jahre 116 v. u. Z. zu Reate im Sabinischen geboren wurde. Er war Sprach- und Altertumsforscher. Seine Gelehrsamkeit soll alle Gebiete damaligen Wissens umfaßt haben. 620 Bücher hat er geschrieben. Vollständig erhalten davon sind nur die im 80. Lebensjahr verfaßten drei Bücher über die Landwirtschaft. In diesen Werken kommt er auch auf Haustiere zu sprechen und schildert ihr Verhalten. So schreibt er, daß Schafe und Ziegen des Schutzes von Hunden bedürfen, damit der Wolf sie nicht zerreißt. Eine Schweineherde könnte dagegen von den alten Ebern und Sauen verteidigt werden. Maultiere seien imstande, sich selbst zu helfen, indem sie sich zusammenrotten und den Wolf mit ihren Hufen totschlagen. Ochsen und Kühe würden sich dicht zusammenstellen und mit den Hörnern nach Wölfen stoßen.

Wolf und Wisent

Zwischen Wölfen und Wisenten kam es oft zu Konfrontationen. Das war seit undenklichen Zeiten so. Mit einem Bären nahm ein Wisent entschlossen den Kampf auf, und man konnte damit rechnen, daß er als Sieger hervorging. Wölfe ihrerseits ließen es auf einen Kampf mit einem Bären nicht ankommen. Daraus lassen sich aber keine Schlüsse ziehen, wie Begegnungen zwischen Wölfen und Wisenten ausgegangen sein müssen.

Wisente zählen zu den sehr wehrhaften Tieren, waren die stärksten in den Wäldern. Alten Bullen war es ein leichtes, einen Wolf mit den Hörnern aufzuspießen und in die Luft zu schleudern oder ihn zu zertrampeln. Auch jüngere Bullen vermochten mit ihrer Kraft und ihren Hörnern ausgezeichnet umzugehen. Ein einzelner Wolf tat gut, sich nicht in einen Kampf mit dem Wisent einzulassen. An die geschlossene Abwehrstellung einer Wisentherde würde sich ein einzelner Wolf auf keinen Fall heranwagen, noch nicht einmal ein Rudel von Wölfen.

Wie immer, wenn Wölfe sich an eine Gemeinschaft von kampfbereiten und wehrhaften Tieren heranschleichen, halten sie respektablen Abstand und warten darauf, bis sich ein Tier von der Herde absondert. Das gilt natürlich auch für das Wolfsverhalten gegenüber den Wisenten.

Viele schlechte Erfahrungen mit Wisenten halten die Wölfe nicht davor zurück, es immer wieder zu versuchen, einen Wisent zur Strekke zu bringen. Mit viel Geduld warten sie auf eine günstige Gelegenheit, ein Stück von der Herde abzutrennen. Sobald ihnen das gelungen ist, fallen sie über ihr Opfer her, verbeißen sich in den Hinterläufen, in den Weichen und im Hals, während einige der Wölfe das Tier von vorn in Schach halten. Wenn die Wölfe erst einmal den Kampf eröffnet haben, beeindruckt sie nicht, wenn die Wisente einige der Angreifer mit ihren Hörnern aufspießen, in die Luft schleudern und töten. In solch einer entscheidenden Phase des Kampfes um die Beute erweisen sich die Wölfe geradezu als tollkühn.

Der Wolf war der Hauptfeind der Wisente, abgesehen von Parasiten und Seuchen, die zeitweilig die Wisentbestände dezimierten. Aber weder Wölfe noch Krankheiten waren die Ursachen, daß Wisente, deren Verbreitungsgebiet sich fast über ganz Europa erstreckte, fast völlig von der Landkarte verschwanden. (Eindrucksvolle Darstellungen der Wisente aus vorgeschichtlicher Zeit zeigen die eiszeitlichen Höhlenmalereien von Altamira in Spanien). Der Mensch war es, der über viele Jahrhunderte hinweg Wisente in zunehmendem Maße verfolgte und sie schließlich durch sinnlose Jagden so dezimierte, daß der Fortbestand der Art gefährdet war.

ARISTOTELES (384 bis 322 v.u.Z.) und PLINIUS, der etwa 200 Jahre später lebte, kannten den Wisent. Im alten Rom wurden Wisente im Circus vorgeführt. Die Römer bezogen die Tiere aus Germanien und vom Balkan, aus Gebieten, in denen Wisente offensichtlich noch in großer Anzahl vorhanden waren. JULIUS CÄSAR schrieb in einem Buch von Wisenten, die in nördlichen Urwäldern lebten und in ihrer Größe Elefanten gleichkämen. Der Meister der römischen Epigramme, MARTIAL, der im ersten Jahrhundert u. Z. lebte, nennt den Gladiator KARPOPHORUS und führt an, daß dieser den gefährlichen Kampf mit Wisenten und Auerochsen siegreich bestanden hätte.

Kaiser MAXIMILIAN I. (1459 bis 1519) erhielt aus Polen fünf Wisente, die er u. a. in Nürnberg wegen ihrer „barbarischen Gestalt" zeigen ließ. Der brandenburgische Markgraf JOACHIM I. (1499 bis 1535) bekam wiederholt vom Hochmeister ALBRECHT aus dem Ordensstaat Wisente, die der Schaustellung dienten. Ihre Größe rief Erstaunen hervor und ihre Wildheit Bewunderung. Bald genügte es den Fürsten und den Hofleuten nicht mehr, die Tiere nur zu bestaunen. In den sogenannten Hetztheatern des 17. und 18. Jahrhunderts mußten Wisente gegen Wölfe und Bären kämpfen.

Ein Liebhaber solcher „Kampfspiele" war auch Kurfürst JOHANN SIGESMUND (1608 bis 1619), der auf der Jagd in preußischen Wäldern selbst 23 Wisente erlegte.

Der Prunk liebende FRIEDRICH I. von Preußen ließ es besonders bei seiner Königskrönung (1701) an Tierkämpfen nicht fehlen. Wisente mußten mit Bären, Wölfen und Pferden kämpfen und wurden anschließend von dem eitlen und hochmütigen Herrscher schießwütig erlegt. Der Bedarf an Wisenten in den Hetztheatern zum Kampf vorwiegend gegen Bären und Wölfe bedeutete zusammen mit den berüchtigten „eingestellten" Jagden der feudal-absolutistischen Herrscher eine starke Dezimierung der Wisentbestände.

Mit Ausgang des Mittelalters war es mit dem Wisent in seinen Heimatstätten allerorts bergab gegangen, während der Auerochse als Wildtier von der Bildfläche gänzlich verschwand. Kriege dezimierten immer wieder die Wildbestände.

Als König WLADISLAUS II. (1385 bis 1434) sich auf den Krieg gegen den deutschen Ritterorden vorbereitete, ließ er in Białowies große Jagden auf den Wisent und den Elch abhalten. Eine dieser Jagden, die acht Tage dauerte und an der der König selbst teilnahm, erbrachte soviel Beute, daß 50 große Fässer mit gesalzenem Wisentwildbret dem Lager zugeführt werden konnten.

Nur aus Lust am Töten und am Vernichten von Tieren ließ König August der III. von Sachsen (1733 bis 1763), wie andere Monarchen vor und nach ihm, die berüchtigten „eingestellten" Jagden in Szene setzen. Er ließ Wisente einlappen und auf wenigen Metern Abstand an einem Jagdhaus vorbeitreiben, von dessen Balkon er die Tiere der Reihe nach abschoß. Auf solche Art wurden von ihm und seinen Mitjägern an einem einzigen Jagdtag im Jahr 1744 30 Wisente gestreckt. 1752 blieben 42 Wisente auf der Strecke. Davon tötete die Königin, die sich anschließend von den Höflingen als „Große Jägerin" feiern ließ, eigenhändig 20 Tiere, darunter einen Bullen von 18 Zentnern.

Mithin waren es nicht die Wölfe der freien Wildbahn, die Wisente jagten und vernichteten, sondern die Wölfe auf den Herrscherthronen, die den Wisent praktisch ausrotteten.

Gefahr aus der Luft

Wer das noch nicht weiß, noch nie gehört hat, daß ein Steinadler einen Wolf zur Strecke bringen kann, der mag das für unglaublich halten, und doch ist es so. Die Beizjagd, die Jagd mit Greifvögeln auf Flug- und Haarwild, ist uralt. Hauptsächlich wird sie mit Falken ausgeübt. Deshalb spricht man auch von Falknerei und bezeichnet diejenigen, die Greifvögel pflegen und abtragen, als Falkner. Den Begriff darf man aber nicht zu eng auffassen. So haben auch Adler in die Falknerei Eingang gefunden. Zoologisch gehören sie ohnehin zur Ordnung der Greifvögel. Man könnte meinen, ein Wolf würde mit einem Adler, sobald dieser ihn erreicht, kurzen Prozeß machen. Die Tatsachen sprechen dagegen. Der Steinadler bevorzugt Hochgebirge mit zerklüfteten Felswänden und horstet auf Felsvorsprüngen oder auf schwer zugänglichen Bäumen. Er ist in Hochgebirgen und den großen Wäldern Europas und Asiens beheimatet. Junge Steinadler-Männchen eignen sich gut zur Jagd, Weibchen dagegen nicht. Sie sind zu schwer und dadurch im Schlagen zu ungeschickt.

Steinadler haben als gefährliche Waffen große, messerscharfe Fänge und einen harten und kräftigen Schnabel, mit dem sie wirkungsvolle Hiebe austeilen können. Kraftvoll ist auch ihr Zubeißen. Ihre Muskelspannkraft reicht von den Fängen bis in den Hals. Deshalb fällt es ihnen nicht schwer, Fleischstücke aus einer Beute herauszureißen.

Die große Spannweite ihrer Schwingen (2 m und darüber) ermöglicht ihnen einen langen Gleitflug mit wenig Höhenverlust. Kein Flügelschlag verrät den Anflug auf die Beute. Und selbst wenn ein Wolf den auf ihn stoßenden Greifvogel sieht, bleibt ihm nichts weiter als die Flucht, bei der er oft nicht weit kommt. Mühelos holt der Adler, in Erdnähe dahingleitend, den Wolf ein. Und ehe dieser es sich versieht, packt ihn der Adler im Genick. Die Fänge sind wie spitze Dolche, die tief ins Fleisch eindringen. Es ist aber nicht der Schmerz allein, der den Wolf hindert, den Kopf zu wenden und nach dem Adler zu beißen. Noch ehe der Wolf, den Schmerz überwindend, dazu kommen kann, dem Adler mit den Zähnen gefährlich zu werden, hat ihn schon der lähmende oder gar tödliche Schlag mit dem Schnabel ins Genick getroffen. Der Steinadler ist dem Wolf ein überlegener Gegner.

Hunde gegen Wölfe

Die Überschrift könnte ebensogut Wölfe gegen Hunde lauten. Hunde reagieren feindlich auf Wölfe, und Wölfe haben mit Hunden auch nichts im Sinn. Hunde kann man in ihrem Verhalten gegenüber Wölfen in zwei Gruppen einteilen. Die der einen Gruppe verfallen, sobald sie den Wolf bemerken, in passive Abwehrreaktionen, sind ängstlich, weichen zurück und fliehen der Gefahr.

Die der anderen Gruppe werden unter gleichen Umständen von einer unbändigen Kampfeswut erfaßt. Auf der Wolfsfährte sind sie nicht mehr zu halten und streben nur danach, den Wolf zu packen. Sie kämpfen ungeachtet ihrer Verletzungen, und es kommen Anlagen der früheren Wildform zum Durchbruch. Anders bestände auch nicht die geringste Chance, im Kampf mit einem Wolf mit dem Leben davon zu kommen. Unterliegt solch ein Hund dem Wolf, dann wird er versuchen, sich in ihn zu verbeißen.

Beide Gruppen lassen sich nicht nach ihrer Größe ordnen, denn es sind kleine Kläffer bis zu Hunden mit einem hohen Widerrist, also alle Typen vertreten. Die zu einem Kampf mit dem Wolf auf Leben und Tod erforderliche Angriffswut ist nicht an die Körpermaße eines Hundes gebunden. Dennoch ist die körperliche Beschaffenheit ein entscheidender Faktor für den Ausgang des Kampfes. Wölfe sind, wenn sie einen Hund wittern, zurückhaltend. Ein nicht vom Hunger getriebener Wolf geht Hunden aus dem Wege, flieht sogar vor ihnen. Stellen ihn die Hunde, kämpft er mit äußerster Schärfe um sein Leben. Wütet aber der Hunger in seinem Magen, sind ihm Hunde gesuchte Leckerbissen. Das ist besonders im Winter der Fall. Der Wolf wagt sich dann bis in Ortschaften hinein und ist bemüht, dort zuerst die Hunde wegzufangen.

Gegenüber einer von Hunden bewachten Herde verhalten sich Wölfe sehr vorsichtig. Beim Anschleichen sind sie darauf bedacht, nicht mit den Hunden und den Menschen zusammenzukommen. Abgesehen haben es die Wölfe auf die Schafe; die Hunde und die Menschen stehen ihrer Absicht im Wege. Bereits im Altertum war man sich schon dessen bewußt, daß Wölfe von einer Schafherde zuerst die Hunde weglocken. Gelingt ihnen das, sind die Hunde verloren und später auch die Schafe. Wölfe warten und lassen ihr Ziel, an die Schafe heranzukommen, nicht aus den Augen.

Die Hunde bellen, wenn sie einen Wolf erblicken oder wittern. Daraufhin verschwindet der Wolf wieder von der Bildfläche, als Ausdruck einer „passiven" Abwehrreaktion. Sie äußert sich durch Zurückweichen oder gar in Flucht. Es handelt sich aber um keine „kopflose" Flucht, die von panischem Schrecken diktiert wäre, sondern eher um ein taktisches Manöver, wobei der Wolf sich sehr aufmerksam umsieht, ob viele Hunde ihm folgen. Löst sich ein Verfolger aus der Meute, um den Wolf recht schnell anzugreifen, verlangsamt dieser seine Gangart. Der einzelne Hund ist jetzt dem Wolf recht, er läßt ihn herankommen. Blitzschnell wirft sich dann der Wolf herum und geht mit seinen scharfen Zähnen dem Hund an den Hals. Hunde, die sich von der Herde weglocken lassen, werden von den Wölfen umringt und getötet. Danach werden die wehrlosen Schafe angegriffen. Nicht immer, wie im beschriebenen Fall, ist das Gesetz des Handelns auf Seiten der Wölfe, und sie gehen durchaus nicht immer als Sieger aus Kämpfen mit Hunden hervor.

Das Anlocken der Wölfe

Im Herbst, wenn die Wölfe in der Abend- und Morgendämmerung zu heulen beginnen, ist die Zeit gekommen, die Wolfslager ausfindig zu machen. Das Geheul dauert etwa eine halbe Stunde und gibt den Jägern Gewißheit über das Vorhandensein von Wölfen im Lager und hilft, den Weg dorthin zu finden. Vordem durchstreifen sie nicht planlos das Land, sondern halten Ausschau nach Geländeabschnitten, die Wölfe erfahrungsgemäß bevorzugen. So ziehen sich Wölfe nicht in die Mitte großer Wälder zurück, sondern in dichtes Gehölz, das wie eine Insel zwischen Feldern liegt, in Abschnitte von großen Waldungen, die den Feldern am nächsten liegen oder keilförmig in Felder hineinragen.

Bedingt durch die Ernährung mit rohem Fleisch haben Wölfe ständig Durst. Deshalb kann man sicher sein, daß Wölfe ihr Lager in der Nähe einer Wasserstelle anlegen. Oft befinden sich Wolfslager in großen, mit Schilf und Büschen dicht bewachsenen Sümpfen. In einem regnerischen Jahr, in dem sich allerorts in Senken und Gräben einsamer Gegenden Wasserstellen bilden, die Natur den Wölfen somit ein Großangebot möglicher Lagerstätten bietet, ist es sehr schwer, ihre Standorte zu ermitteln.

Die Beschaffenheit des Geländes und das „obligatorische" Wolfsgeheul reichen nicht aus, um Wölfe in ihren Schlupfwinkeln aufzustöbern. Es folgt das Locken des Jägers, das heißt, daß er das Wolfsgeheul nachahmt und die Wölfe auf die künstlichen Locktöne mit Geheul antworten. Diese Kunst, wie ein Wolf zu heulen, muß vollkommen beherrscht werden. Vernehmen die Wölfe daraus falsche Töne, bleiben sie stumm. Das erste Locken erfolgt gewöhnlich nach Sonnenuntergang, solange man rechnen kann, daß sie sich noch in ihrem

Lager befinden. Meist sind es die zweijährigen Wölfe, die zuerst antworten. Gehen die Wölfe auf „Heultöne" des Jägers ein, die er meisterhaft mit den Handflächen vor dem Mund zuwege bringt, muß er sich schnell zurückziehen. Die Wölfe vernehmen, da ihnen die Töne echt vorkommen, daß sie nicht von einem Vertreter ihres Rudels stammen. Daher verlassen ältere Wölfe das Lager, um zu untersuchen, welcher „Wolf" da geheult hat.

Den Wolf in der Nacht zu locken, ist zwecklos. In dieser Zeit befindet er sich nicht in seinem Lager. Er ist auf Beute unterwegs und würde sich bestenfalls beim Fraß melden. Erst am Morgen, wenn alle Wölfe sich wieder im Lager befinden, werden sie erneut angelockt. Geben sie darauf Antwort, dann pirschen die Jäger näher an das Lager heran, bis sie die Fährten der Wölfe entdecken können. Jetzt wird das Lager geräuschlos umstellt. Bietet sich eine Feldseite, so kann diese offen bleiben, da die Wölfe, wenn die Jagd beginnt, nach Deckung suchen und daher das Gehölz nicht verlassen. Sobald die Schützen sich günstig postiert haben, was mit größter Vorsicht und in größter Ruhe zu geschehen hat, kann die Jagd beginnen. Das „Aufstehen" der Wölfe besorgen Treiber oder Hunde. Eine Kette von Schützen bringt die zugetriebenen Wölfe zur Strecke.

Zahme gegen wilde Wölfe

Leben Wölfe von kleinauf in der Gemeinschaft mit Menschen, werden sie zahm. Über solche „hausbar" gewordenen Wölfe wird an anderer Stelle des Buches noch eingehend berichtet. In diesem Zusammenhang ist eine Mitteilung aus der Sowjetunion interessant, wonach dort zahme Wölfe zur Wolfsbekämpfung verwendet werden konnten.

Sie wurden dazu abgerichtet, auf Befehl zu heulen. Damit konnte man sie jederzeit zum Locken von wilden Wölfe verwenden, vorzugsweise von jungen Wölfen, die noch der Mutter bedürfen. Die Wolfskinder verhalten sich ruhig, ausgenommen, sie hören den Lockruf der Mutter. Aber auch dem Geheul anderer Wölfe können sie nicht widerstehen. Auf diese Weise verraten sie nach dem Heulen der zahmen Wölfe mit ihrem Antwortgeheul ihren Aufenthaltsort.

Die zahmen Wölfe nehmen auch die Fährtenwitterung zum Wolfslager auf und verfolgen die Spur. Auf diese Weise helfen zahme Wölfe bei der Bekämpfung wilder Wölfe. „Mittels dieser Methode konnten 1959 sechs Jäger innerhalb von acht Monaten über 300 Wölfe unschädlich machen" (NBI, 14/76).

Die Verwendung zahmer Wölfe gegen wilde Wölfe beschränkt sich aber nicht auf das Anlocken sowie das Aufnehmen und Arbeiten von Fährten, sondern auch auf Schutz- und Kampfverhalten: „Tatsächlich konnten sich Wölfe sogar als ‚Hütehunde' von Rentierzüchtern nützlich machen, indem sie die Herden gegen wilde Artgenossen verteidigen" (NBI, 14/1976). Das ist eine aufschlußreiche Mitteilung zur Beantwortung der Frage, auf welche Weise in vorgeschichtlicher Zeit Wölfe den Züchtern von Grasfressern nützlich gewesen sein könnten.

Sie erlauben die Schlußfolgerung, daß bereits vorgeschichtliche Hauswölfe in der Lage gewesen sein mußten, Viehbestände gegenüber wilden Wölfen zu schützen.

Brackenjagd auf Wölfe

Die Brackenjagd, auch Brackieren genannt, ist uralt und wird bereit im Nibelungenlied besungen:
„Was da der Brack ersprengt, das schlug mit seiner Hand
Siegfried, der starke, kühne, der Held von Niederland.
Sein Roß lief so geschwinde, daß ihm nicht viel entrann.
Das Lob vor ihnen allen er bei der Jagd gewann."

Und in einem weiteren Vers heißt es:
„Man hört allenthalben viel Lärm und Getos
von Leuten und von Hunden, des war der Schall so groß,
daß heftig widerhallte Berg und auch der Tann.
Vierundzwanzig Meuten zur Jagd warn losgetan."

Welches Wild zum Aufstehen veranlaßt wurde, entnehmen wir diesem Vers:

„Einen Wisent schlug er nieder, danach auch einen Elch, starker Ure viere und einen grimmen Schelch. Sein Roß trug ihn so schnelle, daß ihm gar nichts entrann. Hirsche oder Hinden nur wenig ihm entkam."

Woher der Name Bracke stammt, ist bis heute noch nicht geklärt worden, mutmaßlich aber aus dem Niederdeutschen und würde damit der „Brechende" bedeuten. Der Name hätte mithin Bezug auf das Verhalten des Hundes, bei der Jagd auf Wild durch dichtes Unterholz zu brechen.

Die Verwendung von Hunden zum Brackieren ist weltweit verbreitet. Deshalb sind brackenartige Hunde bis Ostasien zu finden. Brakken sind keine einheitliche Hunderasse, die angeblich, wie alle Jagdhunde – nach veralteten Auffassungen – auf den Aschhund zurückzuführen sind. Die Rolle des „Aschhundes", benannt nach den Knochenfunden in den Aschenlagen Böhmens und Österreichs, ist völlig überzogen, wenn man ihn als Ahnen der Jagdhunde ansieht.

Selbst die Bracken des 17. und 18. Jahrhunderts waren keine einheitliche, bereits durchgezüchtete Hunderasse. Auch im 19. Jahrhundert, der Zeit nachfolgender Beschreibungen der Bracken, war das nicht anders: „Bracken, Hunde von mittlerer Größe, schlankem Bau, weiß, braun oder gelb, weiß und schwarz gefleckt, werden in wildarmen Gegenden benutzt, das Wild aufzuspüren, laut und anhaltend zu jagen und den vorstehenden Jägern zuzutreiben, bis sie abgerufen und an die Koppel genommen werden. Die Brackenjagd beginnt im Oktober oder später und wird gewöhnlich mit vier bis fünf Hunden betrieben. Die Hunde suchen mit niedriger Nase und ‚geben Hals' wenn sie Wild finden und auf dessen warmer Fährte jagen. Solche Hunde, die außerdem (beim Brackieren ohne gegebenen Anlaß, d. Verf.) laut werden, sind ‚weidelaut' und nicht tauglich. Sobald ein Hund Laut gibt, müssen die anderen herzueilen ‚beischlagen' und mit jenem zusammen das Wild vor die Schützen treiben" (MEYERS KONVERSATIONSLEXIKON, 3. Bd., 1888).

Angeschossenem (angeschweißtem) Wild muß der Jäger rasch folgen, damit die Hunde es, wenn sie es gefangen haben, nicht „anschneiden". Aber auch in einem solchen Fall sollen die Hunde nicht leer ausgehen. Um den Jagdeifer der Hunde zu steigern, gibt man ihnen das Gescheide des geschossenen Hasen oder anderen Wildes und macht sie dadurch „genossen".

Die Brackenjagd steht der Jagd der Wölfe im Rudel sehr nahe. Wahrscheinlich ist sie die erste Form der Jagd mit Hunden überhaupt. Die Menschen überließen zu dieser Zeit die Jagd ganz den Hunden und kamen nach dem Reißen eines Tieres hinzu, um sich die Beute zu sichern.

Weil die Brackenjagd dem natürlichen Verhalten jagender Wölfe entspricht, könnte sie auch bereits in früher Zeit von Menschen mit Hunden ausgeübt werden. Es ist durchaus möglich, daß zu den ersten Jagden nach Brackenart die Menschen den Hunden die gesamte Jagd überließen, den Teil des Zutreibens sowohl wie auch das Abfangen des Wildes. Zur eigentlichen Brackenjagd gehört der „laut Hals", „Spurlaut" gebende Hund. Obwohl allgemein brackenartige Hunde den Wolf mit verbissener Wut und einzigartiger Hartnäckigkeit verfolgen, werden zur Wolfsjagd Meuten besonders scharfer Bracken ausgewählt. In der Sowjetunion gibt es noch heute die Jagd mit Bracken auf Wölfe:

„Unsere Jagdgesellschaften halten systematisch Wolfsjagden ab. Besonders interessant sind Wolfsjagden mit Bracken. Eine Meute von Bracken jagt ausnehmend einmütig, voller Wut und Leidenschaft. Es ist ein Wirbelsturm, der mit unaufhaltsamer Kraft durch den Wald braust. Genau solch eine Jagd beschreibt NEKRASSOW in der ‚Jagd mit Bracken'. Mit angelegten ‚Gehören' (Ohren) und hängender ‚Rute' (Schwanz) flieht der Wolf in großen, weit ausholenden Sätzen vor den Bracken. Bald stößt er auf den Jäger, und schwer getroffen stürzt er zu Boden. Ein riesiger, breitstirniger Wolfsrüde mit silbergrauem Haar hebt sich manchmal nach dem Schuß auf die Hinterläufe, beginnt zu sinken und stürzt plötzlich schwer auf den Rücken. Die Hunde umgeben ihn in einem sich lebendig bewegenden Ring. Die jungen Bracken hängen oft mit solch einer Wut am Wolf, beißen sich so fest in sein Fell, daß sie oft mit Wasser begossen werden müssen, um loszukommen" (SMIRNOW, 1956).

Windhunde hetzen Wölfe

Bereits viele Hunderte von Jahren vor unserer Zeitrechnung mußten die Menschen bemerkt haben, daß sich das Verhalten der Hunde formen läßt, Gewohnheiten sich festigen, Leistungen in von den Menschen gewünschte Bahnen gelenkt werden können und es vorteilhaft ist, Hunde spezialisiert einzusetzen. Es liegt nahe, daß man mehr und mehr die spezialisiert verwendeten Hunde miteinander paarte. Damit begann die Leistungszucht, bei der sowohl das Verhalten der Hunde als auch ihre körperliche Eignung berücksichtigt wurden. Als Ergebnis entstanden verschiedene, auf unterschiedliche Leistungsforderungen orientierte Hundeschläge und -arten. Der Leistungsanstieg begründete sich auf eine Selektion auf Leistung.

Auf solch einer Wegstrecke entstanden u.a. sehr schnelle Hunde, größere und kleinere, die zusammen als Windhunde ausgewiesen werden. Diese Benennung rührt daher, daß der Wind über die Weiten der Steppen schnell und ausdauernd dahin braust und die auf Schnelligkeit und Ausdauer gezüchteten und trainierten Hunde es ihm gleichtun. Sie verfolgen flüchtiges Wild über große Wegstrecken, und sie sind ausdauernder und schneller als jedes flüchtiges Wild. Ein Hase läuft sich eher tot, als daß er einen Windhund ermüdet.

Äußerlich sichtbare Merkmale der Windhunde sind: langer und schmaler Kopf, dünne und hohe Läufe, Rücken leicht gebogen, tiefe Brust und eingezogener Leib. Sie kommen in verschiedenen Größen mit unterschiedlicher Behaarung vor. Viele von ihnen tragen die Ohren halb aufrecht und an der Spitze überhängend, oder mit ungebogener Spitze. Afghanische Windhunde tragen Behänge (Ohren). Die Behaarung der Windhunde ist nach Länge und Farbe sehr unterschiedlich. Allen Windhundarten ist die lange Rute gemeinsam, die beim schnellen Laufen als Steuer wirkt.

Der Schottische Hirschhund (oder Deerhound) wird bereits in Dichtungen aus dem dritten Jahrhundert angeführt. Seine Robustheit nimmt ihm etwas vom Windhundaussehen. Wegen seines langen Rauhhaares ist seine Körperform verdeckt. Die Größe der Rüden wird mit über 75 cm und die der Hündinnen mit über 70 cm angegeben. 38 bis 47 kg wiegen die Rüden, 29 bis 38 kg die Hündinnen.

Gemeinsam mit dem Irischen Wolfshund, der wahrscheinlich sehr eng mit dem Schottischen Hirschhund verwandt ist oder deshalb so ähnlich mit ihm im Typ steht, weil große nordische Wölfe in sie eingekreuzt wurden, zählt er zu den robusten nordischen Windhunden. Mit nicht unter 81 cm Widerristhöhe und 54 kg Körpermasse für einen Rüden und nicht unter 71 cm Widerristhöhe und 41 kg Körpermasse für eine Hündin galt der Irische Wolfshund als der größte aller Windhunde und aller Hunde überhaupt. Der hohe Blutanteil der großen nordischen Wölfe ebnete der Zucht mit Schottischen Hirschhunden und Irischen Wolfhunden nicht nur den Weg zur Körpergröße, sondern auch zu besonderer Wildheit. Die Wolfseinkreuzungen kommen auch der Jagdleidenschaft zugute. Beide Hunderassen dienten früher der Wolfsjagd.

Der Barsoi oder Russische Windhund kommt an die Größe des Irischen Wolfshundes heran. Für ihn werden als Maße angegeben: 71 bis 82 cm die Rüden; 65 bis 77 cm die Hündinnen. Es gibt aber auch Exemplare bis zu 85 cm Schulterhöhe. Zu den gewaltigen, rabiaten Hunden zählt auch der kurzhaarige Chart-Windhund. Die Bezeichnung ist abgeleitet von dem polnischen Wort Chart, das nichts anderes als Windhund bedeutet. Von größerem Interesse ist jedoch der Barsoi. „Die russischen Windhunde gingen offensichtlich hervor aus einer Kreuzung örtlicher russischer Hunde mit asiatischen Windhunden und darauffolgendem Bluteinschlag verschiedener westeuropäischer und östlicher Windhunde.

Bis zur Mitte des 19. Jahrhunderts bildeten sich in Rußland zwei Unterarten dieser Hunde heraus, spezialisiert für den Fang von Wild in den verschiedenen landschaftlichen Gebieten. Die dichtbehaarte Rasse war verbreitet in den nördlichen Waldgebieten des Landes. Sie jagten auf kleinen Feldern und sogar auf Waldlichtungen. Mit Brakken wurde das Wild im Wald aufgestöbert und auf die freien Stellen herausgejagt, um dort von den Windhunden gestellt zu werden.

Die leichtbehaarte Rasse war verbreitet in den weiten Steppen im Süden und Osten Rußlands. An Schnelligkeit kamen sie den dichtbehaarten Windhunden nicht nach, übertrafen sie jedoch an Ausdauer. Mit dem Abholzen der Wälder und Verringerung des Wildbestandes verschmolzen beide Rassen zu einer Rasse, die sich durch große Kraft und Ausdauer auszeichnete und für das Hetzen auf freiem Feld verwendet wurde.

Durch Bluteinschlag von Krim- und Bergrassen liefen diese Hunde bis in unsere Tage unter der Bezeichnung ‚russische Windhunde‘. Sie waren scharf auf Wild und erreichten eine gewaltige Größe: Das Schultermaß der Rüden betrug 85 cm. Das Würgen eines Wolfes war für diese Hunde nicht besonders schwierig" (CHOLOSTOW, 1967). Die Chart-Windhunde kamen im 14. Jahrhundert im Südwesten Rußlands auf. Sie sind aus einer Kreuzung zwischen russischen Hetzhunden mit englischen Windhunden hervorgegangen.

„Nach FRIESS darf man jedoch nur vom Windhund als Hetzhund sprechen, da der Spürhund, der Waldhund oder die Bracke schlecht-hin, nicht hetzt, sondern jagt. ‚Der Windhund kann und soll stumm hetzen, er soll keine Lungenkraft durch Lautgeben vergeuden, da er die ganze Lunge zum raschen Hetzen braucht.‘ Der eigentliche Jagd-hund in unserem Sinne, der jagende Hund, ist dagegen langsamer als das Wild, schon weil er die Lunge auch zum Lautgeben braucht. Er ist aber ausdauernder als dieses, insbesondere als die Pflanzenfresser, die meist nur auf kürzeren Strecken flüchtig zu werden brauchen, um sich ihren Feinden rasch zu entziehen. Die Laufraubtiere, der Wolf und sein Abkömmling, der Hund, sind auf ausdauerndes Laufen und Jagen eingestellt. Der jagende Hund verfolgt aber das Wild nicht wie der Hetzhund, indem er das in Sichtweite befindliche Stück hetzt, sondern mit der Nase auf der Spur oder Fährte des meist für ihn und den Jäger zunächst unsichtbaren Wildes. Auf der noch genügend fri-schen, also ‚warmen‘ Spur oder Fährte gibt er währenddessen Laut. Das ist für den Jäger das unerläßliche akustische Signal, das ihm zeigt, daß und wo der Hund das Wild gefunden hat, wohin es flüch-tet, ob und wo es sich endlich ermüdet stellt usw." (ROLFS, 1970).

Zur Jagd mit russischen Windhunden und Chart-Windhunden be-durfte es nicht unbedingt der Beteiligung von Stöberhunden, und die Jagden wurden meist auch ohne sie durchgeführt. Dazu gab es zwei Jagdarten, und zwar die „Klopfjagd" und die „Jagd auf Sicht". Zu beiden Jagden waren die Jäger beritten.

Die Klopfjagd konnte zu jeder Jahreszeit stattfinden. Die Reiter rit-

Russische Windhunde (Barsois) jagen einen Wolf.
Gemälde von Komarow, um 1900

ten in breiter Front. Jeder von ihnen führte zwei bis drei Hunde an
der Leine. Steppenränder, Schluchten und andere mögliche Verstek-
ke für Hasen, Fuchs oder Wolf wurden abgesucht. Jeder der Reiter
hatte eine Hetzpeitsche bei sich, mit der er laut klopfte. Die Front
der Pferde und Hunde und das Klopfen, letzteres besonders, sollten
das Wild hochmachen. Deshalb sprach man von einer „Klopfjagd".
Beim Aufstöbern eines Wildes machten die zum Wild am nächsten
reitenden Jäger ihre Hunde los. Aufgabe dieser Hunde war es, das
Wild einzuholen, festzuhalten und zu erlegen.

Die Jagd auf Sicht führte man im Spätherbst durch, solange noch
kein Schnee gefallen war. Auch zu dieser Jagdart ritten die Jäger mit
ihren Hunden an der Leine in breiter Front das Gelände ab. Wurde
von einem Jäger Wild erspäht, hob er die Hetzpeitsche bis an seine
Kopfbedeckung. Das hieß, „ich sehe" und war für alle das Signal,

105

den Augenblick zu erwarten, wo das Wild flüchtig wird. In diesem Falle wurden die Hunde zur Hetzjagd losgelassen. Über die Jagd auf einen Hasen erfahren wir: „Nachdem sich der Windhund bis auf wenige Meter dem flüchtigen Hasen genähert hatte, entwickelte er (der Windhund) im Sprung eine solche Geschwindigkeit, daß die einzelnen Bewegungen unmöglich zu unterscheiden waren. Er erschien wie eine weiße Wolke, blitzartig sein Opfer einholend. Und dennoch gelang es Hasen, nach einer Reihe von Haken und Sprüngen, heil und unversehrt den Hunden zu entkommen" (CHOLOSTOW, 1967).

Die Jagd auf Wölfe ist für Windhunde nicht gefahrlos. Auch die großen Windhunderassen wirken in unseren Augen recht zierlich. Bei Balgereien mit anderen Hunden offenbart es sich, sobald es zu ernsten Beißereien kommt, daß der Windhund ein gefährlicher Gegner ist. Er nutzt seine Größe aus und hält seinen Fang über das Genick des Gegners. Sobald dieser sich rührt, packt der Windhund zu und hebt ihn an. Der Widersacher, der seinen festen Stand verliert, wird geschüttelt und dabei gebissen, unter Umständen auch lebensgefährlich verletzt. Kämpfe zwischen Hunden erreichen gewöhnlich nicht die Wildheit, wie sie zwischen Hunden und Wölfen unausbleiblich ist.

Windhunde jagen den Wolf mit folgender Taktik: Zwei Hunde hetzen und flankieren den Wolf. Jeder der beiden Hunde hat es auf ein Ohr des Wolfes abgesehen, der links neben dem Wolf hetzende Hund auf das rechte, der rechts neben dem Wolf hetzende Hund auf das linke. Sobald der Wolf im Kreuzgriff gefaßt worden ist, vermag er sich nicht mehr zu wehren. Die Hunde drücken mit diesem schmerzhaften Griff den Kopf des Wolfes bis auf den Boden nieder. Solange dieser Griff andauert, ist der Wolf wehrlos. Halten die Hunde den Wolf besonders gut fest, ist es dem Hundeführer möglich, dem Wolf ein Holzstück zwischen die Zähne zu schieben und den Fang mit einem dünnen Riemen fest zusammenzubinden. Gewöhnlich aber läßt sich der Jäger, der den Hunden zu Pferde folgt, schnell aus dem Sattel gleiten, um den Wolf zu töten.

Das „Wolfserbe" der Hunde ist im allgemeinen ihr feines Gehör und ihr ausgezeichnetes Witterungsvermögen. Mit den Augen ist es nicht so gut bestellt. Windhunde sollen hingegen ganz ausgezeichnet sehen können und hierin alle ihre Artgenossen übertreffen. Weniger leistungsfähig dagegen ist ihre Nase. Ihr angeblich schlechtes Geruchsvermögen wird mit der veränderten Kopfform erklärt, auf eine damit verbundene Reduzierung der Riechlappen. Sicher ist, daß Windhunde auf Sicht jagen. Das hohe Tempo der Hetzjagd beansprucht ihre Atmungsorgane in einem Maße, daß eine geruchliche Orientierung so gut wie ausgeschlossen ist. Sie könnte nur den Bewegungsablauf stören.

Daß der Windhund auf Sicht jagt, ist noch keine Aussage über sein Geruchsvermögen. Da in kynologischen Schriften einhellig gute Nasenleistungen der Windhunde in Abrede gestellt werden, muß man diese Meinung, zumal keine anders lautenden wissenschaftlichen Untersuchungsergebnisse vorliegen, gelten lassen.

Die Jagd mit Windhunden wird bereits in dem ersten, aus dem 9. Jahrhundert stammenden russischen Gesetzbuch „Russische Wahrheiten" erwähnt. Allein schon daran läßt sich ermessen, daß die Jagd mit Windhunden weit älter sein muß. In den Steppen und Wäldern Mittelasiens, in den südlichen Gebieten des russischen Reiches und in Nordkaukasien waren die Jagden mit Windhunden im Volk verwurzelt.

In den zentralen Gebieten Rußlands erfolgte die Hetzjagd mit Windhunden als Standesprivileg der Großgrundbesitzer. Wie hoch bei ihnen die Windhunde im Wert standen, ist daran zu erkennen, daß Fürst PASCHKOW für einen berühmten Rüden, der sich im Besitz eines kleinadligen Landbesitzers befand, diesem sogar seine Tochter zur Frau gab.

Mit welchem Aufwand die Fürsten die Jagd betrieben, beweist der Hundebestand des Zaren PETER II., der 200 Jagd- und 420 Windhunde umfaßte. Die im 17. Jahrhundert in Rußland aufgekommenen „kombinierten Jagden" waren besonders aufwendig, weil eine große Anzahl von Stöberhunden und Windhunden eingesetzt wurde. Mit den Stöberhunden wurde das Wild aufgescheucht, aus den Wäldern getrieben und anschließend von Windhunden verfolgt und zur Strecke gebracht.

Windhunde ließen sich auch gegen Menschen einsetzen: „Die Landbesitzerin DARJA SALTYKOWA, deren Landhaus in den Jahren

.1730 bis 1801 im Zentrum Moskaus stand und die vom Volke die ‚böse Saltytschicka' genannt wurde, wurde dadurch ‚berühmt', daß sie innerhalb von 7 Jahren von ihren 600 Leibeigenen 129 durch Windhunde zu Tode hetzen ließ" (CHOLOSTOW, 1967).

In der UdSSR finden vereinzelt zu Pferde oder zu Fuß in kleinen Jagdgruppen noch Hetzjagden mit Windhunden statt, wobei diese, wenn sie Beutetiere hetzen, oft aus den Gesichtskreis der Jäger geraten. „Außerdem machte man auch andere Forderungen geltend: die Fähigkeit des selbständigen Auffindens und Würgens des Wildes, Ausdauer und vorsichtiger Umgang mit den Tieren (keine Beschädigung des Balges bzw. der Decke). In diese Richtung führt zur Zeit die Zucht von Windhunden in der Sowjetunion" (CHOLOSTOW, 1967).

Mit der Zucht von Windhunden gab es einen neuen Anfang: „Den Nachkommen der einzigen nach 1917 erhaltenen russischen Windhunde wird Blut beigemengt von Windhunden der Berg- und Krimgegenden, nachdem in den zentralen Gebieten viele Arbeitseigenschaften infolge fehlender Übung verlorengingen. Mit den jetzigen Windhunden jagt man in den Gebieten um Saratow und Kuibyschew, während in den Gebieten um Wolgograd, Rostow und Tambow der Chart-Windhund vorherrscht. Die überwiegende Anzahl des mittelasiatischen Tasy ist in Kasachstan, Turkmenien und Usbekistan konzentriert, in der Kirgisischen SSR wird für die Jagd im bergigen Gelände der östliche Taigan verwendet. Außer Fuchs werden hauptsächlich der Wolf, Muffelwild und Bergziege gejagt, wobei meist zwei bis vier Hunde verwendet werden" (CHOLOSTOW, 1967).

IV
Aus vorgeschichtlicher Zeit

Hundestatuette. Ton;
Fundort Tepe Ali Kosch, Südwestiran,
frühes 7. Jtd. v. u. Z.

Wann gab es enge Kontakte zwischen Mensch und Wolf?

„Vor 100000 Jahren jagten unsere Vorfahren in den heute öden Steppen und Tälern Syriens, Palästinas und des Iraks Rhinozerosse, Elefanten, Ure und Wisente. An den Flüssen und Seen lauerten sie den Flußpferden und Krokodilen auf. Millionen Gazellen, Antilopen und Onager durchzogen die damals wasserreichen Ebenen und Hochländer. Sie boten dem Jäger reiche Nahrung, auch wenn sein Dasein von Löwen, Leoparden und in den nördlichen Bergen von Tigern bedroht wurde. Wir kennen weder die Jagdmethoden noch die Verteidigungsmittel des Menschen. Wir sind jedoch berechtigt, aus den Beobachtungen an Menschenaffen zu schlußfolgern, daß vor allem die gemeinsame Aktion der Horde die geringe Stärke des Menschen in die Gewalt des Kollektivs verwandelte und ihn so überleben ließ.

Auch der angriffslustige Leopard weicht jeder Schimpansenhorde aus, während er ein einzelnes Jungtier sofort überfällt. Diese Sicherheit im Schoß der Horde war eine mächtige Triebkraft, die sich bildende menschliche Gesellschaft zusammenzuhalten, in der sich das ganze Leben des Individuums im Einklang mit der Tätigkeit aller anderen Gruppenmitglieder vollzog. Auch die Werkzeugherstellung entfaltete sich in der Gemeinschaft. Die Erfahrungen mit dem Rohmaterial, die gefundenen zweckmäßigen Formen und Arbeitsweisen gab man von Generation zu Generation weiter. So entstanden dann auch jene prachtvollen Faustkeile des orientalischen Acheuleen, die zwar das Werk einzelner Steinschläger sind, die aber die Erfahrungen von Jahrtausenden verwerten" (BRENTJES, 1972).

Das Verhältnis zwischen Menschen und Wölfen in jener Zeit mochte dem zu Tigern, Löwen und Leoparden ähnlich gewesen sein. Man mußte sich vor Wölfen schützen und besonders Kinder vor ihnen bewahren.

Im Verlauf von Zehntausenden von Jahren konnte sich manches im Verhältnis zwischen Menschen und Wölfen verändern. Wölfe durchstöberten verlassene Lagerstätten der Menschen nach Freßbarem, wärmten sich an der Asche erloschener Feuerstätten, nahmen die Witterung der Menschen auf und begannen, sich den Menschen anzunähern. Auch ist anzunehmen, daß die in der Nähe eiszeitlicher Menschen herumlungernden Wölfe eine nahende Gefahr eher signalisierten, als sie ein Mensch hätte wahrnehmen können.

Auf einen weiteren Aspekt soll in diesem Zusammenhang verwiesen werden. Es ist nicht auszuschließen, daß die Menschen aus der Jagd der Wölfe und die Wölfe aus der Jagd der Menschen Vorteile zogen. Jeder war darauf aus, von der Beute des anderen einen Nutzen zu ziehen, so viel wie möglich davon abzubekommen. Und dieser Gedankengang wiederum war Anlaß zu folgenden Mutmaßungen: Mensch und Tier haben sich zur gemeinsamen Jagd zusammengefunden. Der Hund ist „freiwillig" zum Jagdgehilfen des Menschen und Wächter eines nunmehr gemeinsam bewohnten Territoriums geworden.

Daraus glaubte man den Schluß ziehen zu können, der Hund sei das erste Haustier des Menschen geworden: „Die Urahnen unserer Hunde begannen ungefähr vor 15 000 Jahren nachweisbar in der Gesellschaft des Menschen zu leben. Als ausdauernde Läufer hatten sie es leicht, dem steinzeitlichen Jäger zu folgen, auch als dieser noch keinen festen Wohnsitz hatte. Der Hund ist das einzige Haustier, das der Mensch schon vor seiner Seßhaftwerdung gewann" (HARTENSTEIN, 1956).

Hierzu die Meinung eines Ethnologen bzw. Ethnographen: „In den Hütten der brasilianischen Indianer ist oft eine ganze Menagerie von Papageien, Affen, Pfeffervögeln und Faultieren beieinander', schreibt beispielsweise der Ethnograph BIRKET-SMITH. Man kann diese Haltung kaum als einen Beginn der Domestikation bezeichnen, da die Tiere nur in besonderen Notzeiten verspeist werden, falls sie überhaupt genießbar sind. Recht deutlich wird das am Beispiel der australischen Ureinwohner, die auf ihren Jagdzügen nicht selten junge Dingos erbeuten und sie in den Lagern aufwachsen lassen. Die Tiere werden zahm und wandern mit ihren Besitzern umher, ohne gefüttert zu werden. Sie wärmen nur ihre Herren im Dunkel der kalten Nächte und melden durch ihr Gebell sich nähernde Fremde. Aber sie werden nicht zur Jagd abgerichtet. Das ist recht interessant für die Anfänge der Tierzucht, da man angenommen hat, Mensch und Wolf hätten auf der Jagd zusammengefunden, und so wäre der Wolf als Jagdgehilfe zum ersten Haustier geworden. Diese These ist unter Verweis auf das Fehlen von Hunderesten in den ältesten Siedlungen angegriffen worden (HERRE, 1961), und die Ethnographie scheint die Zweifel zu bestätigen. Zwar benutzen die Uraustralier Dingos zur Jagd, aber es handelt sich stets um wilde Dingos, denen die Jäger heimlich folgen, wenn sie Känguruhs hetzen. Sie mischen sich erst ein, wenn die Dingos das Beutetier gerissen haben. Sie vertreiben die meist einzeln oder paarweise jagenden Hunde, denen nur ein kleiner Teil der Beutetiere überlassen wird. Die Dingos werden nicht gezähmt, sie bleiben wild. Ob man allerdings Beobachtungen am Dingo ohne weiteres auf den altweltlichen Wolf übertragen darf, sei dahingestellt" (BRENTJES, 1968).

Die Frage zu stellen, ob man Beobachtungen am Dingo ohne weiteres auf das Verhältnis von Urmenschen oder die ihm vor etwa 30000 Jahren folgenden Neumenschen übertragen kann, hieße sie schon zu beantworten. Ein gewichtiges Wort kommt der Archäologie zu. Sie allein ist in der Lage, uns Beweisstücke in die Hand zu geben, die über das Leben von Mensch und Tier in vorgeschichtlicher Zeit aussagen. „Aber auch vor ihr türmen sich Schwierigkeiten, die unüberwindbar erscheinen. Wie soll man eine Scherbe, ein Gerät oder einen Knochen aus schriftloser Zeit datieren? Wie soll man einem Knochen ansehen, ob sein Träger Haus- oder Wildtier war? Unscheinbar sind die Hinterlassenschaften der frühesten Siedler. Wenig haben sie besessen, und zuviel davon ist im Laufe der Jahrtausende zerfallen und verschwunden. Unscheinbar sind Tierknochen und Feuersteinabschläge" (BRENTJES, 1968). Und doch werden diese unscheinbaren Funde in der Hand der Wissenschaftler zu beredten Zeugen des längst Vergangenen. Einer der ältesten Funde, der mit dem Vorhandensein hundeartiger Raubtiere im Zusammenhang gebracht wird, zu denen prähistorische Menschen bereits engeren Kontakt gehabt haben könnten, fällt in die La-Quina-Zeit. Über 80000 Jahre alt sollen die Rentier-Fußknochen sein, die der französische Forscher MARTIN barg. Der Gelehrte entdeckte an ihnen Bißverletzungen, die er auf hundeartige Jagdbegleiter des Menschen zurückführte. Die Bißverletzungen sind unbestritten, aber die Auslegung, daß sie von hundeartigen Raubtieren stammen, die mit den Menschen in engerem Kontakt standen, ist eine Hypothese. Als solche kann man sie nicht als gesicherte Aussage einer beginnenden Domestikation des Hundes werten.

Die La-Quina-Zeit rechnet zur jüngeren Altsteinzeit, zum Jungpläolithikum (144 bis 20000 Jahre v. u. Z.). BRENTJES (1968) weist auf Grabungsfunde jungpaläolithischer Jägerstationen in der Ukraine und in Sibirien, in Mezin und Kostjenki hin. Dort sind Reste von Wölfen gefunden worden, die nachweislich des Fells und der Knochen wegen erlegt worden sind. BRENTJES bemerkt dazu, daß diese den Schluß zuließen, daß „weiterführende Gedanken mit dem Wolf verbunden worden" seien. Vor allem am Fundmaterial von Borschewo am Don würde das deutlich, da eiszeitliche Jäger bei ihrem Lagerplatz eigenartige Knochenfunde hinterlassen hatten: „Vier Wolfsunterkiefer zu Paaren, zwei Pferdekinnladen, im rechten Winkel zueinander angeordnet, ein Wolfsschädel und in geringer Entfernung zu seinen beiden Seiten Pferdegliedmaßen in ungestörter natürlicher Ordnung, dann Wolfspfoten, einen Meter weiter ein rundliches Stück eines eisenhaltigen Gesteins mit Spuren allseitiger Behauung und noch zwei Meter weiter aus kleinen flachen Steinplatten eine pflasterartige Auslegung im Bogen von einem Meter Sehnenlänge, im Gesamtanblick an ein Pferdekopfprofil erinnernd und von zwei Gruppen Pferdelangknochen so begleitet, daß an eine Darstellungseinheit aus einem in natura hinterlegten Pferdeleib mit Kopf aus Steinmosaik gedacht wurde" (HANCAR, 1961).

„Diese eigenartige Anordnung der Knochen von Wolf und Pferd spricht für eine gleichartige Wertschätzung beider Tiere, die kaum aus der Bedeutung als Beutetier abgeleitet werden kann. HANCAR denkt wohl mit Recht an eine Nutzung gezähmter Wölfe bei der Treibjagd auf Pferde. Er kann sich hierbei auf die osteologischen Untersuchungen PIDOPLITSCHKOS an den Mezinwölfen stützen. An 1955/ 56 gefundenen Schädeln und Pfoten zeigten sich Domestikationserscheinungen, wie die Verkürzung der Nase und der Metapodien und die Verbreitung der Stirn, die ‚den Eindruck erwecken, daß man es hier mit gezähmten Wölfen, das ist mit großen Haushunden, zu tun habe' (HANCAR, 1961, S. 87). Ähnliche Funde wurden in Lang-Mannersdorf in Österreich geborgen (BAYER, 1921)" (BRENTJES, 1968).

Die Funde sagen aus, daß es bereits vor über 20000 Jahren gelegentlich zu engeren Kontakten zwischen eiszeitlichen Jägern und Wölfen gekommen sein muß. Sie sind aber kein Beweis dafür, daß eine Entwicklung zur Domestikation des Hundes ihren Anfang nahm. Auch eiszeitliche Höhlenfunde liefern keine Anhaltspunkte. Alles spricht dafür, daß die Hausbarmachung des Hundes – unabhängig von früheren engeren Kontakten eiszeitlicher Jäger mit Wölfen – zu einem Zeitpunkt einsetzte, als der Mensch dazu übergegangen war, Grasfresser zu züchten.

Zum Begriff Domestikation

Unter Domestikation nur „Hausbarmachung" verstehen zu wollen, wäre nicht ausreichend. Nicht jedes Tier, das gemeinsam mit Menschen unter einem Dach lebt, muß ein Haustier sein. Ein zahm gewordener Zeisig als Stubenvogel ist es bestimmt noch nicht. Welche Kriterien gibt es für den „Status" des Haustieres? Von verschiedenen Wissenschaftlern wurde die Meinung vertreten, daß Symbiose und Domestikation mehr ähnliche Erscheinungen seien. Seit 1905 hatte man allgemein die Domestikation den Symbiosen zugeordnet. Unter diesem Gesichtspunkt verstand man die Domestikation des Hundes gleichfalls als eine Symbiose: „Die Meute, die das Lager des steinzeitlichen Jägers umringte, sah dieses bald als Eigentum oder eigenes Revier an und verteidigte es gegen zwei- oder vierbeinige Fremde. So bot sich der Hund zum Jagdgehilfen und Wächter an und erhielt vom Überfluß der Beute seines Partners. Ein Verhältnis, das auf Freiwilligkeit und gegenseitigen Vorteilen beruhte, also eine echte Symbiose" (HARTENSTEIN, 1956).

Zeitweilige engere Kontakte zwischen Wildtieren und Menschen, welchen Grad sie auch erreicht haben mögen, wobei dem Menschen grundsätzlich nur eine passive Rolle zugeschrieben wird, gelten nach dieser Auffassung als Domestikation.

Passivität des Menschen gegenüber Tieren führt nicht zur Hausbarmachung, denn die Domestikation ist Ausdruck einer neuen Stufe der Aktivität des Menschen, sich die Natur nutzbar zu machen. „Was ist aber ein ‚Haustier' oder eine ‚Kulturpflanze'? Was unterscheidet sie von den Wildformen? Ist es ihre Verwendung in der Produktion oder ihre Haltung im Gewahrsam des Menschen? Einfach ist das bei Hunden und Katzen, Schafen, Ziegen, Pferden und Rindern zu entscheiden. Wie aber verhält es sich mit dem Kanarienvogel, der seit Generationen gehalten wird, jedoch keine Rolle in der Produktion spielt? Und was ist der Arbeitselefant, der noch immer in weiten Gebieten Südostasiens Schwerlasten transportiert und sonst unzugängliche Gebiete dem Verkehr erschließt? Seine Rolle in der Produktion ist gewaltig – aber er ist als Jungtier gefangen worden und unterscheidet sich nur durch seine Haltung im Gewahrsam des Menschen von seinem Bruder im Dschungel, der dem Tierfänger entging. Noch komplizierter wird das bei Zootieren, die, wie beispielsweise die Leipziger Löwen, seit Generationen gezüchtet werden und bereits als Exportgut dienen. In der Haustierzoologie setzt sich immer stärker die Definition durch, das Haustier sei das vom Menschen aus der natürlichen Umwelt herausgelöste, durch Zuchtwahl veränderte und in irgendeiner Form nutzbar gemachte Tier. Hiernach ist der Kanarienvogel ein Haustier, der Arbeitselefant jedoch ein gezähmtes Wildtier. Ähnlich wäre es bei den Kultur- und Wildpflanzen" (BRENTJES, 1968).

Im Prozeß der Domestikation ist der Mensch eindeutig der aktive Teil für das Mensch-Tier-Verhältnis. Die vom Menschen gefangen gehaltenen Tiere – sie müssen anfangs nicht zahm sein – bleiben gegenüber den Wildarten abgegrenzt. Aus kleinen häuslich gehaltenen Tierbeständen erwachsen größere. Da sich Haustiere untereinander nicht beliebig paaren können, denn an die Stelle der natürlichen Paarung tritt die Zuchtwahl nach dem Willen des Menschen, wiederholt sich immer wieder der Vorgang der Bildung größerer Bestände aus kleineren Ausgangsbeständen.

Indem der Mensch Wildtiere in ihrer Freiheit abgrenzte, sie auf diese Weise futterabhängig machte, entband er sie von den Schwierigkeiten der eigenen Nahrungssuche. Das mochte für die Tiere vorteilhaft sein, aber den Tieren das Leben zu erleichtern, trifft nicht das Grundanliegen der Domestikation. Das Leben in der Behausung der Menschen bzw. in Stallungen ergab für die Tiere veränderte klimatische Bedingungen, die sich für sie angenehm ausgewirkt haben können. Aber auch das zählt nicht zum Grundanliegen der Domestikation, denn es handelt sich hier nicht um eine Gegenleistung des Menschen für den Nutzen, den er aus der Tierhaltung zieht. Der Mensch ist zur Haus-Tierhaltung übergegangen, um seines eigenen Vorteils willen!

Eiszeitliche Felsenbilder

In Altamira, einem Ort in der nordspanischen Provinz Santander, wurde 1875 die Höhle Torrelavega entdeckt, 1879 ausgegraben und von dem spanischen Archäologen DE SAUTUOLA nach Steinwerkzeugen durchforscht. Die Höhle war in der Eiszeit von Menschen bewohnt, die in einem nicht vom Eis bedeckten Teil Europas lebten. Während der Forscher den Boden der Gänge und Räume der Höhle absuchte, schweifte der Blick seiner vier oder fünf Jahre alten Tochter neugierig in die Runde. So gewahrte sie im Halbdunkel der Höhle am Deckengewölbe ein rotgemaltes Tier. Sie rief ihren Vater, der staunend dieses Höhlengemälde betrachtete. Der überraschte Wissenschaftler fand weitere Gemälde. Das war die Stunde der Entdeckung von vordem ungeahnten Kunstschätzen. Sie stammten aus der jüngeren Altsteinzeit, vorwiegend aus dem mittleren und späten Magdalénien. (Die Magdalénien-Epoche ist die letzte Periode der Eiszeit. Die Benennung erfolgte nach der im Süden Frankreichs gelegenen Grotte La Madeleine mit ihren Funden aus der späten Altsteinzeit, dem Ende der Wärmekaltzeit).

Somit müssen die in der Höhle von Altamira entdeckten Wandmalereien etwa 20000 Jahre alt sein. In dieser eiszeitlichen Bildergalerie wurden die Tiere lebensgroß dargestellt, überwiegend Bisons, Hirsche, Wildpferde und Steinböcke. Nur Tiere der freien Wildbahn sind abgebildet, so auch der Wolf. Die Gemälde wirken wegen der

Höhlenmalerei.
Das Bild veranschaulicht, daß Wolf und Urmensch
miteinander auskommen

Ausnutzung von Felsenunebenheiten plastisch. Die eiszeitlichen Jäger verwendeten zum Malen verschiedene Arten von roter Erde, pulverisiérte Holzkohle, Lehm und Kreidebrei, mit Tierfetten vermischt.

Als 1880 der spanische Forscher DE SAUTUOLA über die von ihm entdeckte eiszeitliche Bildergalerie berichtete, glaubte man nicht an deren Echtheit, sondern hielt sie für das Werk eines Schwindlers. Auf einer internationalen Gelehrtenkonferenz in Lissabon bestritt man die Echtheit der Bilder. Die Konfrontation mit dieser eiszeitlichen Kunst kam zu unvermittelt, die abgebildeten Tiere waren zu naturgetreu dargestellt, die Bilder so beeindruckend, daß man damals nicht im entferntesten daran dachte, sie für echt zu halten. Erst nachdem 1903 in den französischen Höhlen Les Eyzies und Les Combarelles gleichfalls Bilder von derartig hohem künstlerischen Wert entdeckt wurden, fielen alle Zweifel an der Echtheit der eiszeitlichen Gemäldegalerien.

Zur Bestätigung der Echtheit der Höhlenbilder in Altamira hätte es nicht weiterer Höhlenfunde bedurft, wenn der Aussagewert eines

Tropfsteins, der den größten Teil eines der Bilder bedeckte, zum Zeugnis des Alters berücksichtigt.worden wäre. Jeher ist es schwer, das Alter eines Tropfsteines genau zu bestimmen, doch darauf wäre es im vorliegenden Falle auch gar nicht angekommen. Soviel ist sicher: Ein in Mächtigkeit und Länge ausgebildeter Tropfstein kann Tausende und Hunderttausende von Jahren alt sein. Ehe ein Tropfstein die Größe erreichen konnte, wie der auf dem Höhlengemälde in Altamira, mußten Tausende von Jahren vergangen sein. Das wäre auf den ersten Blick zu erkennen gewesen. Die Höhle selbst lieferte den Beweis für das Alter ihrer Bilder. In Hunderten von derartigen Fundstellen wie in Altamira sind bis heute Tausende von Skulpturen, Malereien und Ritzzeichnungen aus der Eiszeit aufgefunden worden.

Was war der Anlaß zu dieser Kunst, der soweit nachweisbar, ältesten der Menschheit? Die eiszeitlichen Jäger glaubten, die Macht, die sie gegenüber den Bildern ausüben konnten, analog auf die zu jagenden Tiere übertragen zu können. Deshalb sprechen wir heute in Einschätzung dieser urzeitlichen Jagdgebräuche von einem Analogiezauber. Wegen des Jagdzaubers war man auf eine naturgetreue Abbildung bedacht. Deshalb finden wir in ihnen nichts Phantastisches, keine Idee und keine Stilisierung; sie strahlen Leben aus. Die eiszeitlichen Jäger lebten in der Vorstellung, mit den lebensgroßen und lebensvollen Tierabbildungen die Ergebnisse der Jagd steigern zu können. Zaubertänze wurden vor den Bildern ausgeführt, Waffen auf sie gerichtet und auch mit Speer- und Pfeilspitzen die Abbildungen unter Umständen beschädigt. Für die heranwachsenden zukünftigen Jäger waren solche Darstellungen wie ein Lehrbuch.

Zu den Höhlenbildern zählen Ritzzeichnungen, die ebenfalls an freiliegenden Felswänden zu finden sind. Dieser uralten Kunst naturgetreuer Abbildungen von Tieren für den Analogiezauber folgte eine neue Kunstperiode der Höhlenbewohner. Es kommt zu jagdlichen Reportagen und dabei auch zu Stilisierungen. Felszeichnungen, naturnahe oder stilisierte, sind in Europa während der Jungsteinzeit und Bronzezeit in Skandinavien, der nördlichen UdSSR und in Oberitalien entstanden. Auch in späteren Zeiten, noch vor einigen Jahrhunderten, wurden zum Beispiel von den Buschmännern Südafrikas solche künstlerischen Werke geschaffen.

„Aus südtürkischen Höhlen sind auch die ersten Felsbilder bekannt geworden. Es handelt sich um Rinder- und Hirschzeichnungen aus der Beldibi-Höhle und der Öküzlü-Höhle im Gebiet von Antalya. Sie sind den südfranzösischen Höhlenbildern und Hornschnitzereien zeitlich zuzuordnen, wenn sie auch nicht die gleiche Qualität erreichen […]. Allerdings diente nur ein Teil der Eiszeitkunst dem Analogiezauber, in dessen Kunst lediglich Jagdtiere erscheinen, erzählende Szenen hingegen fehlen. Einige wenige Bilder bilden eine Ausnahme von der Regel. Sie zeigen Jagdvorgänge in berichtender Form. Auf den Höhlenbildern aus Pileta in Spanien kann man Hürden mit Ziegen sehen, die sich offenbar im Gewahrsam des Menschen befanden. Ähnliche Gatter gibt es in der Höhle Font de Gaume. Die Jäger der Eiszeit müssen also zeitweise Tiere gefangengehalten haben. Vergleiche mit Jägervölkern der Neuzeit nehmen dieser Beobachtung das Absonderliche. Zahlreiche Jägervölker halten alle möglichen Tiere der freien Wildbahn bei ihren Hütten und Zelten" (BRENTJES, 1968).

Keine Anhaltspunkte finden wir in den eiszeitlichen Bildergalerien über den Beginn der Domestikation eines Hundes oder eines anderen Tieres. Selbst die Abbildungen von Hürden mit Ziegen können nicht als Hinweis über eine beginnende Domestikation von Grasfressern gewertet werden.

Pflanzenfresser –
die ersten Haustiere

Um Menschen in die Lage zu versetzen, sich Haustiere zu halten, bedurfte es eines bestimmten Entwicklungsstandes, der sich in Vorderasien mit Ausklang der Eiszeit anbahnte. Von den Gipfeln der Berge drangen Eismassen vor, und die Täler vergletscherten. Um 2000 m tiefer als heute lag damals in den Hochgebirgen die Schneegrenze. An den eisfrei gewordenen Berghängen breiteten sich Gräser aus, die Körner mit harter Schale hervorbrachten. Die Körner dieses Wildgetreides wurden von den Menschen gesammelt. Sie waren zwar haltbar und eigneten sich ausgezeichnet als lagerungsfähige Nahrungsreserve, mußten aber zur Nahrungszubereitung noch bearbeitet, zerrieben werden. Das Sammeln der Körner an den Berghängen war ergiebig und ermöglichte den Menschen, die noch Sammler und Jäger waren, eine relative Seßhaftigkeit. Durch die Aussaat solcher Körner in der Nähe der Wohnstätten, also durch das Anlegen von Äckern, stabilisierte sich die relative Seßhaftigkeit. Archäologen fanden Reibsteine und Mörser, die bis zu 50 kg schwer waren und wegen ihrer Masse als Zeugen von Seßhaftigkeit zu werten sind.

Der Übergang zur Feldbestellung führte zur Steigerung in der Erzeugung von pflanzlichen Nahrungsmitteln und zwang die Menschen zur Arbeitsteilung. Die Felder mußten vor wilden Tieren und den Zugriffen fremder Menschengruppen geschützt werden. Feldwächter konnten aber nicht mehr mit zur Jagd ausziehen, fielen als Jäger aus und mußten mit Wild versorgt werden. Doch war die Versorgung der Feldwächter mit erlegten Tieren problematisch, weil die Jäger dem Wild folgten und dabei große Strecken zurücklegen mußten. Der Rückweg erbrachte, je länger er war, zunehmende Transportschwierigkeiten. Außerdem war die Haltbarkeit des Fleisches der Jagdbeute begrenzt. Gab es einen Weg, um die Schwierigkeiten zu überwinden?

„So wird man jene ‚Jäger-Reserve‘ entdeckt haben, die beispielsweise bis in das vergangene Jahrhundert von Beduinen Arabiens angewandt wurde. Bei großen jahreszeitlichen Wanderungen der Gazellen hetzten die Beduinen große Herden in Gatter hinein. Die Gatter hatten nur wenige Ausgänge, die in tiefe Gräben führten, in denen sich die verängstigten Tiere Hals und Beine brachen. Hierbei fielen den Beduinen zahlreiche Gazellen erschöpft oder als Jungtiere in die Hand. Sie schlachteten die Tiere nicht, sondern fingen sie ein und brachten sie in die Zeltlager. Nach wenigen Tagen waren die Tiere zahm, suchten sich ihr Futter selbst und standen jederzeit als lebende Fleischreserve zur Verfügung" (BRENTJES, 1968).

War man in der glücklichen Lage, die Jungtiere nicht gleich schlachten zu müssen, ergaben sich weitere Vorteile: Indem sie heranwuchsen, entstand eine Nahrungsreserve, die sich selbst vergrößerte. Die Zucht dieser zahm gehaltenen Tiere folgte als logische Konsequenz. Als Nahrungsreserve kamen von Anfang an nur Pflanzenfresser in Frage. Fleischfresser, wie der Wolf, waren dazu völlig ungeeignet. Eine Nahrungsreserve aus Fleischfressern hätte sich selbst reduziert! Diese Entwicklung, Pflanzen anzubauen und Grasfresser als Haustiere zu halten, setzte im 10. Jahrtausend v. u. Z. in den Bergländern zwischen Schwarzem Meer und Rotem Meer, zwischen Kaspischem Meer und Mittelmeer ein.

„Der Übergang von der Jagd zum Pflanzenanbau und zur Tierzucht war eine der großen Veränderungen in der menschlichen Geschichte, die alle Bereiche des Lebens erfaßte. Sie schuf neue Produktionsformen und Geräte. Umgestürzt wurden die Formen des menschlichen Daseins, neue Kunst- und Kulturelemente kamen auf, und die Lebensweisen der Menschen wandelten sich tiefgreifend. An die Stelle kleiner Jägergruppen traten Stämme, Völker und Staaten. Aus der Urgesellschaft Gleichberechtigter wurde im Laufe einiger Jahrtausende die Klassengesellschaft mit Ausbeutung und Unterdrückung. Man wird daher nicht fehlgehen, die Gesamtheit dieser Veränderungen als eine Revolution, die Agrarrevolution, zu bezeichnen" (BRENTJES, 1972).

Es gibt bis heute keinen Beweis dafür, daß sich der Mensch, der seit Hunderttausenden von Jahren in der Nachbarschaft mit Wölfen gelebt und zeitweilig mit ihnen auch engere Kontakte hatte, in der Anfangzeit der Feldbestellung und der Tierzucht Hauswölfe gehalten hätte. Somit ist für diesen Zeitpunkt auch die Zucht von Hauswölfen und ihre Domestikation zu Hunden auszuschließen. Mögen vordem bereits Wölfe als Spieltiere, wie eine Anzahl anderer Tiere auch, allesamt sogar von Frauen gesäugt, in Jägergemeinschaften aufgewachsen sein, es gab von hier aus keine Weiterentwicklung zur Zucht von Wölfen und keinen Weg zur Herausbildung des Hundes. Die Fundorte über erste Spuren der Haustierhaltung erbrachten lediglich den Beweis für die Zucht von Pflanzenfressern, nicht aber von Fleischfressern.

In der Siedlung Zawi Chemi Schanidar in Nordirak zum Beispiel fand man Reste von Schafen, von denen drei Fünftel jünger als ein Jahr gewesen waren. Daraus schlußfolgerten die Wissenschaftler, die Jungtiere wären geschlachtet worden, um die Muttertiere melken zu können. Zweifelsfrei weist die Anzahl der geschlachteten Jungtiere auf eine Tierzucht hin. Die Funde stammen aus der Zeit um 9200 v.u.Z. Wie in dieser Siedlung fehlt auch in anderen gleichartigen Fundstätten jeglicher Beweis für die Haltung von Hauswölfen.

„Aber die Domestikation begann nach unserem derzeitigen Wissen nicht mit Tieren, die vom Menschen gesäugt wurden, sondern mit Grasfressern, wie jenen Schafen von Zawi Chemi Schanidar. Wir können daher die Domestikation nicht aus der Spielhaltung der Jäger unmittelbar ableiten – und das Problem, weshalb der Mensch zu Ende der Eiszeit zur Zucht von Grasfressern überging, nachdem er Jahrzehntausende hindurch Tiere vieler Art gehalten, nicht aber gezüchtet hat, bleibt offen. Wir können bis jetzt nur mit Hypothesen antworten, die vom gemeinsamen Beginn von Pflanzenbau und Tierzucht ausgehen" (BRENTJES, 1968). „Schafe und Ziegen sind heute als älteste Haustiere anzusprechen. Diese Meinung hat sich im letzten Jahrzehnt auf Grund verschiedener Befunde gefestigt" (HERRE/RÖHRS, 1973).

Wir müssen in unseren weiteren Betrachtungen vom neuesten Stand wissenschaftlicher Erkenntnisse ausgehen, wonach nicht Fleischfresser, sondern Pflanzenfresser die ersten Tiere waren, die der Mensch domestiziert hat. Zwanzig Quadratkilometer Landfläche, die vor der Agrarrevolution ein einzelner Jägernomade als Existenzgrundlage benötigte, bildete nunmehr die Lebensgrundlage für 5000 Bauern. Die größten nachweisbaren menschlichen Gemeinschaften in der Jahrhunderttausende währenden Jägerzeit umfaßten höchstens hundert bis zweihundert Mitglieder. Siedlungen aus der Mitte des 10. Jahrtausends v.u.Z. im Nordirak, in Anatolien und in Westiran, die bis zu fünfzig Häuser umfaßten, lassen den Schluß zu, daß vierhundert bis fünfhundert Menschen jeweils in ihnen gelebt haben. „Es bedurfte vieler Jahrhunderte, bis dieser Spielraum ausgefüllt war und sich die Bevölkerungsdichte in den Bergländern Vorderasiens dem Maximum genähert hatte, d.h. jener Bevölkerungszahl, die mit der damaligen Agrarwirtschaft auf dem gegebenen Raum ernährt werden konnte. Kämpfe entbrannten um Wasserstellen, günstig gelegene Wohngebiete und Felder. Die Sippen schlossen sich zu Stämmen und diese zu Stammesverbänden zusammen. Seit dem späten 9. Jahrtausend begann man, die Hauptsitze der Stämme zu befestigen" (BRENTJES, 1972).

Erst ein bestimmter Entwicklungsstand, der eine Erhöhung des Aufkommens an Nahrungsmitteln kennzeichnet, war überhaupt eine Grundlage dafür, zur Haltung und zur Zucht von Hauswölfen überzugehen. Was aber bewog die Menschen dazu, sich schließlich Hauswölfe zu halten?

Die ältesten Spuren
des Haushundes

Der Hund nimmt unter allen Haustieren in seiner engen Beziehung zum Menschen eine Sonderstellung ein. Kein Tier ordnet sich dem Menschen so unter, ist zu ihm so anhänglich, wie der Hund. Kein anderes Tier reagiert bei Angriffen auf einen Menschen, mit dem es sehr vertraut ist, einem Hund vergleichbar. Ohne selbst bedroht zu sein, beschützt er den angegriffenen Menschen. Selbst kleine Kläffer erweisen sich in solchen Situationen oft als ernst zu nehmende Gegner, die wütend ihre scharfen Zähne gebrauchen.

Die Domestikation eines Tieres verbindet sich immer mit der Frage nach dem Nutzen, der dem Menschen daraus erwächst. „Selbstverständlich muß ein zu domestizierendes Tier schon den primitiven Menschen beachtens- und begehrenswert erscheinen, gleichgültig ob für Zwecke des Kults (Rinder), der Gewinnung von Fleisch, Milch und Bekleidung (Schafe, Ziegen, später auch Rinder), der Arbeitsleistung (Pferde) oder nur wegen ihrer Gefälligkeit (Fische, Vögel). Für den Wolf trifft nichts davon zu. Sein Wert als Jagd- und Hütegehilfe und als Beschützer wurde dem prähistorischen Menschen vermutlich erst nach dem Entstehen einer engeren Beziehung zwischen ihm und den Wölfen klar. Diese Beziehung setzt mindestens zeitweise Gefangenhaltung voraus. Gefangenhaltung und Züchtung in ihr (wie im Zoologischen Garten) braucht aber keine Haustiere zu ergeben. Diese müssen sich nämlich dauernd und begehrenswert in den

Wirtschaftsbetrieb von Menschen mit Nutzen einfügen und dort auch vermehren lassen. Der Beginn einer solchen Einfügung von Wölfen ist problematisch" (FISCHEL, 1956).

Unser Wissen, besonders in den letzten 15 Jahren gesichert, wonach Pflanzenfresser und nicht Fleischfresser die ersten Haustiere waren, grenzt die Zeitbestimmung der Domestikation nach ihrem maximalen Alter ab. Nicht geklärt ist damit die Frage, was die Menschen bewog, nachdem sie mit der Zucht von Pflanzenfressern begonnen hatten, sich auch Hauswölfe anzuschaffen und sie zu züchten. Der gegenwärtige wissenschaftliche Erkenntnisstand bedeutet uns, daß die Domestikation des Hundes eingebettet ist in die „agrarische Revolution", den mehrere Tausende von Jahren währenden Übergang von der Urgesellschaft bis zur Klassengesellschaft. „Rechnet man sie vom ersten Auftreten der neuen Produktionsformen im 10. Jahrtausend v. u. Z. an und läßt sie mit der Ausbildung der Klassengesellschaft im späten 4. Jahrtausend v. u. Z. enden, so erhält man immerhin einen Zeitraum, der die Epoche der Klassengesellschaft um zwei Jahrtausende übersteigt… Die ,agrarische Revolution' vollzog sich erstmals im Vorderen Orient, und von ihr gingen Einflüsse und Impulse in alle Teile der ,Alten Welt' aus. In Europa erfolgte der Übergang zur Klassengesellschaft um Jahrtausende später als in Vorderasien. In Amerika setzte die ,agrarische Revolution' noch später ein, jedoch allem Anschein nach unabhängig von dem asiatischen Primärzentrum. So trafen die einfallenden Europäer um 1500 die Indianer auf einer Entwicklungsstufe an, die etwa der der großen Flußkulturen des Orients im 3. Jahrtausend v. u. Z. entsprach" (BRENTJES, 1968).

Wenn sich in der Zeit der Agrarrevolution die Domestikation des Hundes nicht unmittelbar von dem Spielverhalten eiszeitlicher Jäger ableiten läßt, müssen noch andere mögliche Ursachen erwogen werden. Dabei kann man den Aspekt nicht außer acht lassen, daß Hunde für Schlachtzwecke gehalten wurden.

„Gegessen wurden die Hunde häufiger, als wir annehmen. In größerem Umfang ist die Zucht von Hunden zu Schlachtzwecken vor allem in China betrieben worden. In begrenztem Maß verspeiste man Hunde in kultischem Zusammenhang bei den Karthagern, Germanen und Lydern. Auch in frühen Bauernsiedlungen Vorderasiens, so in Jarmo, im Irak, in Guran, Ali Kosch und Mohammed Jaffer (sprich: Dschaffar) im Iran, sind Reste verspeister Wölfe und Füchse gefunden worden. In den nordirakischen Bergen werden noch heute Füchse gegessen, da anderes Fleisch selten ist. Es ist daher auch die Vermutung geäußert worden, daß für die Hundezucht in Nordeuropa überhaupt das Streben nach Fleischnahrung die Ursache gewesen sei – und die Funde scheinen dafür zu sprechen. Die frühesten in England und Dänemark entdeckten Knochen lagen zumeist in Siedlungen oder Abfallhaufen von Fischerstämmen, die neben der ständigen Meeresnahrung sicher auch einmal einen saftigen Hundebraten zu schätzen wußten. Das würde auch erklären, weshalb man hier zwischen 7000 und 5000 v.u.Z. zur Hundezucht überging. Die Spezialisierung auf Fischfang und Muschelsuche erfolgte erst in dieser Zeit – und gefangene Wölfe ließen sich ja mit Fischabfällen füttern" (BRENTJES, 1975).

Wir können also das erste Begehren der Menschen nach Hauswölfen nicht unbedingt auf all die Verhaltenseigenschaften des Hundes zurückführen, die über Jahrtausende an ihm so hoch geschätzt werden. Und die Frage, ob anderenorts die erste Hauswolf- bzw. Hundezucht sich auch auf eine Schlachttierhaltung begründet, bleibt offen, wird von der Wissenschaft auch nicht hypothetisch beantwortet. Auf welche Schwierigkeiten das Bemühen stößt, die Zeit der Domestikation genauer zu bestimmen, können wir aus folgendem ersehen: „Man muß allerdings sagen, daß sich der genaue Zeitpunkt der ‚Hundewerdung‘ nie feststellen lassen wird: Wo ‚hört‘ zum Beispiel ein gezähmter Wolf ‚auf‘ und wo ‚fängt‘ der Hund ‚an‘? Wie soll man beweisen, wann aus dem Wolf der Hund geworden ist? Es fehlen aus jenen Epochen jegliche Aufzeichnungen, und nur selten gibt es künstlerische Darstellungen, die beide eindeutig unterscheiden. In der Regel werden dabei Tiere mit über dem Rücken zum Kreis gestelltem Schwanz als Hunde angesehen. Aber auch Wölfe zeigen dieses Gehabe. Es bleiben deshalb vor allem Knochenfunde als mehr oder weniger eindeutige Belege übrig, und die Osteologen (Knochenkundler) sind bemüht, einwandfreie Definitionen zu finden" (BRENTJES, 1975).

Aber auch vor den Osteologen türmen sich Schwierigkeiten auf. Leicht ist es, neue Hundeformen auf Grund von Knochenfunden von Wölfen zu unterscheiden. Aber wie sollen die Wissenschaftler bei Knochenfunden aus prähistorischer Zeit erkennen, ob es sich dabei um bereits domestizierte Tiere oder noch um den Wolf handelt?

„Über Jahrhunderte dürften die ersten Haushunde den Stammvätern weitgehend geglichen haben – und immer wieder sind wohl auch durch Neufänge Wolfsformen in die Hunderassen hineingekommen. Zudem kennen wir die Variationsbreite (die Unterschiede innerhalb einer Form) zum Beispiel der vorderasiatischen Wölfe fast gar nicht, so daß über einzelne Skelettreste gerade vorderorientalischer Fundorte keine Übereinstimmung selbst zwischen Osteologen zu erreichen ist. Hinzu kommt der Einwand, den der Archäologe erheben muß. Er kann in einer Siedlung, in einem Grab oder in einer Höhle nur das finden, was die Menschen dort zurückgelassen haben – nicht aber Dinge, die sie irgendwo außerhalb des Lagers niedergelegt oder weggeworfen haben. Das trifft besonders auf den Hund zu. Nur dort, wo der Hund gegessen wurde, sind seine Knochenreste im Fundmaterial nachweisbar" (Brentjes, 1975).

„Als erste einigermaßen sichere Haushundenachweise dürften die Funde von Cayönü (sprich *Tschajönu*) bei Ergani in der Türkei (um 9500 v. u. Z.), Star Carr, Schottland, (um 7500 v. u. Z.) und Lemhi County in Idaho, USA, (um 9000 v. u. Z.) anzusehen sein. Schon die Streuung über Eurasien und Amerika spricht bei relativ gleichzeitigem Auftreten für eine mehrfache Haustierwerdung aus einer geographisch weit verbreiteten Übergangsform im späten Jungpaläolithikum. An den Knochen allein läßt sich jedoch wenig über die Verwendung des lebenden Tieres ablesen, sagen sie uns doch kaum, ob wir einen Hund oder einen Wolf vor uns haben" (Brentjes).

Im Winter 1835 war der Spiegel der Schweizer Seen infolge ungewöhnlicher Trockenheit stark abgesunken. Daraufhin wurden Pfahlbauten sichtbar, die aus der jüngeren Steinzeit stammten, nicht vor 7000 Jahren v. u. Z. errichtet worden sein konnten. Rohe Baumstämme waren in den Boden gerammt und zu Wänden aneinander gereiht worden. Auf diese Weise waren rechteckige Häuser entstanden, denen man spitze Dächer, mit Gras, Reisig und Moos abgedich-

126

tet, aufsetzte. Der Baseler Gelehrte RÜTIMEYER untersuchte die frei und trocken gewordenen alten Erdschichten und fand dabei Reste von pflanzenfressenden Haustieren und von Hunden. Ausgehend von der Bodenbeschaffenheit, vermoderten Grasarten, abgestorbenen Sumpfpflanzen, Moosen, insgesamt als Torf bezeichnet, wurde der Name „Torfspitz" abgeleitet. Es handelte sich, nach alledem, was aus den Knochenfunden zu schließen war, um einen kleinen, beweglichen Hund, der keinen großen Auslauf benötigte und gut in das Milieu einer Pfahlbausiedlung paßte. Sein Fang war kurz und spitz und die Stirn mäßig breit. Es liegt nahe, daß diese Hunde, deren Hauptnahrung mit größter Wahrscheinlichkeit Fische waren, auf eine Hauswolfhaltung wegen der Fleischgewinnung zurückzuführen sind und jederzeit noch eine Fleischreserve darstellten. Die wissenschaftliche Bezeichnung für Torfspitze lautete *„Canis familiaris palustris Rütimeyer"*. Es ist der erste Fund prähistorischer Hunde, und das begünstigt die Annahme, wonach es sich beim Torfspitz um den Stammvater weitverbreiteter Hunderassen handelt. „Der Torfspitz wird als Stammvater der Spitze, Terrier, Pinscher angesehen: am meisten scheint sich sein Typ bei den Hunden der Battaks, einem Volksstamm auf Nordsumatra, erhalten zu haben" (BAUER, 1957).

Aber gerade der Hinweis auf das Vorhandensein dieses Hundetyps auf Nordsumatera sollte zur Vorsicht mit Abstammungsbehauptungen mahnen und deutlich machen, daß gleiche Hundetypen unabhängig voneinander entstehen konnten und auch entstanden sind.

Das gilt auch für die Ausdeutung, es bestände eine abstammungsmäßige Verbindung vom Torfspitz bis zum Chinesenspitz, dem Chow-Chow, der im Norden Chinas seit undenklichen Zeiten beheimatet ist. „Die Nachfahren dieses steinzeitlichen Sumpfhundes sind weltweit verbreitet. Von den Sundainseln kennen wir den Bettakerspitz, aus dem fernen Osten den Chow, im nördlichen Eurasien benutzten die Samojeden und Tungusen sowie andere Volksstämme neben anderen auch Hunde aus diesem Stamm, und unsere mitteleuropäischen Spitze, Pinscher und Terriers lassen sich gut auf den Torfhund zurückführen", (FEHRINGER, 1954). Die Hypothese über die Abstammung vom Torfhund ist wissenschaftlich überholt.

Die ersten prähistorischen Funde über Haushunde boten viel

127

Spielraum für abstammungstheoretische Spekulationen, denen längst wissenschaftlich fundiert begegnet werden konnte. Dasselbe gilt für Abstammungsausdeutungen, die sich mit folgenden Funden verbinden: Schlittenhunde *(Canis familiaris inostranzewi Anutschin)*, Broncehunde *(Canis familiaris matris optimae Jeitteles)*, Lagerhunde *(Canis familiaris decumanus Nehring)*, Aschenhunde *(Canis familiaris intermedius Woldrich)* und Langkopfhunde *(Canis familiaris leineri Studer)*.

Der russische Geologe INOSTRAZEW fand in den achtziger Jahren des vorigen Jahrhunderts bei einem Kanalbau an den Ufern des Ladogasees steinzeitliche Ablagerungen, in denen er Knochen von Hunden entdeckte. Über sie erschien 1882 aus der Feder des russischen Zoologen ANUTSCHIN eine Veröffentlichung, die viel Beachtung fand. Die Hunde erhielten die Benennung „Schlittenhunde". Der österreichische Zoologe JEITTELES entdeckte in bronzezeitlichen Ablagerungen der Stadt Olmütz und der tschechische Zoologe WOLDRICH in den bronzezeitlichen Fundorten Pulka und Ploscha Reste von Hunden, die entsprechend der Zeit ihres Vorkommens als Bronzehunde hätten bezeichnet werden können. Es kam aber zu folgender Differenzierung in der Namensgebung: „Jeitteles ‚Bronzehund' steht anatomisch unserem Schäferhund nahe, vielleicht ist er dessen Vorfahre gewesen. Der Typ Woldrichs wurde vor allem in Aschelagern entdeckt, weshalb man ihn allgemein als ‚Aschenhund' bezeichnet" (BAUER, 1957). Dieser gleichfalls bronzezeitliche Aschenhund wurde in Verabsolutierung zum Ahnen aller Jagdhunde abgestempelt: „Aus diesen Aschenhunden leitet sich die große Schar der heutigen Jagdhunde ab in ihrer ungeheuren Vielgestaltigkeit vom Dackel bis zum Hühnerhund", (FEHRINGER, 1954).

Wir kommen hier auf das Gebiet abstammungstheoretischer Spekulationen, der „Mythologie von den sechs Rassekreisen", einer ehemals zeitgemäßen, jedoch heute als wissenschaftlich falsch erkannten Darstellung. Der Wert dieser angeführten Funde ist von den späteren kynologischen und wissenschaftlich nicht mehr haltbaren Auslegungen unabhängig. Dies sei ausdrücklich betont.

ZIMEN (1978) weist auf folgendes hin: „Am Institut für Haustierkunde waren Herre und seine Mitarbeiter aufgrund einer Vielzahl von Untersuchungen über Schädelmaße, Hirngröße und -struktur, Blutfaktoren, Chromosomenzahl und -form zu der festen Überzeugung gekommen, daß alle Hunde, ob Pekinese, Dogge oder Schäferhund, allein vom Wolf abstammen und nicht, wie vielfach angenommen, von Wolf und Schakal. Den besten Beweis für den Wolf als alleinigen Stammvater aller Hunde hatte schon 1927 der Doktorvater von HERRE, KLATT aus Halle, geliefert. Ihm war aufgefallen, daß die Hirngrößen der Haustiere im Durchschnitt um etwa dreißig Prozent unter denen ihrer wilden Ahnen liegen. Im Vergleich zum Wolf haben auch die Hunde ein derart verkleinertes Gehirn. (Dies bedeutet allerdings nicht, daß Hunde ,dümmer' sind als Wölfe. Die Reduktion liegt vor allem im Bereich der Hirnteile, die Sinneseindrücke verarbeiten.) Die Schakale haben dagegen im Vergleich zum Hund ein kleineres Gehirn. Sollte der Schakal mit ein Stammvater des Hundes sein, so wäre dies der einzige Fall einer domestikationsbedingten Vergrößerung des Gehirns, und das ist unwahrscheinlich."

Der Hund als Schlachttier

Die Domestikation des Hundes, das heißt die Umwandlung des Wolfes in einen Hund, war kein einmaliger Vorgang, sondern hat sich unabhängig voneinander weltweit und auch zu verschiedenen Zeiten wiederholt. „Die ältesten Funde, die als Hundereste interpretiert werden, stammen aus Vorderasien und Europa. Wahrscheinlich lagen weitere Zentren in Süd- und Ostasien, während Afrika anscheinend seine Haushunde Asien verdankt, denn selbst der sehr auffällige Hyänenhund ist offenbar nie domestiziert worden" (BRENTJES, 1975).

Was war für prähistorische Menschen, die mit der Haltung und Zucht von Grasfressern begonnen hatten, Anlaß, auch Wölfe zu sich zu nehmen und zu domestizieren? Welchen Nutzen hatten sie von einer Hauswolfhaltung? Da der Mensch noch nicht des Schreibens kundig war, gibt es keine schriftlichen Zeugnisse aus dieser Zeit. Knochenfunde sagen zwar viel aus, lassen aber dennoch Raum für Hypothesen. Gesichert erscheint, daß prähistorische Fischerstämme, die zwischen 7000 und 5000 v. u. Z. in England und Dänemark Hunde züchteten, diese auch verspeisten. Schauen wir uns in der Welt um, wo bis ins vorige und auch noch bis in unser Jahrhundert Fleisch des Hundes geschätzt wurde bzw. noch geschätzt wird.

Wenden wir uns zuerst den Hunden der Battak auf Sumatera zu. Dieser Volksstamm besitzt Ziegen, Schweine, Hühner und Büffel als Haustiere, dazu noch eine Form von Hunden, die wir als Spitz bezeichnen können, ohne sie damit in eine Verwandtschaftsbeziehung zu den europäischen Spitzen bringen zu wollen. Die Hunde ernähren sich von Abfällen, fressen Mäuse, Schnecken und Käfer, werden zu Wachzwecken gehalten und auch zur Jagd verwendet. Als Haustier in Pfahlbauten vollbringen sie artistische Leistungen auf den zwei bis fünf Meter hohen Leitern, die an die Behausungen heranreichen. Über sie wird berichtet, daß sie ständige Begleiter der Frauen sind und gegenüber den anderen Haustieren den Vorzug haben, sich in den Wohnräumen tagsüber und nachts aufhalten zu dürfen. Trotz dieses engen Kontaktes zwischen Mensch und Hund und der Nutzung als Wach- und Jagdhund wird er dennoch bei passender Gelegenheit geschlachtet. Hundefleisch wird höher geschätzt als das von Hühnern oder anderen Tierarten. Das ist in der Welt keine Einzelerscheinung.

In den siebziger Jahren des vorigen Jahrhunderts bereiste der Botaniker GEORG SCHWEINFURTH wiederholt Afrika. Im Jahre 1868 führte ihn sein Weg von Karthum nach Dinka, Bongo und Niamniam. Er fand Stämme, die für Hundefleisch eine Vorliebe hatten. Die Niamniam hielten sich kleine Hunde in der Art der Spitze, die leicht Fett ansetzten. SCHWEINFURTH erlebte, wie ein Angehöriger des Stammes der Mittu einen herumstreunenden Hund mit dem Speer aufspießte und ihn sich später zum Essen zubereitete. Auch am Kongo gibt es Siedlungen, in denen Hunde als Schlachttiere gehalten und gemästet werden.

Als ein in China weit verbreitetes Schlachttier gilt der Chow-Chow, dessen Name im Chinesischen soviel wie „Guter Bissen" bedeuten soll. Im Süden des riesigen Landes wird er gemästet und, wie mancherorts in Europa die Ferkel, als Schlachttier auf dem Markt angeboten.

130

Der Verzehr von Hundefleisch ist nicht nur eine außereuropäische Angelegenheit. In der Schrift „Bemerkungen über die Küche und Nahrungsweise der Anwohner des Erzgebirges im Jahre 1845" wird angeführt, daß es in vielen sächsischen Dörfern ein oder zwei Menschen gäbe, die Hunde schlachten würden. Sie taten das nicht nur für sich, sondern verkauften das Fleisch auch an andere. Der Bedarf muß zu dieser Zeit groß gewesen sein. „Mit Hundefleisch bereicherten damals im Erzgebirge nicht nur die armen Leute ihren mageren Speisezettel, zuweilen kam es auch auf den Tisch wohlhabender Bauern, die nicht selten ihre eigenen Hunde mästeten und schlachteten und manchmal die Meinung vertraten, der Hundebraten sei sogar dem Lammbraten vorzuziehen" (BAUER, 1957). In dem Bericht aus dem vorigen Jahrhundert wird die Meinung eines Tagelöhners wiedergegeben, wonach am delikatesten die Zunge schmecke. Vortrefflich seien die Lenden. Seine Frau äße am liebsten das Herz. Ihr zuletzt geschlachteter Hund sei sehr dürr gewesen, aber im allgemeinen hätten die Hunde zwei Finger dicken Speck auf den Rippen. In der Regel wäre das Fleisch sehr saftig, und man brauche nie Soße daran zu tun.

Da bis in unsere Tage weltweit Hunde geschlachtet werden, einbezogen Bekenntnisse über die Qualität des Hundefleisches und die Feststellung, daß in prähistorischen Fischersiedlungen nachweislich Hunde den Speisezettel bereicherten, erscheint folgende Hypothese berechtigt: Der Hauptgrund, weshalb Menschen, die bereits Pflanzenfresser züchteten, zur Haltung und Zucht von Hauswölfen übergingen, ist die Fleischgewinnung. Sie muß selbst dann noch Hauptmotiv der Haltung gewesen sein, als die Wächtereignung des Hauswolfes erkennbar war.

Auch später, als es zur Herausbildung des Hundes kam, der in seinem Verhalten dem Menschen auf viele Weise nützlich wurde, blieb er noch Schlachtobjekt. Wie anders könnte man sich sonst erklären, daß noch bis in unsere Zeit Hunde geschlachtet werden? Völlig ausschließbar ist, daß die Menschen in vorgeschichtlicher Zeit die Hundezucht als ein Hobby betrieben haben. Zu dieser Überlegung kommt man beim Lesen folgender Zeilen: „...Stämme am Kongo mästen und schlachten die Hunde. Hier und dort wird die arme Krea-

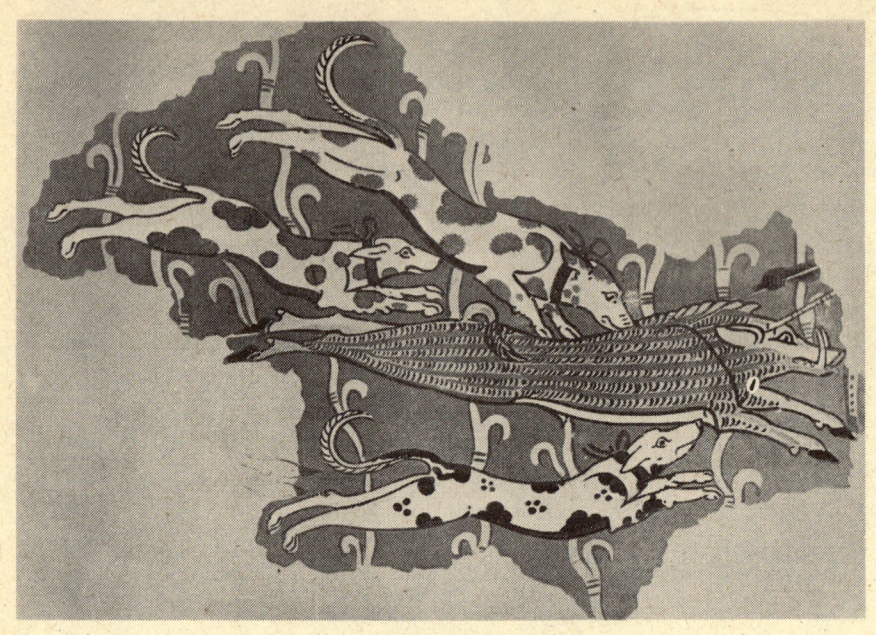

Eberjagd.
Wandmalerei aus dem Königspalast zu Tiryus,
etwa 3000 Jahre alt

tur vorher gemartert und gequält, da angeblich das Hundefleisch um
so zarter schmecke, je mehr Peinigung die Tiere ausgestanden
haben" (BAUER, 1957).

Selbstverständlich ist das Peinigen nicht zu verallgemeinern und
beruht auf falschen Vorstellungen, wie wir es von der Produktion
einer hohen Fleischqualität bei landwirtschaftlichen Nutztieren wissen. Andere Stämme in Afrika haben eine andere Einstellung zum
Hund. Die Loango betrauern einen gestorbenen Hund, begraben
ihn, opfern für ihn, wenn die Jagdzeit beginnt, meist sogar eine
Ziege. In manchen Orten am Kongo, „wo die höheren Würdenträger
wohnen, werden edle Hunde gehalten und zu Jagdmeuten vereinigt.
Gekennzeichnet sind sie durch ein Halsband. Bei den Ovambo
schließlich gilt der Hund als Opfertier. Kommt zu einem Medizin-

mann ein Kranker mit bestimmten Leiden, dann wird ein Hund geschlachtet und sein Fleisch dem Patienten serviert" (BAUER, 1957).

Selbstverständlich können wir nicht ohne weiteres Beobachtungen aus der Zeit des 19. und 20. Jahrhunderts auf prähistorische Verhältnisse übertragen. Soweit wissenschaftliche Erkenntnisse fehlen, sind wir auf Hypothesen angewiesen. Die Bedeutung der Hauswolf- bzw. Haushundehaltung muß sich von der Nutzung als Fleischlieferant zum Gehilfen des Menschen in dem Maße verlagert haben, wie sein Wert bzw. seine Bedeutung als Beschützer von pflanzenfressenden Haustieren stieg, sich mit seiner Hilfe die Möglichkeit eröffnete, die Viehherden zu vergrößern. In der Übergangsphase galt der Hauswolf bzw. Haushund selbst noch als Nahrungsreserve. Gleiches trifft für die Schlittenhunde des hohen Nordens zu, die bis in jüngste Zeit in Notlagen Fleischlieferanten waren, und sei es nur für die restlichen Schlittenhunde, um die Weiterfahrt zu ermöglichen.

Der Hund –
Gehilfe des Menschen

Es mag für viele Hundefreunde bestürzend sein, daß der Gefährte des Menschen über Jahrtausende, – Wächter des Hauses, Beschützer von Viehherden, Begleiter auf der Jagd, Zugtier im hohen Norden, Diensthund, Führer von Blinden, Lawinenhund und „Artist" auf Bühnen und in Zirkusarenen – zur Fleischgewinnung hausbar gemacht wurde. Alle Verhaltenseigenschaften, die den Hund für den Menschen besonders wertvoll werden ließen, ihm einen besonderen Vorrang gegenüber anderen Haustieren einbrachten, entdeckte der Mensch erst nach und nach.

Da Knochenfunde nichts über domestikationsbedingte Veränderungen im Verhalten der Hauswölfe bzw. der Haushunde in prähistorischer Zeit aussagen können, Aufzeichnungen darüber nicht vorliegen, können uns nur Erkenntnisse aus unserer Zeit über das Verhalten von Wölfen und Hunden weiterhelfen. Jedoch ist nicht anzunehmen, daß Wölfe in prähistorischer Zeit gleich scheu und ängstlich gegenüber Menschen waren wie heute.

Die Lebensgrundlage der Hauswölfe war das Territorium der Siedlung und das Zusammenleben mit den Menschen. Es war somit zwangsläufig, daß die Hauswölfe wild lebende Wölfe, sofern sie sich an die Viehbestände und an die Siedlung heranwagten, als Eindringlinge in ihren Wirkungsbereich betrachteten und das Territorium wie Viehbestände schützten. Ein in ihre Fänge geratener Wolf war eine willkommene Beute. Er wurde zerrissen und verschlungen. Die Feindschaft zwischen Hauswölfen und wild lebenden Wölfen nahm ihren Anfang und fand in der Feindschaft zwischen Hunden und Wölfen ihre Fortsetzung.

Der Mensch erkannte den Nutzen, den ihm die Hauswölfe gegenüber wild lebenden Wölfen brachte. Es war jetzt möglich, die Viehbestände zu vergrößern. Folgerichtig ist man dann zu einem späteren Zeitpunkt dazu übergegangen, Hauswölfe zum speziellen Schutz weidenden Viehs auszuwählen. Von da an wird man Hauswölfe nicht mehr allein ihres Fleisches wegen gehalten haben; sie wurden zum Beschützer der Herden. Kamen fremde Menschen in die Siedlung, mußten sie sich vor den Hauswölfen vorsehen, für die sie ebenfalls Eindringlinge in ihre „Wirkwelt" waren.

Bereits im Verhalten der Hauswölfe wurden Leistungen sichtbar, die dem Hund eigen sind. Der Übergang vom Wolf zum Hund ist fließend. Es wird nie mehr festzustellen sein, in welcher Zeit – nach Verhaltenskriterien – aus Wölfen Hunde wurden. Knochenfunde sagen hierzu wenig oder nichts aus. Zur Zeitbestimmung müssen wir uns abermals damit abfinden, nicht mehr zu wissen, als daß die Domestikation in den Tausende von Jahren währenden Übergang von der Urgesellschaft in die Klassengesellschaft eingebettet ist.

V
Aus der Zeit der Antike

*Älteste bildliche Überlieferung
des Einsatzes von Hunden in der Schlacht.
Der ägyptische König Tut-ench-Amun (um 1350 v. u. Z.)
beteiligt sich, flankiert von Hunden,
am Kampf.*

Hunde gegen Menschen

Gesellschaftliche Veränderungen erfaßten auch die Hundehaltung. Sklavenhalter hielten sich Hunde zur Bewachung ihres Besitzes und zum persönlichen Schutz.

„Der ‚Freund des Menschen' wurde nun auch zum Feind des Menschen, zum Feind der Armen und Unterdrückten. Vor der Tür des Reichen angebunden, schützte er dessen Schätze – und ließ sich sogar als Bluthund gegen Sklaven abrichten. Deutlich zeigt das neben vielen anderen Belegen eine phönizische Silberschale des 8. bis 7. Jahrhunderts v. u. Z., die in einem etruskischen Grab in Mittelasien gefunden wurde. In ihrem Mittelfeld sieht man einen Menschenjäger mit zwei Hunden. Ein Gefangener hängt mit auf dem Rücken gebundenen Armen am Pfahl. Einen anderen erreichte die Lanze des Verfolgers, ein Hund verbeißt sich in die Ferse des Flüchtlings und bringt ihn zu Fall, wie der untere Bildstreifen erkennen läßt – auch er wird Gefangener. Das bedeutete damals: Sklave werden, Zwangsarbeiter in Gewahrsam anderer Menschen und oft bewacht von ähnlichen Bluthunden, wie sie zu seinem Fang gedient hatten" (BRENTJES, 1975).

Eine vom Fundort Tepe Ali Kosch, Südwestiran, stammende Hundestatuette aus Ton, frühes 7. Jahrtausend v. u. Z., gibt Zeugnis von Haushunden in dieser Zeit. Wie zu erkennen ist, lag die Domestikation des Hundes bei der Herausbildung der Sklavenhaltergesellschaft schon einige Jahrtausende zurück. Die Hundehaltung war, als Menschen versklavten, sehr verbreitet. Die Sklaven vermochten sich keine Hunde mehr zu halten, und die Sklavenhalter benötigten nur einen Teil der vorhandenen Hundepopulation. Demzufolge darf man schlußfolgern, daß sich in dieser Zeit die große Trennung der Hunde in Parias und weitere Haushunde vollzog. Später mögen bei dem Untergang menschlicher Siedlungen als Kriegsfolge weitere Haushunde die Zahl der Parias vermehrt haben.

Das Alte Testament als biblisch-geschichtliche Quelle belegt eine bereits frühe Existenz herrenloser, als Parias lebender Hunde, die sich auf Straßen und auf freiem Feld herumtrieben, sich über Kadaver hermachten – einschließlich menschlicher Leichen. In den Büchern der Könige heißt es, daß den die Hunde fressen sollen, der in der Stadt Baesa stürbe. Auch das zweite Buch Moses enthält einen Hinweis auf die Parias: „Darum sollt ihr kein Fleisch essen, das auf den Feldern von Tieren zerrissen ist, sondern es vor die Hunde werfen."

Die ältesten schriftlichen Zeugnisse über den Hund

Obwohl der Hund wesentlich früher domestiziert wurde als das Pferd, entstand zuerst ein schriftliches Dokument über das Pferd, eine auf Tontafeln geschriebene Trainingsanleitung in hethitischer Sprache. Der Verfasser hieß KIKKULISCH, stammte aus Mitannu und lebte im 14. Jahrhundert v. u. Z. Erst einige Jahrhunderte später tauchten schriftliche Zeugnisse über den Hund auf. Die Götter HOMERS, des Dichters der beiden großen Epen der Griechen „Ilias" und „Odyssee", der im 9. Jahrhundert v. u. Z. lebte, schimpften sich gegenseitig Hund, Hundsfliege, Hundsfott oder Hundsgesicht. Folgende Darlegungen entstammen Übersetzungen von LÖFFEL: HOMER hatte sich nie für Hunde begeistert und sie als Muster der unverschämtesten Frechheit betrachtet. PENELOPE, die Frau des ODYSSEUS, wußte eine Magd nicht tiefer zu beleidigen, als mit den Worten „freche Hündin". Dennoch beschreibt der Dichter ein das Herz rührendes Verhältnis zwischen ODYSSEUS und seinem Hund Argos, der, alt geworden, seinen von langen Irrfahrten zurückkehrenden Herrn als einziger wiedererkennt. Es kommt in diesem Heldenepos auch zu einer fachlichen Aussage: So wird herausgestellt, daß Argos ehemals ein Jagdhund war. Seine Aufgabe bestand darin, Wild aufzuspüren und zu verfolgen: Ziegen, Hasen und Hirsche.

In der Dichtung wird der Kontrast beleuchtet zwischen dem früheren Leben des Hundes und dem späteren. Auf der einen Seite der von ODYSSEUS mit großer Fürsorge aufgezogene und hochgeschätzte

Jagdhund, auf der anderen Seite der nicht mehr beachtete Hund, dem nur noch ein Dunghaufen vor dem Hof als Aufenthaltsplatz dient. Wegen dieses Kontrastes kamen ODYSSEUS die Tränen. Und weil er das Schicksal dieses seines Hundes bedauerte, können wir erkennen, daß den Jagdhunden auch eine hohe Wertung galt. Solche Darstellung eines Dichters, der selbst gar nichts von Hunden wissen wollte, ist ein wertvolles Zeitdokument. Übrigens trugen seine Götter aus Hundefell gefertigte Pickelhauben. Die beste trug der Gott der Unterwelt, mit der er sich sogar unsichtbar machen konnte.

Die Schimpfworte, die HOMER seinen Göttern in den Mund legte, schöpfte er wahrscheinlich aus dem Alltag. Es ist nicht ausgeschlossen, daß sie auf die Begegnung mit Parias zurückzuführen sind. Das Wort Zyniker ist allgemein ein Begriff. Aber wer weiß schon, daß dabei das Wörtchen Hund als Schimpfwort der Ausgangspunkt gewesen ist? Im 5. Jahrhundert v. u. Z. lebte in Griechenland der Gelehrte ANTISTHENES, der in Kynosar seinen Lehrstuhl aufstellte. Unter Anspielung auf diesen Ort verspotteten die Gegner des ANTISTHENES seine Schule als die hündische (Kynon = Hund). Und ebenso wurden seine Schüler als Kyniker (Cyniker) verspottet. „Kyniker" bedeutet eine Sinnverschmelzung des Ortsbegriffes „Kynosar" mit dem griechischen Wort „Kynon" für Hund.

DIOGENES, geboren um 412 v. u. Z., von PLATON der „rastende Sokrates" genannt, einer der originellsten Sonderlinge des Altertums, nichtsdestoweniger ein namhafter griechischer Philosoph, Schüler des ANTISTHENES, bekam von den Gegnern der genannten Schule direkt den Schimpfnamen Kyno (Hund), und seine Philosophie wurde ebenso direkt Kynismus genannt. Der Schimpfnahme Kyniker wurde auf seine Schüler übertragen. Kynismus wurde zu einer philosophischen Richtung, aus der sich bis in unsere Zeit der Begriff Zyniker erhalten hat. Zwei Begebenheiten aus dem bewegten Leben des als „Hund" bezeichneten Philosophen: Schon ziemlich betagt unternahm er seine Reise nach Ägina, wobei er Seeräubern in die Hände fiel. Sie schleppten ihn nach Kreta, um ihn dort als Sklaven zu verkaufen. Auf dem Markt, wo er zum Kauf angeboten wurde, rief er aus: „Wer braucht einen Herrn? Wer mich kauft, muß bereit sein, mir zu gehorchen, wie große Herren ihren Ärzten". Ein Korinther erwarb ihn als Erzieher für seine Söhne und gab ihm die Freiheit. Er lebte bald wieder in gewohnter Weise, mal in Korinth und mal in Athen. In Korinth suchte ihn einmal ALEXANDER DER GROSSE um einer Unterhaltung willen auf. Die Erscheinung des alten Gelehrten und dessen geistreiche Antworten beeindruckten ALEXANDER in hohem Maße, so daß er ihm einen Wunsch in königlicher Gnade gewähren wollte. DIOGENES hatte darauf nur eine Bitte: „Geh mir aus der Sonne!"

Aus der Tontafelbibliothek assyrischer Herrscher stammt die Aufzeichnung, daß König SANHERIB (704 bis 681 v. u. Z.) „sorgfältig wie ein junger Hund" aufgezogen worden sei. Diese Worte beweisen, wie hoch der Hund in der Wertschätzung stand. Vergleiche durften Angehörigen des Herrscherhauses nur schmeicheln, anderenfalls hätte ein Schreiber mit seinem Tode rechnen können. Andererseits wußte eben dieser SANHERIB dem gefangen genommenen Araberkönig UNITI keinen größeren Schimpf anzutun, als ihm ein Hundehalsband umzulegen.

Kampfstarke Hunde

Im Jahr 327 v. u. Z. fiel ALEXANDER VON MAKEDONIEN mit seinem Heer in Indien ein, das ein Jahr später (326 v. u. Z.) den Indus überschritt. Der König von Taxila ließ es auf einen Kampf nicht ankommen, sondern schickte dem Eroberer reiche Geschenke und übergab ihm kampflos die königliche Residenz.

Der römische Geschichtsschreiber DIODORUS SICULUS, gebürtig aus Argyrion in Sizilien, schrieb zur Zeit CÄSARS und AUGUSTUS seine „Historische Bibliothek", eine Weltgeschichte in 40 Büchern. Nur 14 von ihnen sind erhalten, darunter die über die Jahre 480 bis 302 v. u. Z. Er berichtet von einem indischen Fürsten, SPOITES, der wohl gleichfalls seinen Vorteil in der Nachgiebigkeit und Unterwerfung gegenüber dem Eroberer gesucht hatte. Der indische König kam aus seiner Residenz dem König ALEXANDER entgegen, bewirtete ihn und seine Soldaten bestens und schenkte ihm neben anderen wertvollen

Hunde neben einem Streitwagen
auf einem minoischen Relief von Pirna auf Kreta,
um 1800 v. u. Z.

Dingen 150 Hunde von außerordentlicher Größe und Stärke. Um eine Probe von ihren „Heldentaten" zu geben, ließ er vor ALEXANDER einen großen Löwen ins Gehege bringen und dazu zwei Hunde. Diesen war der Löwe überlegen. Jetzt mußten zwei weitere Hunde hinein. Bald hatten die vier den Löwen so gepackt, daß sie ihn überwältigten. Nun schickte SPOITES einen Mann ins Gehege, der ein großes Messer trug. Er sollte einem der Hunde das rechte Bein abschneiden. Als ALEXANDER das sah, schrie er auf. Die Leibwache eilte hinzu, um Einhalt zu gebieten. SPOITES aber versprach, er wolle ALEXANDER drei Hunde für den einen geben. Jetzt durfte der Inder dem Hund ganz langsam das rechte Bein abschneiden. Dieser hielt den Löwen solange mit seinen Zähnen fest, bis er verblutete.

In einem anderen Bericht ist die Rede davon, daß ALEXANDER DER GROSSE einen großen Hund vom König von Albanien zum Geschenk erhielt, der gegenüber einer Antilope, ja selbst gegenüber einem Eber und einem Bären passiv blieb. Er beachtete diese Tiere nicht. Angeblich waren sie ihm zu schwach und es sei unter der Würde des Hundes gewesen, mit ihnen zu kämpfen. ALEXANDER mißdeutete das Verhalten des Hundes. Der König von Albanien riet, diesen Hund mit stärkeren und damit würdigeren Gegnern zusammenzubringen. So geschah es, und der Hund zerriß einen Löwen und brachte einen

Elefanten zur Strecke. Was von beiden Berichten ist Dichtung, was Wahrheit? Lassen wir die in der letzten Erzählung ersichtliche Vermenschlichung des Hundes außer Betracht, alles weitere kann auf seinen Wahrheitsgehalt nicht überprüft werden. Aber soviel dürfen wir der Überlieferung glauben: große Hunde mit viel Schärfe und Draufgängertum hat es gegeben. Davon zeugt auch folgende Nachricht aus jüngerer Zeit:

Der um 1256 in Venedig geborene Marco Polo galt als der erste Eurpoäer, der Inner- und Ostasien bereiste. Er erlangte das Wohlwollen des Tatarenkhans Kublai und erhielt Gelegenheit, alle Provinzen des weiten Reiches zu besuchen. In des Herrschers Diensten durchreiste Marco Polo alle Provinzen Chinas innerhalb der Großen Mauer mit alleiniger Ausnahme von Kuangsi und Kuangtun. 24 Jahre war er von seiner Heimat abwesend. Er brachte die Nachricht mit nach Europa, daß die Bewohner Tibets große und kräftige Hunde züchteten, mit denen sie wildlebende Rinder, sogenannte Jaks, jagten.

Der um 400 v. u. Z. lebende Grieche Ktesia, Leibarzt des Perserkönigs Artaxerxes II., an dessen Hofe er sich 17 Jahre aufhielt, verfaßte neben seiner 23 Bücher umfassenden „Persica" noch andere Schriften, so eine über Indien. Er schrieb mehr romanhaft als wahrheitsgetreu. Die drei Bücher umfassende „Indika" war voller Wundergeschichten. So kann man ihm wohl nicht abnehmen, daß seinerzeit in Indien ein Volk unter dem Namen „Cenamolgen" (Hundemelker) gelebt habe. Der Wortlaut einer unveröffentlichten Übersetzung (Aelian, 1631) von Löffel: „Ktesias erzählt in seinen indischen Geschichten, daß das Volk der Cenamolgen in einer Gegend wohne, welche zur Herbstzeit von Scharen wilder, unbändiger Rinder heimgesucht werde. Deshalb hielten die Einwohner gewaltige Hunde, von denen die Rinder niedergerissen und totgebissen würden. Das Fleisch der Rinder gebe für Menschen und Tiere reichlich Nahrung. Die Hundeweibchen würden gemolken, ihre Milch getrunken, wie die der Ziegen und Schafe." Wir werten diese Schilderung als ein Märchen, vielleicht mit einem Wahrheitskern. Aber der läßt sich aus heutiger Sicht nicht mehr bestimmen.

Bereits hohe fachliche Erkenntnisse

Die erste Beschreibung des Verhaltens eines Jagdhundes – sogar mit Dressurhinweisen – erfolgte von dem griechischen Geschichtsschreiber XENOPHON, dem Autor des um 400 v. u. Z. entstandenen Buches „Über die Reitkunst".

XENOPHON wurde um 430 v. u. Z. in Athen geboren, war Schüler des SOKRATES, nahm an verschiedenen Feldzügen teil, starb nach einem bewegten Leben um 355 v. u. Z. in Korinth. Viele Schriften hinterließ er, so auch eine „Über die Jagd".

Ein Hinweis zur zweckmäßigen Haltung von Wachhunden ist uns von CATO, dem beharrlichen Gegner Karthagos, bekannt, 234 v. u. Z. zu Tusculum geboren, 149 v. u. Z. im Alter von 85 Jahren verstorben. Danach sollten die Hunde bei Tage eingesperrt sein, damit sie nachts um so besser wachen. In den Darlegungen aus der zweiten Hälfte des 1. Jahrtausends v. u. Z. sind Erkenntnisse über die Zucht, Haltung und Verwendung von Hunden enthalten, die schon lange Zeit vor deren Niederschrift praktische Bedeutung gehabt haben müssen.

Der römische Gelehrte VARRO, 116 bis 27 v. u. Z., hatte einen Namen als Sprach- und Altertumsforscher. Seine Gelehrsamkeit umfaßte das ganze Gebiet der damaligen Wissenschaften, und seiner geistigen Produktivität sollen keiner der Römer und nur wenige der Griechen gleichgekommen sein. 74 Schriften in 620 Büchern hat er geschrieben, von denen nur die von ihm im 80. Lebensjahr verfaßten drei Bücher über die Landwirtschaft erhalten geblieben sind.

In ihnen äußert er sich auch über den Hund: Schafe und Ziegen bedürfen zu ihrem Schutze der Hunde, damit der Wolf sie nicht zerreißt. Eine Schweineherde kann dagegen von den alten Ebern und Sauen verteidigt werden. Maultiere sind imstande, sich selbst zu helfen. Sie rotten sich zusammen und schlagen den Wolf mit ihren Hufen tot. Ochsen und Kühe stellen sich dicht zusammen und stoßen nach dem Wolf mit den Hörnern.

VARRO unterschied Jagdhunde von Wachhunden: „Jagdhunde taugen für die Hirten nicht, denn sie laufen lieber hinter den Hasen und Hirschen als den Schafen nach. Wachhunde für die Herde kauft man am besten vom Hirten, denn Fleischerhunde sind bei der Herde zu träge." Die letzten Worte zielen auf die Existenz von schwereren Treiberhunden ab. Das Verhalten von Hunden zum Beschützen der Herden schätzte VARRO wie folgt ein: „Der Hund ist leicht abzurichten, gewöhnt sich jedoch immer mehr an den Hirten als an die Herde. PUBLIUS PONTIANUS kaufte einmal im äußersten Umbrien einige Schafherden mit den dazugehörigen Hunden. Die Hirten sollten sie bis Heraklea bringen. Als dies geschehen und die Hirten wieder nach Hause gegangen waren, liefen nach einigen Tagen die Hunde weg. Obgleich der Weg viele Tagesreisen betrug, gelangten sie wieder nach Umbrien zu ihren alten Herren."

Und weiter empfahl er: „Am besten kauft man Hunde von gleicher Art. Solche stehen sich gegenseitig am besten bei. Beim Kauf und Verkauf eines Hundes wird für Gesundheit und Eigentum ebenso Gewähr geleistet wie bei dem übrigen Vieh. Der Hund wird aus der Küche gefüttert, namentlich mit Knochen, auch mit in Milch eingeweichtem Gerstenbrot. Um sie vor dem Biß wilder Raubtiere zu

Jagdszene mit Hund. Elfenbeinkassette;
Enkomi/Zypern, um 1200 v. u. Z.

schützen, legt man ihnen ein Halsband von starkem Leder an, das innwendig mit weichem Pelz gefüttert, nach außen aber mit eisernen Nägeln besetzt ist, deren Köpfe zwischen Leder und Pelzbesatz stehen."

COLUMELLA, namhafter Ackerbauschriftsteller seiner Zeit, in Spanien gebürtig, lebte um die Mitte des 1. Jahrhunderts in Italien. Er gab Ratschläge zur Nutzung des Hundes für unterschiedliche Verwendungszwecke. Für einen Wachhund wäre schwarz die günstigste Haarfarbe, jedoch für einen Hirtenhund weiß. Einen schwarzen Wachhund empfände man als greulich, und nachts mache diese Farbe ihn fast unsichtbar. Und nicht allein sein Anblick, sondern auch seine Donnerstimme solle Diebe erschrecken. Scharf müsse er sein, aber auch nicht zu scharf. Und Freunden und Bekannten des Hausherrn dürfe er nicht gefährlich werden. Den Hirtenhund schätzte er als einen scharfen Hund mit großen kämpferischen Qualitäten, der es mit dem Wolf aufnimmt und auch schnell genug ist, einen fliehenden Wolf einzuholen.

In den Schriften dominierten die Jagdhunde

Seit XENOPHON waren Jagd und Jagdhunde ein beliebtes Thema griechischer und römischer Schriftsteller. Was XENOPHON vor etwa zweieinhalbtausend Jahren geschrieben hat, erscheint wie eine Beobachtung aus unserer Zeit: „Bei der Suche verhalten sich die Hunde sehr verschieden. Manche geben, wenn sie eine Spur verfolgen, gar kein Zeichen von sich, andere bewegen nur die Ohren und halten die Rute ruhig. Einige halten die Ohren ruhig und wedeln nur mit der Schwanzspitze. Andere ziehen die Ohren zusammen, runzeln die Stirn und ziehen den Schwanz zwischen die Beine. Viele schwärmen nur ganz unvernünftig herum. Die, welche sich immer nur nach anderen Hunden umsehen, haben kein Selbstvertrauen. Manche sind so keck, daß sie andere suchende Hunde nicht vorlassen.

*Ein Hund der Etrusker
neben einem Gespann beim Wagenrennen
(Bildausschnitt).
Malerei aus einem etruskischen Kammergrab*

Manche versuchen den Jäger zu betrügen, indem sie jederzeit tun,
als hätten sie wunder was gefunden, wenn auch gar nichts da ist. Soll
der Hund zur Jagd brauchbar sein, so muß er mit gesenktem Kopfe
laufen, sich freuen, wenn er eine Spur hat und mit dem Schwanz wedeln! Ist der Hase gefunden, so muß ihm der gute Hund mit kräfti-
gem Laut unablässig durch Dick und Dünn nachsetzen, ohne die
Spur zu verlassen oder gar zum Jäger zurückzukehren."

Zu den Fallgruben hatte der Mensch weitere Jagdmittel erfunden.
Er spannte Netze aus, wie sie die Fischer hatten, und trieb Rehe, Hirsche, sogar Schwarzwild hinein. In einfachen Netzwänden sollten sich
Hasen und Feldhühner fangen. Aufgabe der von XENOPHON beschriebenen Hunde war es, das Wild in die aufgestellten Netze zu treiben.

Zu einer anderen Jagdmethode wurden auch Hunde eingesetzt: „Hochinteressant ist die Beschreibung der Laufschlinge. Auf den Wechseln des Wildes wurde eine kreisrunde Öffnung etwa einen Fuß tief ausgehoben. Da hinein kam ein hölzerner Kranz mit spitzen Nägeln und mehreren starken Schlingen. Kunstvoll wurde die Falle verblendet, damit das Waldtier arglos hineintrat. Nun war sein Schicksal besiegelt, denn die Schlingen, die seinen Lauf umfaßten, waren an einem schweren Holzklotz befestigt, den das Tier mit sich schleppen mußte. So in der Flucht behindert, wurde das Wild am nächsten Morgen eine leichte Beute für die Hunde. Mit dieser Laufschlinge fing man Hirsche, auch Wildschweine. Noch jetzt bedienen sich die Araber einer ganz ähnlichen Verrichtung, die sie wohl von den alten Ägyptern übernommen haben" (SKOWRONNEK, 1901).

Von AELIAN, der im 3. Jahrhundert unserer Zeitrechnung lebte, liegt folgender Bericht vor: „Wenn Jäger ihren Hund ausführen, dann geht der Hund schweigend an der Leine. Er scheint, so lange er kein Wild findet, ganz traurig. Wittert er aber ein Wild, so bleibt er stehen, schmeichelt vor Freude seinem Herrn und küßt ihm die Füße."

Mit den Begriffen „traurig", „schmeicheln", „küssen" erfolgt eine zeitgemäße vermenschlichende Darstellung tierischer Verhaltensweisen.

„Der Jäger winkt nun den Netzwächtern, läßt die Netze um das vom Hunde bezeichnete Wild stellen. Dann endlich beginnt der Hund zu bellen und treibt das Wild ins Netz, läßt dann sein Siegesgeheul erschallen und macht aus Freude große Sprünge."

Aus der gleichen Zeit liegt von OPPIAN folgender Bericht vor: „Will ein Jäger einen Hund, den er aufgezogen hat, probieren, so nimmt er einen toten oder lebendigen Hasen, geht mit ihm ins Freie, anfangs geradeaus, dann links und rechts, krumm, schief, hin und her, und ist er nun weit weg, so legt er das Tier in eine tiefe Grube. Drauf geht er zurück, holt den Hund und bringt ihn auf die Spur. Der sucht nun gleich mit allem Eifer, beschnuppert Wege und Stege, Bäume und Steine, Höhen und Tiefen und läßt sich nicht abrufen. Er ruht nicht eher, bis er sein Ziel erreicht hat. Ist er später gut dressiert, so naht er dem Hasen ganz leise, duckt sich dabei, schleicht wie ein Wolf, der

den Hirten beobachtet, tut aber, wenn er beim Lager des Hasen an-
langt, plötzlich pfeilschnell einen ungeheuren Satz. Gelingt es ihm, so
macht er den Hasen auf der Stelle tot, packt ihn und apportiert ihn
dem Jäger. Dieser eilt ihm entgegen und schließt voll Glück und Se-
ligkeit Hund und Hasen zugleich in seine Arme."

Selbstverständlich ist nicht zu erwarten, daß diese Beschreibungen
über das Verhalten von Hunden den heutigen terminologischen Anforderungen der Verhaltenswissenschaften entsprechen. Trotz der
stark auf den Menschen bezogenen Formulierung (anthropomorphi-
stische Darstellungsweise) ist ein Rückschluß entsprechend unserem
heutigen Erkenntnisstand möglich.

Cave canem!
Hüte Dich vor dem Hund!

An Türen und Portalen römischer Stadt- und Landhäuser waren oft
die Worte zu lesen „Cave canem" (Hüte dich vor dem Hund). Es
handelte sich um Warnschilder im Sinne: Vorsicht, bissiger Hund!
Da viele Menschen nicht lesen konnten, wurde die Warnung auch
bildlich ausgedrückt. Eines der bekanntesten Warnbilder ist eine Mo-
saiktafel aus Pompeji, der antiken Hafenstadt nahe Neapels, am
Fuße des Vesuvs, die nach dessen Ausbruch im Jahre 79 v. u. Z. in
einem Ascheregen unterging. Auf diesem Bild zeigt ein an der Kette
befestigter Hund wütend die Zähne. Wer sollte diese Warnung nicht
verstehen?

In die Tier- und Gladiatorenkämpfe bezogen die Römer auch Hunde ein. Es kamen dafür nur große und besonders kampfstarke Hunde
mit großer Wildheit in Frage. In die Fänge solcher Hunde zu geraten,
kam der Vollstreckung eines Todesurteils gleich.

Über ein solches Geschehen berichtete der etwa in der Zeit von 70
bis 140 u. Z. lebende römische Geschichtsschreiber SUETON. In den
Jahren 81 bis 96 u. Z. regierte Kaiser DOMITIAN, der mit dem Bau des
Limes begann. Bald nachdem er im Lager der Prätorianer zum Kai-

ser ausgerufen war, ließ er seiner Grausamkeit und Verschwendungs-
sucht alle Zügel frei. Er weidete sich an dem Anblick seiner Opfer.
Und nach 93 u. Z. erfolgten (laut Tacitus) die Hinrichtungen nicht
nur einzeln oder in Zwischenräumen, sondern Schlag auf Schlag. Sueton berichtete, daß Domitian einen Familienvater, dem die Leistungen eines Gladiatoren nicht zugesagt hatte, deswegen den Hunden
vorwerfen und von ihnen zerreißen ließ. Eine Verschwörung beende-
te am 18. September 96 u. Z. gewaltsam das Leben dieses Tyrannen.

Wir finden im Altertum den Hund auch als Begleiter, worüber Aelian schrieb: „Ein Kolophonier reiste nach Teos, um allerlei einzu-
kaufen. Er hatte einen Hund mit sich und einen Sklaven, der das
Geld trug."

Von Alius Lampridius, der um 300 u. Z. die Geschichte der römischen Kaiser von Hadrian bis Carinus schrieb, wissen wir folgendes:
Kaiser Heliogabalus (218 bis 222 u. Z.) fuhr mit einem Hundegespann nach seinen Landgütern. Vier große Hunde ließ er jedesmal
vorspannen. Dieser Kaiser, dessen Hauptbeschäftigung die Verherr-
lichung des Sonnengottes war, dessen Namen er trug, war ein großer
Verschwender. Um des eigenen Vorteils willen ordnete er alle anderen Gottheiten dem Sonnengott unter. Die von ihm befohlenen
Prachtentfaltungen zu Ehren des Sonnengottes kamen nur ihm
zugute. Seine Regierung war eine Kette sinnloser Schwelgereien.
Daraus erklärt sich, daß der Kaiser seine Hunde mit Gänseleber füt-
terte. Vernarrt in Hunde war der römische Kaiser Hadrian (117 bis
138). Er ließ ihnen sogar Grabmäler setzen, was unter reichen Römern kein Einzelfall war.

Plutarch (etwa 50 u. Z.) berichtete: „Folgendes hab ich mit eigenen Augen gesehen. In Rom war ein Tausendkünstler, der im Thea-
ter des Marcellus einen merkwürdig dressierten Hund zeigte. Dieser
führte erst allerhand Kunststücke auf. Zuletzt sollte er zum Schein
Gift bekommen, davon betäubt werden und sterben! Er nahm also
das Brot, in dem Gift sein sollte, an, fraß es auf, begann zu zittern, zu
wanken, senkte den Kopf, als wenn er zu schwer würde, legte sich
endlich, streckte sich – und schien tot zu sein. Er ließ sich hin und her
schleppen und tragen, ohne sich zu regen. Endlich rührte er sich ein
wenig, dann allmählich mehr, tat wie wenn er aus dem Schlafe erwa-

che, hob den Kopf, sah sich um und ging endlich, freudig wedelnd, zu dem, der ihn rief. Alle Zuschauer waren gerührt. Unter ihnen befand sich auch der alte Kaiser VESPASIAN."

Kriegshunde

Die Verwendung des Hundes im Militärwesen reicht bis ins Altertum zurück. Aber mit ihm entschied man keine Schlachten, beeinflußte nicht das Kriegsgeschehen, wie das mit dem Einsatz des Pferdes, dem Aufbieten der Kampfwagen-Gespanne und der Reiterei, geschah. Die Griechen ließen oft ihre Kastelle und Lager zusätzlich von Hunden bewachen. In Korinth unterhielten sie nach dem Meere zu einen vorgeschobenen Posten mit 50 Kriegshunden. Die Besatzung von Korinth vernachlässigte ihren Dienst, befand sich im Rausch, als der Feind in der Dunkelheit landete. Die Hunde jedoch nahmen sofort den Kampf auf. 49 von ihnen wurden erschlagen. Der Überlieferung nach lief der als einziger noch am Leben gebliebene Hund zur Stadt zurück und löste damit den Alarm aus. Die Soldaten wurden schnell munter und vermochten den Feind zurückzuwerfen. „Soter", der Überlebende der Hunde, erhielt vom Senat der Stadt ein silbernes Halsband mit der Inschrift „Soter, Verteidiger und Retter von Korinth". Den gleich Soldaten gefallenen Kriegshunden errichteten die Korinther ein Denkmal, auf dem auch der Name Soters verewigt wurde.

KYROS I. oder KYROS II. d. Große (d. Ä.), letzterer regierte 559 bis 529 v. u. Z., begründete die persische Großmacht und erlaubte die Rückkehr der gefangenen Juden aus Babylon, ließ eine große Zahl von Hunden für den Krieg zusammenbringen. Vier Städte wurden angewiesen, die Tiere zu ernähren.

Nach PLINIUS vermochte ein vom Thron gejagter König der Garamanten, diesen mit Hilfe von 200 Hunden zurückzuerobern. Das Volk der Garamanten lebte unabhängig von Karthago in Afrika, war im 5. Jahrhundert v. u. Z. den Griechen bekannt, und die Römer drangen in der zweiten Hälfte des letzten Jahrhunderts v. u. Z. bis zu

Assyrische Hunde.
Relief im Britischen Museum zu London

ihnen vor. Die Gallier hielten Kriegshunde, und deren Könige hatten (nach ILGNER, 1904) als Leibwache Hunde.

Die Kriegshunde der Kelten trugen Schutzpanzer und Halsbänder mit abstehenden eisernen Spitzen. Nach der Schlacht zwischen den Römern und den Kimbern am 30. Juli 101 auf den Raudischen Feldern bei Vercellae (zwischen Turin und Mailand) wurden die Kimber vernichtend geschlagen. Männer, Weiber und Kinder fanden entweder den Tod auf dem Schlachtfeld oder gerieten in römische Gefangenschaft, wurden in die Sklaverei abgeführt.

Den Kimbern-Hunden wird nachgesagt, sie hätten, als sich die Römer nach gewonnener Schlacht anschickten, die Wagenburgen einzunehmen, zusammen mit den Frauen noch einen letzten Widerstand geleistet. Als die Gallier unter BRENNUS (d. h. Heerkönig) einen Sieg gegen die Römer erfochten hatten, Rom einnahmen und verbrannten, wollten sie als nächstes das Kapitol erstürmen. Die Angreifer erstiegen den Berghügel, ohne daß die Wach- und Kampfhunde darauf reagierten und auch nur einen Laut von sich gegeben hätten. Sie waren durch eine lange Fastenzeit hungrig und ließen sich durch Brotstücke ablenken. Es fehlte nicht viel, und die Gallier wären recht mühelos in die Befestigung eingedrungen. Aber die zu Ehren Junos gehaltenen Gänse waren wegen des Angriffs in Unruhe gekommen und fingen zu spektakeln an. Der Wachsamkeit der Gänse ist es somit zu verdanken, daß die Verteidigung noch rechtzeitig einsetzten konnte. Die Römer glaubten nicht an einen leichteren Schlaf der Gänse. Sie hielten die Hunde für nachlässig und pflichtvergessen, wie Menschen, die ihre Aufgabe nicht ernst nehmen. Der Einfall der Gallier erfolgte im Jahre 387 v. u. Z.

Jährlich, wenn der Jahrestag der Rettung Roms gefeiert wurde, erfolgte eine Triumpfahrt einer Gans, an ihrer Seite auf dem Wagen ein gekreuzigter Hund. Hier fand sich eine Parallele zu späteren Tierprozessen, die auf der Annahme beruhten, Tiere hätten wie Menschen Einsicht in ihr Tun und könnten daher auch wie Menschen bestraft werden. Um die Bestrafung eines einzelnen Täters allerdings handelte es sich im vorliegenden Fall nicht, wohl aber um eine Verurteilung der Hunde insgesamt. Man wollte die Hunde beleidigen und schmähen gleich einer Truppe, die im Kampf versagt hatte, möglicherweise um sie am „Ehrgefühl" zu packen und zu größeren Taten anzuspornen.

„Den eigentlichen Kriegshund kannten die Römer nicht. Auf einem Teil der berühmten Marc-Aurel-Säule sind zwar römische Krieger zusammen mit Hunden abgebildet, aber wir haben diese Darstellung wohl nicht so zu deuten, daß die Hunde aktiv in die Kämpfe eingriffen" (BAUER, 1957). Wahrscheinlich setzten aber die Römer Hunde zum Aufspüren in Wäldern und Schluchten verstreuter Feinde ein. „Üblich war der Kriegshund bei einigen anderen antiken Stämmen und Völkern, vor allem bei den Bewohnern von Kolophon, einer Stadt in Kleinasien an der Küste von Lydien. Sie hielten Hundemeuten, die in vielen Schlachten, die sie zu schlagen hatten, die erste Reihe bildeten. ‚Sie waren die treuesten Hilfstruppen', heißt es ‚waren nie feige und dienten ohne Sold'" (BAUER, 1957).

VI
Hunde in feudalabsolutistischer Zeit

Der Jäger.
Aus »Das Ständebuch« von Jost Amman
(1539 bis 1591)

Hunde – von der Jagd ausgeschlossen

Eine Urkunde „Signatum Schloß Wernigerode / den 17. Januarii 1735", unterzeichnet von „Christian Ernst / Graf Zu Stollberg" enthält nach einer langen Aufzählung von herrschaftlichen Titeln folgende Forderung: „Fügen hiermit allen Unseren Vasallen, Freysassen / Pächtern und Unterthanen / ohne Unterschied / in Unserer Graffschafft Wernigerode / Kraft dieses / zu wissen: Daß wir mißfällig vernommen haben / wie sich einige unterstehen / Wind-Jagt- und Hüner-Hunde in ihren Höfen und Wohnungen zu halten / und in Unserer Wildbahn damit Schaden zu thun. Da nun in Unserer Graffschafft Uns allein und sonsten niemanden / die Jagten zustehen / folglich dergleichen Hunde zu halten Unseren Vasallen, Freysassen, Pächteren und Unterthanen gantz unnötig: Als befehlen wir hiermit allen jetzt gedachten Unseren Vasallen, Freysassen, Pächtern und Unterthanen ohne Unterschied / alle dergleichen nur zur Jagt zu gebrauchende Hunde so fort abzuschaffen/wiedrigenfalls sie von Unseren Jägern und Forst-Bedienten weggenommen und erschossen werden sollen."

Der fuldaische Fürstabt Heinrich VII. von Bibra (1759 bis 1788) erließ eine Verordnung, wonach es genügte, mit einem Hund auf fürstlichem Jagdgebiet angetroffen zu werden, um eine Absicht zum Jagen abzuleiten, was nach folgendem „Rechtsmaße" zu verurteilen sei: „Wer auf fürstlichem Jagdgebiete zu einer Ausrüstung betroffen wurde, welche die Absicht, dort die Jagd auszuüben, kundtat, wurde, wenn er auch nichts geschossen hatte, mit Ruten scharf ausgehauen, gebrandmarkt und zu lebenslänglicher Zwangsarbeit angeschmiedet". Wer tatsächlich Wild erlegt hatte, wurde gehängt. „Wer sich daselbst Gewalttätigkeiten gegen Forstschutzbeamte zuschulden kommen ließ, einerlei ob aggressiver Art oder in Widerstand bestehend, wurde mit dem Schwert hingerichtet", so heißt es in alten Schriften.

Die in feudalabsolutistischer Zeit erlassenen Jagdordnungen führ-

Ritter mit Hund beim Wucherer (Bildausschnitt).
Holzschnitt des Petrarca-Meisters, 1519 bis 1520

Herr und Dame zur Jagd reitend.
Holzschnitt von Lucas Granach d. Ä., 1506

ten vielerorts zum Anwachsen der Rotwildbestände. Die Bauern von 30 Gemeinden des mittleren Zschopau-Gebietes beschwerten sich im Jahre 1717 über die furchtbaren Wildschäden. Das Rotwild habe „bishero sich dergestalt gehäuffet, daß immer 20, 30 bis 50 Stücken beysammen stehen, welches dann nicht nur an den Feldfrüchten mit zertreten und abfreßen gar unbeschreiblichen Schaden thut, sogar zur Frühlingszeit hinein in die Dörffer kömbt, und die Pflanzen und Saamen-Strünke abfrißt, darbey aus so zahm werden, daß es vor Personen gar nicht mehr weicht." Der sächsische Kurfürst AUGUST I. förderte diesen Zustand und gestattete nicht, Schutzzäune zu errichten. Wer sich an dem Wild vergriff, konnte getötet werden. Im Jahre 1590 erhielt der Förster MATHES KLUGE aus Mittweida von CHRISTIAN I. 100 Gulden für das Erschießen eines Wilddiebes. Der Fürst erließ 1588 den Befehl, allen Bürgers- und Bauernhunden im Land Holzknüppel vorzuhängen, damit sie kein Wild hetzen könnten. Danach befahl er, daß Hunden, die mit auf die Felder genommen werden, vorher eine Vorderpfote abzuhauen sei.

Die Parforcejagd

„Par force" bedeutet, etwas „mit Gewalt" erreichen zu wollen. Die Parforcejagd ist eine Reiterjagd im Verein mit einer Meute von Hunden. Sie kam im 11. Jahrhundert in Frankreich auf. Im 13. Jahrhundert ist von „Venecerie" (vener = jagen, hetzen) die Rede. Der Begriff Parforcejagd wurde später gebräuchlich. Im 15. Jahrhundert erreichte diese Art zu jagen bereits eine Blütezeit. Die deutschen Fürsten übernahmen die Parforcejagd und gestalteten sie gleichfalls zu Hoffesten. Sie bedingte einen großen Aufwand an Pferden und auch an Hunden.

Die Meute der Parforcehunde zählte etwa 50 bis 100 Tiere. „Par force" konnten verschiedene Wildarten gejagt werden: Hirsche, Bären, Wölfe, Dachse, Füchse, Hasen und Wildschweine. Die Engländer bevorzugten die Hetzjagd, Hunting at force, auf den Fuchs. Die deutschen Fürsten bevorzugten den Hirsch als Jagdobjekt. Parforce-

Suche der Hirschfährte mit dem Leithund.
Aus der Pariser Handschrift des Jagdhundebuches
von Gaston Phöbus

jagden auf Schwarzkittel gab es am preußischen Hof noch im 19. Jahrhundert. In der Zeit vom 16. bis 18. Jahrhundert wuchsen mit der Ausübung der Parforcejagden die Hundebestände der Fürsten an. AUGUST DER STARKE ließ 140 Hunde zur Jagd auf Hirsche und 50 Hunde zur Jagd auf Hasen halten, wofür jährlich 2889 Reichstaler und 14 Groschen – allerdings nur für die Zeit der Jagd berechnet – zu Buche standen. In der übrigen Zeit galten Zwangsverpflichtungen zur kostenlosen Pflege und Haltung dieser Tiere. Der in der zweiten

Hälfte des 18. Jahrhunderts lebende und seinen Zwergstaat regierende Herzog von Zweibrücken hielt mehr als tausend Hunde, die auf dem Karlsberg über der Stadt Homburg untergebracht und in militärische Formationen eingeteilt waren. Jeder dieser Hunde bekam eine Futterration von einem Pfund Fleisch und drei Pfund Brot. Über alles, was diese Tiere betraf, wurde Buch geführt und täglich darüber Bericht gegeben.

In Mecklenburg wurde unter FRIEDRICH WILHELM (1692 bis 1713) die Parforcejagd eingeführt und dazu die erforderliche Zahl von Pferden und Hunden aus England. FRIEDRICH AUGUST II., Kurfürst von Sachsen, als König von Polen AUGUST III., 1696 geboren, Sohn AUGUSTS DES STARKEN, hielt Hunde für jede Wild und Jagdart, so Leit-, Lancier-, Schweiß-, Hetz-, Hirsch-, Hasen-, Hühner-, Biber-, Otter-, Dachs-, Pirschhunde, Bärenbeißer und Hunde für die Sauenjagd. Auerhahn- und Fasanenbeller, wie auch Schießhunde und Windspiele gehörten zum fürstlichen Jagdhundebestand. Die Hunde der Fürsten wurden auf Leistung selektiert. Rassestandards gab es noch nicht. Jedoch waren die begrenzten Populationen fürstlicher Hundemeuten die Vorläufer der modernen Rassehundezucht.

Der Hundejunge

Die fürstlichen Hundemeuten bedurften der Wartung und Pflege, die Hundejungen ausübten. FLEMING (1719) gibt Aufschluß über das Leben eines solchen Jungen: „Der Hundejunge soll nicht gleich das Maul hängen lassen, wenn es etwa ab und zu ein paar Ohrfeigen setzen sollte, maßen ein solcher Junge nicht gleich daran stirbt. Er soll zeitlich morgens das Futter für die Hunde zurechtmachen, den Stall reinigen, ihn mit frischem Stroh bestreuen. Sollte sich aber ein solcher Junge auf die faule Haut legen und etwa gar vor der Zeit trinken und spielen lernen, lange schlafen usw., so ist es nur billig, wenn er von den Vorgesetzten mit der Hetzpeitsche aus dem Bett und zur Ordnung getrieben wird."

Der Herzog von Zweibrücken bezeichnete seine Hundejungen als

Jägerburschen, womit sich aber kein Vorteil verband. Auch sie regierte die Hetzpeitsche. Außerdem mußten sie bei Verfehlungen mit dem Abschneiden der Haare rechnen oder wurden gar ins Gefängnis gesteckt. Die Arbeit als Hundejunge galt für Jugendliche aus ärmlichen Verhältnissen als eine Berufschance, an die Bedingungen geknüpft waren: fleißiger Schulbesuch und die Abstammung von christlichen Eltern.

VII
Wolf und Hund
in der Mythologie, Sage
und Erzählung

Kriegsgott Mars im Hundegespann (Bildausschnitt).
Holzschnitt von Georg Pencz, um 1530

Beschützer
vor bösen Geistern

Eine hohe Wertschätzung genoß der Hund bei den alten Persern. In der altpersischen AVESTA (Gesetz, heiliger Text) bzw. ZENDAVESTA (= ZEND-AVESTA; ZENTA = Kommentar oder Randglosse, die Priester dem heiligen Text zufügten) werden Tiere des bösen Geistes und Tiere des guten Geistes unterschieden. Für die Perser, besonders für die Priester, war es eine der wichtigsten Pflichten, die Tiere des bösen Geistes zu vertilgen. Tiere des guten Geistes zu töten, absichtlich oder unabsichtlich, mußte mit schweren Bußen gesühnt werden. Hunde zählten zu den Tieren des guten Geistes. Nach dem Vendidad, dem ältesten Teil der persischen Religionsschrift Zendavesta, besteht die Welt als Folge des Verstandes der Hunde.

Alle diese mythischen Vorstellungen brachten den Hund in ein hohes Ansehen, das auch in folgendem zum Ausdruck kommt: „Die Seelen dessen, der einen Hirtenhund, einen Haushund, einen dressierten Hund tötet, geht aus der Welt voll Bangen und Angst wie ein Wolf in einem alten tiefen Wald." Die Straße zum Jenseits, zur Unterwelt, bewachten Hunde. Sterbende Perser trachteten danach, nochmals einem Hund in die Augen zu schauen, um diesen Blick gegenüber bösen Geistern auf dem Weg ins Jenseits als Schutzhandlung reflektieren zu können. Andererseits beweisen die mythischen Vorstellungen der Perser über den Hund, daß er von ihnen als Haustier hochgeschätzt wurde. Demzufolge mußte er sich ihnen seit langer Zeit als ein nützliches Tier erwiesen haben. Die hohe Wertschätzung des Hundes begründete sich auf seine Kampfbereitschaft zur Verteidigung der Viehherden. Als der Islam mit Feuer und Schwert im 8. Jahrhundert in Persien Einzug hielt und die alte Staatsreligion zum Sturz brachte, zogen Anhänger der alten Lehre bis nach Indien. Ihre Nachkommen, Parsen genannt, blieben Anhänger der alten Lebens- und Glaubenssätze bis in unsere Zeit, unterlagen selbstverständlich auch indischen gesellschaftlichen Einflüssen. Heute sind sie größtenteils in Bombay ansässig.

Hunde soll jeder Gläubige halten

Die Glaubensniederschrift des persischen Religionsstifters ZARATHU-STRA *(griech. Zoroaster)* bzw. die bereits erwähnten Kommentare dazu, das *Zend-Avesta (Zendavesta),* zählen zu den ältesten Religionsurkunden der Menschheit. Sie geben gleichzeitig Einblick in die Verwendung des Hundes zu diesen Zeiten. „Also spricht Ahura-Mada, die Gottheit des Lichtes, der weiseste Herr: Wächter für Mensch und Vieh ist der Hund im irdischen Sein. Wenn es den Schäferhund nicht gäbe, man hätte kein einziges Schaf aufziehen können. Und nie stände dein Haus fest gefügt auf der Erde, die ich schuf, wenn der Hofhund nicht wäre [...]."

Diese Worte, zwar religiös verbrämt, entspringen nicht einer religiösen Schwärmerei. Sie sind auch kein willkürliches Gebot eines mächtigen Herrschers, der sein Volk auf seine Interessen und Launen festlegen will. Vielmehr entsprechen diese Worte den Lebensverhältnissen der Hirten, Viehzüchter und möglicherweise auch Akkerbauern der damaligen Zeit. Im Leben dieser Menschen muß der Hund bereits eine beachtliche Rolle gespielt haben. Um die Bedeutung des Hundes eindringlich jedem nahe zu bringen, seine Eigenschaften und Fähigkeiten hervorzuheben, heißt es in der Zendavesta, seien in einem einzigen Hund acht Menschen vereint. Der Hund sei „ein Priester, denn er ist glücklich bei geringer Kost wie ein Priester, ein Krieger, denn er schützt dich und wehrt sich wie ein Krieger, ein Hirte, denn er wacht über dein Vieh wie ein Hirte, ein Knecht, denn er gehorcht deinem Wink wie ein Knecht, ein Dieb, denn er ist mit der Nacht vertraut wie ein Dieb, ein Geisterbeschwörer, denn sein Bellen vertreibt des Nachts die Dämonen wie das Wort eines Geisterbeschwörers, eine Dirne, denn er läuft dem anderen Geschlecht nach und verrichtet seine Notdurft am Wege wie eine Dirne, und ein Kind, denn wenn er schläft, streckt er die Zunge heraus und träumt laut wie ein Kind."

Dieser Aufzählung der Vorzüge des Hundes folgt eine Begrün-

163

Kerberos mit Pluton,
Antike römische Statue

dung, für ihn wie für einen Menschen verantwortlich zu sein und ihn wie einen Menschen zu behandeln, sogar wie einen nahestehenden und hochgeehrten Menschen. Die weitere Empfehlung muß man als einen Leitfaden – mutmaßlich den ersten in der Menschheitsgeschichte – zur Hundehaltung werten: „Dem Schäferhund sollst du täglich Speise und Trank geben, dreimal im Sommer und zweimal im Winter. Dem Hofhund sollst du täglich Mehlsuppe bringen, Speck und Fleisch, denn er wacht für dich und kann sich nicht um Nahrung kümmern, und er ist angebunden, und darum der Ärmste unter den Armen. Dem Haushund aber, der deine Stube mit dir teilt, gib das gleiche, was du selber ißt, so bleibt er dir treu." Und das Gebot lautet: „Hunde soll jeder Gläubige halten!" Die Zendavesta ist Zeugnis einer bereits spezialisierten Verwendung des Hundes zur Zeit ihrer Niederschrift. Dabei ist zu erkennen, daß von einer längst üblichen Hundehaltung geschrieben wird, die in Zeiten zurückreicht, die von den damals lebenden Menschen nicht zu überschauen waren.

Der Hinweis auf einen spezialisierten Einsatz von Hunden sagt nichts aus über eine gleichermaßen spezialisierte Leistungszucht, von einer Rassehundezucht, wie wir sie verstehen, gar nicht zu reden. Die Leistungsanforderungen deckten sich mit den Voraussetzungen, für jede der drei Aufgaben – Beschützer der Herde, Bewacher des Hauses und Begleiter des Menschen – geeignet zu sein. Später erfolgte die jagdliche Verwendung. Sicherlich gab es einzelne Hunde, die körperlich zurückblieben oder sich im Verhalten nicht für ihre Aufgaben eigneten. Aber diese individuellen Besonderheiten fielen noch nicht ins Auge, wurden noch nicht zum Problem, zum Anstoß für eine Leistungszucht. Ebensowenig dürften Hunde mit besonderen Leistungen aufgefallen sein, und wenn schon, erfaßte man dies nicht als ein selektives Merkmal für die Zuchtwahl nach Leistung. Zu gegebener Zeit mußte selbstverständlich der spezialisierten Verwendung von Hunden die Zuchtwahl nach Leistung folgen, selbst wenn bis dahin noch Jahrhunderte vergehen sollten.

Kerberos –
der Höllenhund

In alten Religionen war der Glaube verwurzelt, mit dem Ableben eines Menschen steige dessen Seele hinaus in die Unterwelt, wo sie als Schatten ein untätiges aber auch freudloses Dasein führe. Die Griechen nannten diesen Ort Hades. Wir können dieses Wort mit Hölle gleichsetzen, obwohl im engeren Sinne damit nur der Teil der Unterwelt benannt sein dürfte, in dem die Seelen der Bösen zur Besserung eingewiesen sind. Die Griechen benannten diesen Teil der Unterwelt Tartaros.

Der Gott der Unterwelt war in der griechischen Mythologie PLUTON. Er wurde meist sitzend dargestellt, mit Zepter und Schale als Zeichen seiner Herrschaft, ihm zur Seite Kerberos, der Höllenhund. Dieses Tier galt als vielköpfig, ist auf Bildern mal mit zwei und auch mal mit drei Köpfen zu sehen. „Schlangenhaarig" wurde er bezeichnet. Auf einem Bild, wo er neben Pluton sitzt, windet sich eine Schlange um ihn; seine Rute war nicht die eines Hundes. Er wollte in allem furchtbarer als ein gefürchteter Hund sein. Und wenn der Kerberos bellte, sollte die Unterwelt, die er bewachte, erzittern. Er ließ jedermann in sie hinein, aber niemanden wieder heraus. Sein Platz lag vor dem schauervollen Palast Plutons.

Kerberos galt als unüberwindbar; aber das unmöglich Erscheinende wurde in der Sage durch die Kraft und die List eine Helden möglich, der in der besonderen Gunst des Zeus stand – Herakles. Ihm waren zwölf Aufgaben gestellt, die höchste Anforderungen an Mut, Kraft und Kampfeswillen stellten. Der Lohn für die Lösung dieser Aufgaben war die Unsterblichkeit. Das letzte und verwegenste dieser Abenteuer war die Entführung des Kerberos aus der Unterwelt. Beim Vorgebirge in Tänaron in Lakonien stieg Herakles, begleitet von Hermes und Athene, in die Unterwelt hinab. Nach mancherlei Erlebnissen gelangte er zu Pluton, dem Herrscher der Unterwelt, und damit dem unerbittlichen und unversöhnlichen Feind allen Lebens.

166

Wahrscheinlich weil Pluton wußte, daß Zeus mit den zwölf Aufgaben besondere Absichten verfolgte und kein Interesse hatte, sich mit der höchsten Gottheit anzulegen, gab Pluton den Kerberos dem Herakles preis – unter folgender Bedingung: Der Held durfte sich nur ohne Waffen des Untieres bemächtigen. Das aber schien eine gänzlich unlösbare Aufgabe zu sein. Aber jetzt kam List mit ins Spiel. Orpheus besänftigte den Höllenhund mit der Macht sanfter Töne aus einer Leier. Auf diese Weise gelang es Herakles, den gefürchteten Kerberos zu überrumpeln und mit der Kraft seiner Arme zu bezwingen und gefesselt an die Oberwelt zu schleppen.

Die Sage vom Kerberos spiegelt, wenn auch mythologisch überzeichnet, die hohen Leistungen griechischer Wach- und Kampfhunde wider. Daß griechische Hunde in Schlachten eingesetzt wurden, ist anhand von Knochenfunden in athenischen Kriegsgräbern belegt.

In Gestalt eines Hundes
oder Schakals

Wie in der griechischen so gibt es auch in der ägyptischen Mythologie eine Unterwelt. Anubis, ein Gott in der Gestalt eines Schakals oder Hundes, später als Mensch mit Schakalkopf, ist der Wächter der Totenstädte. Er ist ein Gott, der die Seelen in die Unterwelt begleitet und dort zusammen mit Horus ihre Taten abwägt. Er ist auch der Gott der Fahrten und Reisen, und so obliegt es ihm auch, den Menschen auf seinem letzten Gang in die Unterwelt zu begleiten. Damit ist sein Tun vergleichbar mit dem, was die Perser von ihren Hunden erwarteten. Hauptort seiner Verehrung war Kynopolis (Mittelägypten), was soviel wie Hundestadt bedeutet.

Die Verehrung, die der Hund bei den alten Ägyptern genoß, war so groß, daß manche einbalsamiert und an besonders geweihter Stelle beigesetzt wurden. Eine große Zahl von mumifizierten Hunden fanden sich in den Katakomben der alten Ägypter.

„LUDWIG BECKMANN besaß die Mumie eines ägyptischen Schoßhündchens, deren äußere, aus asphaltiertem Stoff hergestellte Hülle wie ein zylindrische Puppe mit aufgesetztem Kopf und hochaufgerichteten Ohren erschien, anscheinend dem wirklichen Kopf des Hündchens nachgebildet.

Von PYTHAGORAS berichtet die Chronik, daß er nach seiner Rückkehr aus Ägypten eine neue Sekte in Griechenland und zu Croton in Süditalien gründete und nach dem Vorbild der ägyptischen Philosophen lehrte, daß die Seele des Menschen nach dem Tode durch verschiedene Tiere wandern müsse; kein Tier hielt nun PYTHAGORAS geeigneter als den Hund, um die Tugenden der Verstorbenen fortleben zu lassen.

So sehr das alte Ägypten den Hund fast als Gottheit verehrte, so grenzenlose Verachtung des Hundes findet sich bei den modernen Ägyptern. Zu Füßen altägyptischer Baudenkmäler, deren Wandflächen mit zahlreichen Abbildungen gepflegter Hunderassen geschmückt sind, rudeln sich Scharen halb verhungerter räudiger Vierfüßler des Hundegeschlechts – die Pariahunde –, die ängstlich in der mohammedanischen Bevölkerung gemieden werden, welche sich schon bei der geringsten Berührung mit dem Hund verunreinigt glaubt" (ILGNER, 1904).

Tierverehrung

Tierverehrung gab es bereits in der Frühgeschichte der Menschheit. Hierzu zählt auch der Bärenkult, der zum Beispiel in Bräuchen sibirischer Jäger bis in unsere Gegenwart lebendig geblieben ist.

Die ägyptische Mythologie sprach viele Tiere heilig, jedoch war die ägyptische Tierverehrung nicht einheitlich. Stier, Hund, Katze, Ibis, Storch und einige Fische wurden allgemein verehrt, Widder, Wolf, Löwe, Spitzmaus, Adler, Krokodil nur in einigen Bezirken. Manche Tiere verehrte man an dem einen Ort und verabscheute sie anderswo.

Das vorsätzliche Töten eines heiligen Tieres hatte zumeist die Todesstrafe zur Folge. Unvorsätzliche Tötungen wurden mit einer

Geldstrafe geahndet – aber nicht in jedem Falle. Wer eine Katze tötete oder einen Ibis, verschuldet oder unverschuldet, konnte sein Leben verwirkt haben. Erblickte ein Ägypter plötzlich irgendwo ein totes heiliges Tier, blieb er wie angewurzelt stehen und beteuerte laut wehklagend seine Unschuld.

Von DIODOR (Diodorus Siculus) können wir erfahren, daß ein Römer umgebracht wurde, weil er eine Katze getötet hatte, obwohl sich zu dieser Zeit Ägypten unter römischer Herrschaft befand. Ein Bericht von HERODOT gibt uns einen tiefen Einblick, wie die Ägypter zu ihren heiligen Tieren standen. Bei einer Feuerbrunst trugen die Ägypter weit mehr Sorgen für die Rettung der Katzen als für das Löschen des Brandes, und wenn eine Katze in die Flammen stürzte, wurde großes Wehklagen erhoben. Starb in einem Haus eine Katze, so schoren sich dessen Bewohner die Augenbrauen; starb ein Hund, schor man sich den ganzen Leib und den Kopf kahl.

Der Werwolf in der Antike

Der Wolf als Inkarnation des Bösen, gefürchtet, verachtet, gehaßt und verfolgt, läßt sich nicht aus dem Schaden, den er im Mittelalter verursacht haben soll, erklären. Der mittelalterliche Mystizismus traf den Wolf nachhaltig und schaffte ein Zerrbild über ihn, das bis heute die Einstellung des Menschen zu ihm entscheidend mitbestimmte. Man glaubte an Werwölfe, in Wölfe verwandelte Menschen, und Wölfe, die sich in Menschen verwandeln konnten. Diese Vorstellungen übernahm man aus dem Altertum. Kunde darüber erhalten wir zum Beispiel von GAIUS PETRONIUS ARBITER, Günstling NEROS, der wegen angeblicher Teilnahme an einer Verschwörung sich 60 u. Z. zum Selbstmord gezwungen sah. Sein umfangreiches Werk „Satiricon", von dem nur ein Teil erhalten ist, stellt ein geistreiches, kritisches und auch satirisches Sittengemälde der frühen römischen Kaiserzeit dar. In Beschreibung des Gastmahls beim fetten und unermeßlich reichen Freigelassenen TRIMALCHIO läßt er nicht nur den Hausherren mit seinem faden Witz, seinen Pöbeleien und seiner

Selbstverherrlichung zu Worte kommen, sondern auch Gäste. Sie sind nicht so reich wie der Gastgeber, aber in ihrer Geisteshaltung um nichts besser. Und wenn der römische Dichter PETRONIUS solch eine Gestalt über ein Erlebnis mit einem Werwolf sprechen läßt, so ist das kein Bekenntnis zum, sondern eine Kritik an diesem Aberglauben, der wohl im Volke auch nicht tief saß.

Das weitere Gespräch beim Gastmahl des TRIMALCHIO zeigt bereits, was von der Erzählung zu halten ist: „Alle wünschten sich Gesundheit und Wohlergehen. TRIMALCHIO wandte sich zu NICEROS und meinte: ‚Sonst warst du bei Tisch immer unterhaltsamer. Ich staune, daß du heute so schweigsam bist und keinen Mucks von dir gibst. Wenn du mir einen Gefallen tun willst, so erzähle uns doch bitte eines von deinen Erlebnissen.‘ NICEROS, durch die Leutseligkeit seines Freundes geschmeichelt, erwidert: ‚Ich wäre nicht mehr wert, ein gutes Geschäft zu machen, wenn mein Herz nicht vor Freude springen würde, weil ich dich so wohl antreffe. Gut, ich will etwas recht Lustiges erzählen. Ich fürchte zwar, die gelehrten Herren dort werden über mich lachen, aber mögen sie lachen, ich erzähle trotzdem. Was macht es mir schon aus, wenn sie lachen? Es ist immer noch besser, belacht als ausgelacht zu werden!‘"

Er erzählte folgende Geschichte: „Als ich noch Sklave war, wohnten wir in einer engen Gasse […]." Es folgt die Beschreibung der Liebe des Erzählers zur Frau des Gastwirtes TERENTIUS, der schließlich auf seinem Landgut verstarb. Sein Wille, die Frau aufzusuchen, wurde begünstigt durch eine Reise seines Herrn nach Capua. NICEROS, Sklave seines Herrn, verfügte jetzt über Freizeit und einen eigenen Ermessensspielraum: „Diese günstige Gelegenheit griff ich beim Schopfe; ich überredete einen unserer Gäste, mich bis zum fünften Meilenstein zu begleiten. Er war Soldat und fürchtete weder Himmel noch Hölle." Er war noch mehr, wie wir gleich sehen werden – er war ein Werwolf. „Beim ersten Hahnschrei machten wir uns auf den Weg, der Mond schien taghell. Als wir an den Gräbern vorbeikamen, ging mein Begleiter zu einer Grabsäule hin, um dort sein Geschäft zu verrichten. Ich hatte mich niedergesetzt, sang aus Leibeskräften und zählte die Grabsteine. Wie ich mich nach ihm umsehe, da hat er sich splitternackt ausgezogen und alle seine Sachen an den Wegrand ge-

Der Höllenhund Kerberos.
Ausschnitt aus dem Bildnis der Unterwelt auf einer apulischen Vase,
einem Tarentiner Prachtgefäß

legt. Mir stockte der Atem, und ich stand wie erstarrt. Er aber pißte einen Kreis um seine Kleider und verwandelte sich in einen Wolf."

Der Soldat also ein Werwolf, und der Erzähler in Gemeinschaft mit ihm. Eine Geschichte, nicht ernst zu nehmen, und dies umso deutlicher, da die Unwahrheit bestritten wird: „Ich will euch wirklich nicht zum Narren halten, ich lüge nie, und wenn man mir noch soviel Geld bieten würde. Doch wo war ich stehengeblieben? Als er sich nun in einen Wolf verwandelt hatte, fing er an zu heulen und floh in die Wälder. Ich wußte erst nicht, wo ich war, dann kam mir der Gedanke, seine Kleider mitzunehmen – sie waren zu Stein geworden. Ich zog mein Schwert und hieb während des ganzen Weges auf Gespenster ein, bis ich zum Hause meiner Freundin gelangt war. Totenbleich kam ich an, ich hatte mir fast die Seele aus dem Leib gelaufen,

171

der Schweiß rann mir nur so den Rücken hinunter, mir wurde schwarz vor Augen – ich konnte mich kaum erholen. Meine Melissa wunderte sich, daß ich so spät in der Nacht kam. ‚Wenn du früher gekommen wärst, hättest du mir helfen können‘, sagte sie. ‚Ein Wolf ist in den Hof eingebrochen und hat das Vieh angefallen, wie ein Fleischer hat er den Tieren das Blut auslaufen lassen. Er hat aber seine Strafe bekommen, wenn er auch entwischt ist. Ein Sklave hat ihm nämlich mit der Lanze den Hals durchbohrt.‘"

Der Zusammenhang ist leicht zu erraten. Der Soldat in Gestalt eines Wolfes auf einem Beutezug, verwundet und davongejagt von einem mit einer Lanze bewaffneten Sklaven. Der Werwolf in seinem Verhalten wie ein gewöhnlicher Wolf. Es gingen keine größeren, mystisch übersteigerten Gefahren von ihm aus. So muß man die Erzählung verstehen. Und was geschah weiter mit dem Werwolf? „An der Stelle, wo die Kleider zu Stein geworden waren, fand ich nur noch eine Blutlache. Zu Hause aber lag der Soldat im Bett und blutete wie ein Ochse, ein Arzt behandelte seine Halswunde. Mir wurde klar, daß er ein Werwolf war. Und fortan konnte ich keinen Bissen Brot mehr mit ihm teilen, auch wenn man mich totgeschlagen hätte." Und zum Ausklang der Erzählung diese Worte: „Haltet davon was ihr wollt; wenn ich euch was vorgelogen habe, so nehme ich den Zorn eurer Schutzgötter auf mich."

Wenn PETRONIUS nunmehr den TRIMALCHIO die Worte sprechen läßt: „Ihr könnt es mir glauben, während der ganzen Geschichte standen mir die Haare zu Berge. Ich kenne doch NICEROS, der erzählt keine erlogenen Schauergeschichten. Ihm kann man glauben, er ist alles andere als ein Schwätzer" – wird die Satire des Gesamtwerkes einmal mehr verdeutlicht. Bemerkenswert, daß eine Hexengeschichte folgt, phantastisch, etwas gruslig, unterhaltsam und ebenso unglaubwürdig vorgetragen.

Der römische Schriftsteller machte sich in seinem Werk „Satiricon" über den Werwolf- und Hexenglauben lustig. Im Mittelalter jedoch nahm dieser Glaube ernste Formen mit entsprechenden Auswirkungen an.

Mystizistische Vorstellungen über Wölfe im Mittelalter

Im Mittelalter wurde der Wolf verteufelt, die Existenz von Werwölfen nicht im mindesten angezweifelt; Wolf und Werwolf in den Mystizismus des Hexenglaubens mit einbezogen. „Die in der Antike nur sehr vage Vorstellung von Werwölfen erlebte jetzt eine Blütezeit. Werwölfe waren in Wolfsfellen steckende Menschen, die, wohl häufig unter Einfluß von Drogen, vampirähnlich Menschenraub begingen oder Menschenopfer brachten. Ihre Existenz wurde im Mittelalter nicht bezweifelt. Man wußte nur nicht, was sie nun wirklich waren: Menschen oder Wölfe. Ähnlich wie die vom Teufel Besessenen oder die Hexen sollen auch die gestellten Werwölfe selber von ihrer Abnormalität überzeugt gewesen sein. Auf zeitgenössischen Darstellungen hängen in menschliche Kleidung gesteckte Wölfe am Galgen" (Zimen, 1978).

Werwolf (Wärwolf, Mannwolf); der meistverbreiteten Sage nach ein Mann, der Wolfsgestalt annimmt. Schon bei den Skythen fand sich der Glaube, daß einzelne Menschen sich alljährlich auf einige Tage in einen Wolf verwandelten. Wahrscheinlich kamen die Griechen mit diesem Glauben in Berührung. Die Römer, nicht frei von diesem Aberglauben, hatten für Menschen, die sich angeblich in Wölfe verwandeln konnten, die Bezeichnung Versipelles, Wendehäuter. Der Glaube an Werwölfe war im Mittelalter weit verbreitet; keltische, slawische, germanische und romanische Völkerschaften waren von ihm erfaßt. Nach den ältesten germanischen Vorstellungen mußte man sich einen Wolfsgürtel umlegen oder ein Wolfshemd überwerfen, um sich in einen Wolf verwandeln zu können. Ein solcherart verwandelter Mensch glich dann in Aussehen, Wildheit und Stimme einem Wolf. Nur eine abgestumpfte Rute bot noch eine Unterscheidungsmöglichkeit vom echten Wolf. Ein sich in einen Wolf verwandelnder Mensch konnte sich erst nach zehn Tagen in einen Menschen zurückverwandeln – vorausgesetzt, die menschliche Bekleidung hatte niemand beiseite geschafft.

Nach alten dänischen Glaubensvorstellungen konnten Menschen auch durch die Geburt zum Werwolf bestimmt sein. Tagsüber besaßen sie menschliche Gestalt, und nur zu gewissen Zeiten in der Nacht verwandelten sie sich in Wölfe. Derjenige, der sie dabei überraschte und als „Wolf" ansprach, befreite sie von dem wölfischen Zweitleben. Der Werwolfglauben berührte den unter südslawischen, rumänischen und griechischen Völkerschaften bestehenden Vampir-Volksglauben.

Mittelalterlicher Mystizismus brachte Wölfe in Verbindung mit Teufelsvorstellung. Die Folge davon war, daß der Haß gegenüber Wölfen, vom Aberglauben genährt, nicht den realen von Wölfen ausgehenden Gefahren entsprach.

Einem Vampir gleich galt das Wesen eines Werwolfes im Glauben südslawischer Völker nachweislich bis ins 18. Jahrhundert, möglicherweise auch noch bis ins vorige Jahrhundert. Uralte Furcht vor der Wildheit der Wölfe kommt in diesem Volksglauben zum Ausdruck.

Wölfe verfolgen Sonne und Mond

Das Unvermögen der Menschen früherer Zeiten, Naturereignisse in ihrer Gesetzmäßigkeit zu erkennen, ließ diese ihnen als Willenshandlungen von Gottheiten erscheinen. Besonders beeindruckend müssen Erdbeben, Vulkanausbrüche und Gewitter gewesen sein. Ursprünglich galt die Unterwelt als ein Ort mit starkem Frost und körperlichen Qualen, wie sie sich in einer Kältezone ergeben. Mit dem Aufkommen des Christentums wurde auch die Konfrontation mit Vulkanausbrüchen neu gedeutet. Die abendländische Christenheit wähnte in Vulkanausbrüchen das Toben der Hölle zu sehen und glaubte, hinter allem stände die Wut teuflischer Dämonen. Damit erhielt die Vorstellung von der glutheißen Hölle das Übergewicht, und unter den christianisierten germanischen Völkerschaften verlor sich die Erinnerung an die Wasserhölle der Edda.

In der Deutung von Naturereignissen glaubten nordische Völker im Toben des Sturmes das Heulen von Wölfen zu hören, die es auf Sonne und Mond abgesehen hätten. Auch in der nordischen Mythologie sind die Sagen über Wölfe und Hunde Reflexe aus dem täglichen Erleben. Und wenn man gefährliche Tiere wie den Riesenhund Garm in die Götterwelt hineinstellt, ist das ein Beweis dafür, daß auch dort die Menschen bereits respekteinflößende bissige Hunde besessen haben.

Der Hund
in alter Rechtsprechung

Nach römischem Recht wurde das absichtliche Töten eines Verwandten (*Paricidium* = Verwandtenmord) mit Ertränken geahndet. Den Täter steckte man in einen Sack, zusammen mit einem Affen, einem Hahn, einer Schlange und einem Hund.

Die Strafe des Hundetragens soll von Karl dem Großen eingeführt worden sein. Sie wurde bei Landesfriedensbruch angewandt und als Schmach empfunden. Zu ihr verurteilte man aber nur Angehörige des Hochadels. Räudige Hunde dienten zum verschärften Strafvollzug. Waren Angehörige des niederen Adels in gleicher Weise straffällig, lautete der Spruch auf Katzentragen. Diese Strafart war hauptsächlich in Franken und Schwaben üblich. Im Jahre 938 wandte sie OTTO DER GROSSE gegen die Anhänger des Herzogs EBERHARD VON FRANKEN an.

Es gab eine große Zahl von Verfahren als Gottesgerichte bzw. Gottesurteile, sogenannte Ordalien (*Ordal* – Urteil). Mit ihnen sollte unmittelbar eine Gottheit zur Ermittlung von Schuld und Unschuld eingeschaltet sein. Gottesgerichte sind uns schon aus verschiedenen alten Kulturen bekannt, desgleichen aus dem Mittelalter. Als eine gewisse Aufklärung im Mittelalter einsetzte, trat an ihre Stelle die Tortur. Zu den Gottesurteilen zählte auch der Zweikampf.

Im Oktober 1371 sollen sich in einem der Palasthöfe des Pariser

Königsschlosses ein bewaffneter Adliger und ein Hund zum Gottesur-
teil gegenübergestanden haben. Anlaß dazu war das unerklärliche
Verschwinden des Ritters AUBRY DE MONTARGIS. Sein Hund fand den
Leichnam, der im Forst von Bondy bei Clichy verscharrt war. Als der
Hund den adligen Armbrustschützen MACAIRE ansprang, wurde er
der Tat verdächtigt. Ein Spruch KARL V. stellte ihn unter Gottesurteil. Im Zweikampf mit dem Hund unterlag MACAIRE, und seine
Schuld galt erwiesen. Mit einem Speer bewaffnet soll MACAIRE den
Kampf aufgenommen und der Hund den Ritter niedergeworfen haben, der in Todesangst seine Tat gestand. Am nächsten Tag sei er
hingerichtet worden. Aber auch davon ist die Rede, daß der Zweikampf auf der Seine-Insel Notre Dame stattgefunden habe. Als der
Hund MACAIRE niederriß, sei er für schuldig befunden und noch am
gleichen Tage enthauptet worden. Eine weitere Version: Der Hund
war bei dem Mord zugegen. So oft er in die Nähe MACAIRES kam, fiel
er diesen an. Der schon bestehende Verdacht wurde dadurch erhär-
tet. So kam es zum Gottesurteil. MACAIRE trat mit einer Keule bewaffnet zum Kampf an. Er unterlag dem angriffswütigen Tier und gestand sterbend sein Verbrechen. Ein Deckengemälde in einem alten
Schloß zwischen den Städten Montargis und Nemours zeigt MACAIRE
im Panzerhemd mit einem Prügel bewaffnet und durch ein Schild geschützt. Dem Hund wurde eine liegende Tonne als Schutz gewährt.

Dieses Geschehen läßt sich aus unserer heutigen Sicht nicht mehr
genau klären. Es regte aber mehrmals zu künstlerischem Umsetzen
an. Schließlich entstand ein Drama „Der Hund des Aubry", in dem
die entscheidende Rolle der Pudel Dragon des Wiener Schauspielers
RUDOLF KARSTEN spielte. Hauptsächlich wegen des Hundes kam es
bei allen Aufführungen zu einem großen Publikumserfolg. GOETHE
widersetzte sich einer Aufführung dieses Stückes am Hoftheater in
Weimar. Mit Genehmigung des Großherzogs KARL AUGUST wurde
am 12. April 1817 das Drama doch aufgeführt. GOETHE war ver-
stimmt und drückte seinen Unwillen in folgendem Vers aus: Dem
Hundestall soll nie die Bühne gleichen, und kommt der Pudel, muß
der Dichter weichen.

Eine Strafe besonderer Art sprachen Zar PETER DER GROSSE und
Zarin ANNA aus. Sie bestimmten den Fürsten GALIZYN, weil er im

Ausland die Religion gewechselt hatte, zum Hofnarren. Dem Fürsten WOLCHONSKI wurde seine Lustigkeit zum Verhängnis, denn auch er wurde aus diesem Grunde gleichfalls zu einem Hofnarren erklärt – verbunden mit dem Titel eines Aufsehers über die Windhunde der Zarin.

Hexenwahn und Hunde

Man hielt Hunde für fähig, Menschen aufzuspüren, die mit dem Teufel im Bunde stehen sollten. Dem Teufel schrieb man zu, sich auch in Gestalt eines schwarzen Hundes unter die Menschen zu begeben. Im Hexen- und Teufelsglauben spielte der Hund aber noch eine weitere Rolle. Die großen Hoftage des Teufels waren auf die Walpurgisnacht datiert.

WALPURGIS war eine Äbtissin, die im Jahre 778 verstarb und als Beschützerin vor Zauberkünsten verehrt wurde. Sie wurde zur Namensgeberin von vermeintlichen Hexen und Teufelszusammenkünften, über die in MEYERS KONVERSATIONSLEXIKON, Bd. 8, 1888 folgendes zu lesen ist: „Die Hexen verließen ihre Wohnungen auf Besen, Gabeln, Stöcken, Böcken oder Hunden und eilten im schnellsten Flug dem betreffenden Ort zu, wo der Teufel in Gestalt eines Bockes oder Menschen auf seinem Thron saß, die neuen Hexen feierlich aufnahm und einweihte, dann sich förmlich huldigen ließ, indem die Hexen nach einem Ringeltanz (Hexentanz) um seinen Thron einzeln nahten, um seinen Hintern zu küssen. Dann wurde aus mitgebrachten Würsten, Schinken etc. der reicheren Hexen hergerichtete Mahlzeit gehalten, und zuletzt endigte das Ganze damit, daß jede Hexe sich im stillen mit ihren Buhlteufel vergnügte." Im Morgengrauen nahmen die Hexen wieder die angeführten „Luftverkehrsmittel" in Anspruch, zu denen auch Hunde gehörten. Vordem hatte der Teufel eigenhändig jeder Hexe ein Zauberpulver ausgehändigt, mit dem sie alle die Bosheiten verüben konnten, die man ihnen zur Last legte.

Der Hexenwahn führte zu schrecklichen Konsequenzen. Inquisitionen durchzogen auf der Suche nach Hexen das Land. Wo sie auftauchten, traten Folterknechte in Tätigkeit, und Scheiterhaufen loderten. Die Zahl der Opfer der Hexenverfolgungen in europäischen Ländern wird auf etwa 9 Millionen geschätzt. Der Dominikanermönch JACOB SPRENGER ließ im 15. Jahrhundert allein an zwei Orten in Schwaben in kurzer Zeit 48 Frauen verbrennen. Am Ende des 16. Jahrhunderts verurteilte der Richter REMIGIUS in Lothringen 800 Frauen als Hexen zum Feuertod. Vergessen wir nicht, daß sich unter den Opfern der Hexenprozesse auch Kinder befunden haben.

Die Vermenschlichung
des Hundes

Seit undenklichen Zeiten übertragen Menschen ihre Empfindungen, ihr Fühlen und Denken auf Tiere, besonders auf Hunde. Da man geistige und sittliche Wertmaßstäbe des Menschen auf Tiere anwendet, wurde denen im Mittelalter wiederholt der Prozeß vor ordentlichen Gerichten gemacht. Der Hund ist aber kein verkleinerter Mensch, und es ist auch nicht möglich, sich in sein tierisches Dasein hineinzuversetzen. Wir können aber den Qualitätsunterschied zwischen den nervalen Leistungen des Menschen und denen des Hundes anhand wissenschaftlicher Erkenntnisse verdeutlichen und das Verhalten des Hundes in seiner Gesetzmäßigkeit erkennen.

Ein Hund entscheidet ebenso wie der Wolf nicht zwischen Gut und Böse und somit auch nicht zwischen Begriffen wie Mut und Feigheit. Auch Falschheit und Hinterlist sind Wolf und Hund – überhaupt allen Tieren – fremd. Wolf und Hund haben – gleich anderen Tieren – keine Einsicht in ihr Tun. 1921 erschien bereits in siebenter unveränderter Auflage das erstmals 1919 in Stuttgart herausgegebene Buch PAULA MOEKELS „Mein Hund Rolf – Ein rechnender und buchstabierender Airedale-Terrier". Und der Ehemann Dr. MOEKEL schrieb im Vorwort: „Allein wir sind überzeugt, daß in nicht allzu ferner Zeit die Wahrheit der von der Verfasserin mit starkem Willen verteidigten Sache zum Durchbruch gelangt."

Die . Moekels glaubten allen Ernstes, den Weg zur modernen Tierpsychologie gefunden zu haben: „Seit der Abfassung dieses Werkes sind schon mehrere Jahre vergangen. Die Bewegung zur Erforschung der Tierseele ist während dieser Zeit nicht zum Stillstand gekommen. An dieser Stelle möchte ich darauf hinweisen, daß es jetzt schon eine Reihe von rechnenden und buchstabierenden Hunden gibt, durch welche die hier mitgeteilten Aufzeichnungen vermöge ähnlicher Beobachtungen anderer Tierfreunde bestätigt worden sind." Protokolle, so ist weiterhin vermerkt, könnten denjenigen, die ein wissenschaftliches Interesse daran hätten, auf Wunsch zugestellt werden.

Frau Moekel hielt dem sitzenden Hund „beim Unterricht" ein Brettchen vor, auf das er mit seiner Pfote zu klopfen hatte. Die Klopfzeichen wurden gezählt und als Buchstaben, Worte, Sätze und Reden bzw. als Zahlen und Rechenoperationen gedeutet. Selbst Quadratwurzeln soll der Airedale-Terrier gezogen haben. Die Lehrtätigkeit der Frau Moekel bezog sich weniger auf eine Vermittlung von Kenntnissen über Fachgebiete, sondern vielmehr auf das Verfahren zum Abfragen vorhandenen hundlichen Wissens, auf die Kommunikation zwischen Mensch und Hund. Der Moekelsche Hund wußte schon alles. Woher er dies bloß alles hatte? Zumindest diese Frage hätten sich wissenschaftlich gebildete Menschen stellen müsen.

Im „Protokoll vom 4. März 1913" wurden als Zeugen eines Tests der hundlichen Leistungen benannt: Professor Dr. Kraemer, Professor Dr. H. E. Ziegler, Dr. Paul Sarasin. Letzterer bestätigte mit seiner Unterschrift die Richtigkeit des Protokolls. (Ein damit übereinstimmender Bericht wurde von Professor Dr. Kraemer in „Mitteil. d. Ges. f. Tierpsychologie", 1913, S. 26 ff., und in „Die Seele des Tieres", Berlin 1916, S. 83 ff.) veröffentlicht.

Im Jahre 1914 unterschob die Familie Moekel ihrem Hund, er habe beim Fall Antwerpens große Freude gezeigt. Und Moekels weiter: „Nachdem sich die erste Freude gelegt hatte, setzte er sich und klopfte: iedsd baris = jetzt Paris".

Ein Hund mit solch einer kriegerischen Gesinnung mußte natürlich selbst zu Taten schreiten wollen. Auch daran fehlte es, wie protokollarisch festgehalten, nicht: „Lol mit lieb Soldaten wollen in Krieg,

Kaiser brauchen Hundel. Lol kann helfen viel, du sein dumm von wegen nicht lassen Lol in Krieg". Dazu wurde noch vermerkt: „Wahrscheinlich dachte er an die Leistungen der Sanitätshunde, von welchen er wohl hatte sprechen hören."

Von allen Besitzern angeblich sprechender Hunde konnten die MOEKELS für sich in Anspruch nehmen, das Unmögliche am weitesten auf die Spitze getrieben zu haben. Die angeblichen Denkleistungen des Moekelschen Hundes stehen nicht über dem von Artisten ausgeführten Trick, Hunde auf ein Zeichen bellen und wieder verstummen zu lassen: Zur Täuschung der Zuschauer werden an den Hund Fragen gerichtet, ob er die Zahl an der Tafel lesen könne, welche Zahl es sei und wieviel die Addition von zwei Zahlen ergebe. Meist ist es der erhobene Zeigefinger, der erhobene Stock, der das Bellen auslöst. Es genügt, augenscheinlich erfreut über die richtige Antwort die Hand oder den Stock zu senken, und Schluß ist es mit dem Bellen. Ein Hund kann sogar darauf eingestellt sein, auf das Hochziehen der Augenbrauen seines „artistischen Tierlehrers" mit den erwarteten Leistungen zu reagieren.

Was die angeblichen erstaunlichen Denkleistungen und das sprachliche Ausdrucksvermögen des Moekelschen Hundes betrifft, waren die MOEKELS und alle Mitunterzeichner des Protokolls Opfer ihrer Voreingenommenheit bzw. Unkenntnis über den bereits damaligen Stand der modernen Verhaltensforschung. Der Hund klopfte mit der Pfote, weil ihm das anerzogen wurde. Er klopfte gewissermaßen auf Befehl, auf ein Zeichen. Die Protokolle enthalten Bemerkungen, daß der Hund, wenn er sich widersetzlich zeigte, Ermahnungen oder Drohungen erhielt und auch mit der Peitsche gezüchtigt wurde. Weil von dem Tier Unmögliches verlangt wurde, verfiel es in die sogenannte Demutshaltung als Ausdruck der Unterwerfung. Das Tier warf sich nieder, hielt den Kopf zur Seite und bettelte mit der Pfote. In der Wiederholung wurde das zu einer Übung, die in der Leistung mündete, auf einen Lese- oder Rechenbefehl mit der Pfote zu schlagen und beim Aufblicken von Frau MOEKEL oder einem anderen Zeichen in Verbindung mit der Beendigung ihres angespannten Denkens, die Pfote wieder ruhig zu halten.

Die Vermenschlichung des Hundes ist kein abgeschlossenes Kapi-

Aktäon, griechischer Heros,
von der Göttin Artemis in einen Hirsch verwandelt,
wird von seinen eigenen Hunden zerrissen.

tel. Es gibt – neben den angeblich sprechenden Hunden – dafür noch viele andere Beispiele.

Die Lernleistungen eines Hundes beschränken sich auf die passive Anpassung an Erscheinungen der Umwelt. Aus unangenehmen wie angenehmen Erfahrungen zieht der Hund seinen Nutzen. Dazu ein Beispiel: Ein Stubenhund hat sich daran gewöhnt, seinen Platz auf der Couch zu haben. Die Couch wird neu gepolstert. Danach soll es dem Hund nicht mehr gestattet sein, diesen Stammplatz einzunehmen. Sobald er Anstalten macht, auf die Couch zu gelangen, wird es ihm verwehrt. Geschieht das mit Nachdruck, so macht der Hund die Erfahrung, daß seine „Meutegefährten" ihn von seinem Platz verdrängen. Er beugt sich der Rangordnung. Sobald er aber allein im Zimmer ist, hat er keine Hemmung, seinen alten Stammplatz wieder einzunehmen. Geht die Tür auf, sieht er den Menschen, verknüpft sich dieses Signal mit der nun bereits gefestigten Erfahrung. Er senkt die Ohren, blickt unsicher, zögert mit dem Verlassen des angenehmen Platzes oder springt sofort von der Couch. Das Verhalten wird bestimmt von dem Grad der Erfahrung und der Beeindruckbarkeit des Hundes. Er hat keine Einsicht in sein Tun und ebenso wenig ein „schlechtes Gewissen", wie es in solchen Fällen zuweilen selbst heute noch von Hundefreunden ausgelegt wird.

VIII
Halbwilde, verwilderte und den Wölfen sehr nahestehende Hunde

Dingo.
Aus Brehm, Thierleben, 1876

Die Parias

In Ägypten etwa zwischen 1500 und 700 v. u. Z. lebte in Quenquen-
tane, einem kleinen Ort im Nildelta, der wenig bemittelte Beamte
ENENNAU-TE. Vor seinem Haus, wie anderswo in den Straßen, lunger-
ten Rotten von herrenlosen Hunden herum. Sobald er die Tür öff-
nete, sah er sich mehr als hundert dieser Vierbeiner gegenüber, bereit, ihn zu begleiten. Zwei der Tiere fanden sein Gefallen, und er
nahm sie mit auf seinen Gängen durch den Ort. Die beiden Tiere als
Haushunde zu halten, war er nicht imstande. Er konnte den Unter-
halt für sie nicht aufbringen. Es blieb bei gelegentlichen Spaziergän-
gen mit ihnen, die jedesmal bei den zwei Tieren Freude auslöste.

Solche herrenlosen Straßenhunde waren nicht nur den Ägyptern
bekannt, sondern auch den Hebräern und Babyloniern. Und wenn in
alten Schriften die Rede davon ist, daß ein Gesteinigter den Hunden
zum Fraß vorgeworfen wurde, dann handelt es sich um die Straßenhunde. Noch zu Anfang dieses Jahrhunderts waren sie in folgenden
Gebieten verbreitet: Südrußland, Türkei, Syrien, Sinai-Halbinsel,
Griechenland, Ägypten, Sudan, Indien, Sumatra, Java, das Innere
Afrikas und die afrikanischen Inseln Sansibar und Pemba.

Die Straßenhunde, die im Altertum bereits im vorderen Orient
lebten und eine lange Geschichte haben, standen im Ansehen der
Menschen zu keiner Zeit mit anderen Hunden auf einer Stufe. Sie erhielten die Bezeichnung Parias. Die Engländer wählten für sie in
ihrer Kolonialzeit diesen Begriff. Er ist identisch mit der Benennung
einer südindischen unteren Landarbeiterkaste, die nach hinduistischer
Anschauung als unrein galt und verachtet und unterdrückt wurde.

Alle Angehörigen dieser Kaste befanden sich deshalb früher vielfach in einer der Sklaverei ähnlichen Lage. Das Wort Paria ist von
dem tamulischen Parai, die Trommel, abgeleitet. Angehörige dieser
niedrigsten Hindukaste, schon außerhalb der Kastenordnung stehend, traten häufig als Dorfmusikanten in Erscheinung. Man nannte
sie wegen des Gebrauchs dieses Musikinstrumentes Trommler. Der
Begriff Trommler ging auf alle dieser Ärmsten der armen Landbevöl-
kerung Indiens über und erhielt die Bedeutung von Entrechtung,

Ausgestoßenseins und Verachtung. Parias – dieses Wort der Abscheu und Verachtung, angewendet zur Mißachtung und Entwürdigung von Menschen, galt auch für die herrenlosen Straßenhunde.

Parias wurden als Straßenhunde geboren und wuchsen als solche auf – ohne die geringste Bindung an ein Haus oder eine Gruppe von Menschen. Dennoch lebten sie in Abhängigkeit von der menschlichen Gesellschaft und territorial gebunden an die Zivilisation. Sie ernährten sich von Abfällen, Unrat und Tierkadavern, die in menschlichen Siedlungen anfallen. Damit waren sie dem Menschen nützlich, es hatte ihnen jedoch den Ruf der Unreinheit eingebracht. Wie im Mittelalter in deutschen Städten, so wurden noch bis vor einigen Jahrzehnten Abfälle aller Art und Unrat in verschiedenen orientalischen, asiatischen und afrikanischen Städten einfach auf die Straße geworfen, verendete Tiere blieben liegen. In modernen Klein- und Großstädten ist für Parias kein Platz mehr. 1910 nahm man in Konstantinopel den ersten Anlauf zur Vernichtung der Parias.

„Weltbekannt waren einstmals die Straßenhunde Konstantinopels, die in gewaltiger Zahl – 200000 oder 300000 – in allen Straßen, auch den vornehmen mit den Gebäuden der Botschaften und den großen Hotels, auf allen Plätzen, unter jedem Baum, auf jedem Friedhof anzutreffen waren" (BAUER, 1957). Wegen des Korans wagte man nicht, die Tiere einfach zu töten. Aber die Stadtväter lasen aus dem Koran auch keine Verpflichtung heraus, die Straßenhunde lieben zu müssen. Deshalb fing man die Parias in Massen ein und setzte sie auf der Felseninsel Oxia im Marmarameer aus und gab sie damit dem Hungertod preis. Wochenlang war das klägliche Geheul der ausgesetzten Parias zu hören, deren Leben sich wahrscheinlich in die Länge zog, weil die noch lebenden Hunde die verendeten verschlangen.

Diese Aktion beseitigte noch nicht für immer die Parias aus dem Stadtbild von Konstantinopel. Als dort 1930 die Hundesteuer erhöht wurde, kam es zur massenweisen Aussetzung von Haushunden, die daraufhin die Lebensgewohnheiten der Parias annahmen. „Um 1934 wies Konstantinopel schon wieder 80000 bis 100000 Straßenhunde auf, die in den folgenden Jahren von Militär und Beamten eingefangen und durch Gas getötet wurden. Heute hat sich natürlich das Straßenbild von Istanbul, wie Konstantinopel jetzt amtlich heißt, stark verändert. Doch noch immer sieht man Menschen, die ungewöhnlich schwere Lasten tragen, und Bauern mit Pluderhosen, mit einem Turban auf dem Kopfe und mit Holzpantoffeln an den Füßen, die zentnerschwere Körbe in die Stadt zum Gemüsehändler schleppen. Aber verschwunden ist der Fez, der einst auf dem Haupte keines Türken fehlte, verschwunden sind die auffällig gekleideten Mitglieder religiöser Orden, die Derwische, verschwunden sind die zerlumpten Bettler – und verschwunden sind auch die Straßenhunde" (BAUER, 1957).

So wie im geschilderten Fall erging es den Parias auch in anderen orientalischen Städten, z.B. Kairo und Alexandrien. Im Irak wurde er noch an den Rändern der Wüstengebiete geduldet. Da der Koran einen wirksamen Schutz nicht mehr ermöglicht, ist zu erwarten, daß sie gänzlich ausgerottet werden. Im folgendem interessieren besonders ihre Lebensgewohnheiten, ihre Verhaltensweisen und die Frage nach ihrem Herkommen.

Herkommen
der Parias

Seit Menschengedenken gibt es Parias. Hinweise über ihre Existenz finden wir bereits im Alten Testament. Keine sichere Kunde gibt es über ihr Herkommen, dafür eine Reihe von Spekulationen. Unter anderem wurde die Meinung vertreten, die Parias befänden sich auf einer Entwicklungsstufe vom Wildtier zum Haustier. Es gab auch die entgegengesetzte Ansicht, wonach die Ahnen der Parias Haushunde gewesen seien. Auffallend ist, daß die Pariahunde nachweislich dort eine lange Geschichte haben, wo es bereits vor Jahrtausenden hochentwickelte Kulturen gab. „Kriegerische Auseinandersetzungen wurden aber häufig in diesen alten Ländern ausgefochten, sie verwandelten blühende Städte in Wüsten und schütteten Tod und Verderben aus. Es ist vorstellbar, daß viele Haushunde ihren Herren verloren und verwilderten. Recht reizvoll ist übrigens die Frage, wie die Verwilderung eines domestizierten Tieres, also die Umwandlung von der

Kultur- und Naturrasse vor sich geht, welche Zeiträume für diesen Prozeß erforderlich sind und wie das Endprodukt aussieht" (BAUER, 1957).

Die Ansicht setzt sich mehr und mehr durch, daß die Parias von Haushunden abstammen, die herrenlos geworden waren, also verwilderten, jedoch den Weg zu einem reißenden Tier der freien Wildbahn nicht zurückfanden. Dafür spricht auch, daß in den wenigen Fällen, da Menschen junge Parias zu sich nahmen, diese sich sofort als anhängliche und wachsame Haushunde erwiesen. Höchst wahrscheinlich hat der Untergang antiker Städte die Anzahl der Parias beeinflußt. Ist damit aber auch ihr Ursprung ermittelt?

Denkbar ist, daß mit dem Zerfall der Urgesellschaft, der Errichtung der ersten Klassengesellschaft, Haushunde zu Parias wurden. Die sich formierende herrschende Klasse fand ein Reservoir von Haushunden vor, das sie insgesamt nicht für die eigenen Zwecke benötigte. Der entrechtete Teil der Bevölkerung war nicht in der Lage, Hunde zu halten. Ein großer Teil der Haushunde mag unter diesen Umständen aus menschlicher Kontrolle geraten sein. Die Verbindung zwischen Mensch und Hund war bis dahin bestimmt sehr locker. Die Hypothese ist berechtigt, daß die Parias bei der Herausbildung der Sklavenhaltergesellschaft entstanden sind. Dafür spricht auch das Verhältnis des ägyptischen Hundefreundes ENENNAU-TE, der selbst in der Stellung eines kleinen Beamten nicht in der Lage war, einen Paria zu sich zu nehmen.

Lebensgewohnheiten der Parias

Die Parias Kairos und Alexandriens wurden als plump wirkende Tiere mit langer, buschiger Rute, die sie hängend trugen, beschrieben. Die Färbung ihres struppigen Felles sei schmutziges, rötliches Braun, mit grauen oder gelben Übergängen. BREHM meinte, ihr Gesichtsausdruck sei widerwärtig. In ähnlichem Sinne äußerte sich laut BREHM

HACKLÄNGER über die Parias in Konstantinopel. Er sprach sich voller Abscheu über sie aus und schilderte sie als faul, träge und frech: „Alle Gassen, alle Plätze sind mit ihnen bedeckt, sie stehen entweder an den Häusern gereiht und warten auf einen Bissen, der ihnen zufällig zugeworfen wird, oder sie liegen mitten in der Straße, und der Türke, der sich äußerst in Acht nimmt, einem lebenden Geschöpf etwas zuleide zu tun, geht ihnen aus dem Wege. Auch habe ich nie gesehen, daß ein Muselmann eines dieser Tiere getreten oder geschlagen hätte. Vielmehr wirft der Handwerker ihnen aus seinem Laden die Überreste seiner Mahlzeit zu. Nur die türkischen Kaitschi und die Matrosen der Marine haben nicht die Zartheit, weshalb mancher Hund im Goldenen Horn sein Leben endet."

Das Leben dieser Parias spielte sich in den Straßen Konstantinopels ab. Was sollten sie anders anfangen, als auf Geh- und Fahrwegen herumzuliegen oder sich träge zu bewegen? Die Möglichkeiten, an Nahrung heranzukommen, waren begrenzt. So groß auch die Stadt war, sie lebten in Rotten, deren Territorium, wie HACKLÄNGER beobachtete, begrenzt war: „Wir brauchten nur in einer Ecke des Basars etwas Eßbares zu kaufen, so folgten uns alle Hunde, an denen wir vorbeikamen, und verließen uns erst wieder, wenn wir in eine andere Gasse traten, wo uns eine neue ähnliche Begleitung zuteil wurde." Ein Hund durfte es nicht wagen, in das Territorium einer anderen Rotte einzudringen. „Oft habe ich gesehen, wie über einen solchen Unglücklichen alle anderen herfielen und ihn, wußte er sich nicht durch schleunige Flucht zu retten, förmlich zerrissen."

Auch bei den ägyptischen Parias gab es ein sogenanntes Territoriumsverhalten. Es bezog sich auf die Schuttberge alter Ortschaften um Alexandrien und Kairo. Die Schuttberge waren die Wohnstätten der Parias. Von dort aus unternahmen sie ihre nächtlichen Streifzüge in das Innere der Städte. Entdeckten sie ein verendetes Maultier oder einen toten Esel, verschlangen sie diesen Tierkörper gewöhnlich in einer Nacht. Dabei gab es Gezänk und Rauferei. Den größten Teil des Tages brachten sie schlafend zu. Jeder der Parias nahm im Schuttberg zwei Löcher in Anspruch, die er sich selbst angelegt oder von einem Vorgänger übernommen hatte: ein Loch auf der Ostseite und ein Loch auf der Westseite des antiken Trümmerhügels. In den nach Osten gelegenen Löchern erwarteten die Parias nach morgentlicher Kühle zum Erwärmen die ersten Strahlen der Sonne. BREHM hat das genau beobachtet: „Nach und nach aber werden diese Strahlen ihnen zu heiß, und deshalb suchen sie jetzt Schatten auf. Einer nach dem anderen erhebt sich, klettert über den Berg und schleicht sich nach dem auf der Westseite gelegenen Loch, in dem er seinen Schlaf fortsetzt. Fallen nun die Sonnenstrahlen nachmittags auch in diese Höhlung, so geht der Hund wieder zurück nach dem ersten Loch, und dort bleibt er bis Sonnenuntergang liegen." Nachts waren die Hunde wieder auf den Beinen und suchten in der Stadt nach Freßbarem.

Zuweilen genügten den Hunden beim Tagesschlaf der Wechsel von Osten nach Westen und Westen nach Osten nicht, reichten ihnen die beiden Löcher nicht aus, und zwar, wenn kalter Wind aus Norden wehte. Strich dieser Wind über ihre beiden Löcher, empfanden sie das als lästig und verzogen sich auf die Südseite des Schuttberges und gruben sich dort – sofern es nicht schon vorhanden war – ein drittes Loch. In diesem Schlafloch waren sie aber nur selten zu finden.

Paarungszeit für die Parias war der Herbst und das Frühjahr, wie bei allen Haushunden. Die Hündinnen vergrößerten die Schlaflöcher zu einem Bau, der viel Raum für die Hundemutter und die Welpen bot. Aber nicht jede trächtige Pariahündin hielt es im Territorium der Rotte. Manche verließ den Schutthügel, begab sich in die Stadt und buddelte sich mitten auf der Straße oder auch an geschützterer Stelle einen Bau, in dem sie die Jungen zur Welt brachte. Auch dieses Verhalten beobachtete BREHM: „Es scheint fast, als ob sie wisse, daß sie auf die Mildtätigkeit und Barmherzigkeit der mohamedanischen Bevölkerung zählen dürfe, und wirklich rührend ist es zu sehen, wie die gastfreien Leute einer solchen Hundewöchnerin sich annehmen. Ich habe mehr als einmal beobachtet, daß vornehme Türken oder Araber, die durch eine solche Straße ritten, in denen Hündinnen mit ihren Jungen lagen, sorgfältig mit ihrem Pferde auf die Seite lenkten, damit dieses ja nicht die junge Brut beschädige. Wohl selten geht ein Ägypter vorüber, ohne der Hundemutter einen Bissen Brot, gekochte Bohnen, einen alten Knochen und dergleichen zuzuwerfen". Die gewiß schon uralte Erfahrung, daß die Menschen Hündin und Welpen nichts zu leide tun und sie mit Nahrung versorgen, hat die Verhaltensweise geformt, daß manche Hündinnen das Innere der Städte zum Werfen aufsuchen.

Zur Aggressivität der Parias

Daß Parias in Rotten mit gesonderten Territorien leben, erwies sich auch in Ägypten. Die Bewohner der einzelnen Schuttberge respektierten gegenseitig ihr Territorium. Drang aber ein Mensch in solch ein Territorium ein, flüchteten die Tiere. Die ägyptischen Parias flohen aber nicht, wie wir von BREHM wissen, in jedem Falle vor Menschen: „Mit den Mohammedanern oder morgenländisch gekleideten Leuten leben sie in guter Freundschaft; sie fürchten dieselben nicht im geringsten und kommen oft so nahe heran, als ob sie gezähmt wären; mit den Haushunden dagegen liegen sie beständig im Streit, und wenn ein einzelner Hund aus der Stadt in ihr Gebiet kommt, wird er gewöhnlich so gebissen, daß er sich kaum mehr rühren kann".

BREHM machte in Ägypten Jagd auf Parias, erlegte welche, um gefangene Geier und Hyänen damit zu füttern oder als Köder für Geier zu verwenden. Die Hunde lernten BREHM schnell kennen und vergrößerten die Fluchtdistanz zu ihm bis auf etwa vierhundert Schritt. Nichts zur Abwehr einer menschlichen Bedrohung? Keine aktiven Abwehrreaktionen? Nichts von Aggressivität dem Menschen gegenüber? Die Bedrohung durch Menschen, die Flucht auslöste, konnte auch in Aggressivität umschlagen, wovon sich BREHM überzeugen konnte: „Sie sind überhaupt dem Fremden sehr abhold und kläffen ihn an, sobald er sich zeigt; aber sie ziehen sich augenblicklich zurück, wenn man sich gegen sie kehrt. Gleichwohl kommt nicht selten eine starke Anzahl auf einen los, und dann ist es jedenfalls gut, dem naseweisesten Gesellen eine Kugel vor den Kopf zu schießen."

Im Zusammenleben mit Mohammedanern hatten die Parias sich über Jahrhunderte an ein friedliches Nebeneinander mit Menschen gewöhnt, und solche von BREHM geschilderten Zwischenfälle waren Ausnahmeerscheinungen. Man mußte bei der Bedrohung der Parias oder der Jagd auf sie auch gewärtig sein, den Zorn der Mohammedaner hervorzurufen. In einer Stadt Oberägyptens geschah es, daß BREHM einen Paria erschoß, der seine Hinterläufe nicht mehr gebrauchen konnte und sich nur mühsam auf den Vorderläufen vorwärts bewegte: „Ich zog eine Pistole und schoß ihm eine Kugel durch den Kopf, mußte mich jedoch ordentlich gegen die Leute verteidigen wegen meiner Tat."

Zu den Parias muß man auch die nogaischen Hunde rechnen, die nach SCHLATTERS Bericht am Asowschen Meer ohne häusliche Bindung lebten. Ihr Haar war lang, struppig und dunkel. Sie waren von mittlerer Größe und wohl kleiner als die Parias in Konstantinopel, Alexandria, Kairo und anderen Orten. Aber in ihnen steckte noch größere wölfische Wildheit. Wahrscheinlich haben die anderen Parias, die auf dem Boden antiker Städte heimisch waren, über viele Jahrhunderte oder gar Jahrtausende recht isoliert von echten Wildbeständen gelebt.

Von den nogaischen Hunden aus mag es über gleiche Zeiträume engere Bezüge zu Wölfen gegeben haben. Das wäre eine Erklärung für ihre natürliche Aggressivität: „Sie erhalten zwar zu Zeiten, wenn das Vieh geschlachtet wird oder wenn es Aas gibt, satt zu fressen, müssen dann aber oft wieder lange hungern. Sehr häufig sieht man sie Menschenkot fressen; sie werden sogar herbeigerufen, um den Boden zu säubern". Weiter reichte der Kontakt zu den Menschen nicht. Aber auch von häuslicher Umgebung wurden sie getrennt: „Treibt Hunger den Hund in das Haus hinein, so wird er mit Stockschlägen hinausgetrieben. Nicht nur den Fremden, sondern selbst den Tataren sind diese grimmigen Tiere eine harte Plage, indem alles unterschiedslos angegriffen wird. In fremder Tracht ist es kaum möglich, ohne Begleitung von Tataren durchzukommen, selbst zu Pferde hat man Mühe."

Und SCHLATTERS empfahl: „Am besten ist es, recht langsam zu reiten; der Fußgänger muß jedenfalls langsam gehen und den langen Stock, der ihm unentbehrlich ist, nach hinten halten, weil die Hunde gewöhnlich hinten anpacken, dann aber nur in den Stock beißen; gut tut man wohl, wenn man ihnen etwas Speise zuwirft, womit sie sich beschäftigen, bis man ein Haus erreicht hat. Schlägt man mit dem Stock drein, so kommen auf das jammernde Geheul des getroffenen Hundes alle Hunde des Dorfes zusammen, und die Sache wird ernster als zuvor. Dasselbe ist der Fall, wenn man schnellen Gang einschlägt oder wenn man durch Laufen sich zu retten sucht". Der Angriff auf einen Hund ist gleichbedeutend mit dem Angriff auf die gesamte Hundegemeinschaft. Das Umgehen eines Menschen und das von hinten Angreifen entspricht wölfischem Jagdverhalten. Und der Versuch, mit einer schnelleren Gangart den Hunden zu entkommen, weckt deren Beutetrieb, steigert also ihre Angriffslust. Und, wie wir erfahren, sind Beispiele bekannt, daß Personen niedergeworfen und schwer verletzt wurden.

Mit dem Knall eines Gewehres war den Hunden leicht zu begegnen. Sie konnten sich an ihn nicht gewöhnen und verhielten sich so, als würde der Knall ihre empfindlichen Ohren schmerzen. Man konnte annehmen, sie seien von dem Knall betäubt. Es gab aber noch ein einfaches Mittel, den Hunden ihre Gefährlichkeit zu nehmen: Man brauchte sich nur rechtzeitig niederzusetzen. Der plötzlich sitzende Mensch verblüffte sie. Mit dieser Verhaltensweise wußten sie nichts anzufangen. Sie erregte nur ihre Neugier. Sie bildeten einen Kreis um den Menschen, beäugten ihn wie verwundert und liefen dann wieder ohne Erregung auseinander. Aber machte sich doch mal ein Rudel nogaischer Hunde auf den Weg in die Steppe, dann war weidendes Vieh, dem sie im Dorf nichts getan hätten, vor ihnen nicht sicher. Kälber und Schafe wurden von ihnen gewürgt und gefressen. Besonders hatten sie es auf die Fettschwänze der Schafe abgesehen.

Verwilderung in zwei Richtungen

Das Verhalten von Haushunden, die verwildern, nähert sich entweder den nach Abfällen im Zivilisationsbereich des Menschen suchenden herrenlosen und nicht an häusliche Verhältnisse gebundenen Parias oder den in freier Wildbahn jagenden Wölfen.

Parias verstehen wir auch nicht als eine Zuchtform, obwohl die Tiere eines Distrikts sich einander sehr ähnlich sein können. Doch nicht das Aussehen ist das entscheidende Kriterium für die Benennung eines Hundes als Paria, sondern seine Lebensweise. Demzufolge könnte jeder Haushund zum Paria werden, sofern er aus häuslichen Verhältnissen verstoßen ist, im Siedlungsbereich des Menschen verbleibt und von Abfällen sein Leben fristet.

„Eine besondere Form des Pariahundes hatte sich im ersten Drittel unseres Jahrhunderts in China herausgebildet. Viele Hunde standen hier auf einer eigenartigen Stufe zwischen Haus- und wilderndem Tier. Sie erhielten auf Gehöften einen Unterschlupf und rechneten in gewisser Hinsicht mit zum Hauswesen. Aber sie wurden nicht gefüttert, sondern waren ausschließlich auf das angewiesen, was sie auf der Straße in irgendwelchen Kehrichthaufen fanden. Auch bei ihnen konnte man beobachten, daß die einzelnen Rudel immer nur in ganz bestimmten Straßen Jagd auf Nahrung machten und daß keine bezirksfremden Tiere als Konkurrenz geduldet wurden. Immer wieder kam es auf den Straßen und Gassen zu gewaltigen Raufereien" (BAUER, 1957).

Haushunde nicht zu füttern ist kein Einzelfall. So berichtete HENSEL laut BREHM über Hunde in Brasilien, die durch Hunger und Mangel an Pflege einen bestimmten Grad der Verwilderung erreichten. Es waren Nachkommen von Hunden, die ehemals europäische Eroberer zum Schutz ihrer Herden und Niederlassungen nach Südamerika eingeführt hatten. Nicht Interessenlosigkeit am Hund war die Ursache, sie nicht zu füttern. Der schlechten Behandlung lag eine auf die Leistung des Hundes orientierte Absicht zugrunde. Aus unserer heutigen Sicht mag das seltsam klingen, was wir da zu lesen bekommen: „[. . .] man müsse die Hunde nie füttern, um nicht auf ihren Jagdeifer einen hemmenden Einfluß auszuüben. Schon von Jugend auf sind sie daher an Entbehrungen, aber zugleich an Stehlen und Rauben gewöhnt. Meilenweit durchstreifen sie das Feld, von dem Verwesungsgeruch gefallener Tiere gelockt, und machen Aasgeiern und Füchsen die Beute streitig. Daher ist auch die Anhänglichkeit an den Herrn gering und von Treue und Gehorsam wenig zu erkennen. Haben sie ihren Herrn verloren, so suchen sie sich gern einen anderen, und mit etwas Futter mag sie jeder an sich fesseln."

Unter solchen Lebensbedingungen kann eine häusliche Bindung nicht sehr stark sein, das zeigen weitere Ausführungen desselben Autors: „Doch es gibt auch Landstreicher, die nur so lange einem bestimmten Herrn sich anschließen, als es ihnen behagt, sonst aber den Dienst leicht wechseln." [...] „Gestalt und Farbe dieser Hunde ist sehr wechselnd, und ein bestimmter Rassencharakter läßt sich nicht entdecken. Wir würden sie mit dem Namen Dorfköter bezeichnen, wenn nicht ihre Größe im allgemeinen dafür zu bedeutend wäre."

Hensel läßt uns wissen, daß man bei keiner Stanzia vorüberreiten konnte, ohne von einem Rudel junger, bissiger Wächter angefallen zu werden, von denen manche selbst das Pferd nicht scheuen würden und sogar den Reiter zu fassen suchten. Dieses Wach- und Schutzverhalten in bezug auf menschliche Wohnstätten charakterisiert sie als Haushunde. Dennoch lag hierin nicht die Bedeutung der brasilianischen Hunde. „Ihre Hauptaufgabe besteht jedoch darin, das Vieh zusammenzutreiben, was alle Woche einmal geschieht. Die Leute des Landbesitzers reiten am Morgen mit einer Schar Hunde auf das Weideland hinaus. Ihr eigentümlicher, langgezogener Ruf schallt weit über das Grasfeld, und alles Vieh, das denselben hört, stürzt, von Jugend an daran gewöhnt, nach dem Sammelplatz. Aber in den abgelegenen Teilen der Weide, in kleinen Waldstücken, die über das ganze Land zerstreut sind, steckt noch manches Stück, das aus Scheu oder Trägheit dem Rufe des schwarzen Hirten nicht folgte. Hier nun treten die Hunde in Tätigkeit, und indem sie alle Schlupfwinkel durchjagen, treibt ihr wütendes Bellen die verborgensten Tiere hervor."

Diese Beobachtungen Hensels sind von besonderem Wert. Es ist nämlich wahrscheinlich, daß die Hauswölfe prähistorischer Menschen unter ähnlichen Bedingungen lebten, wie vielleicht etwa 10000 Jahre später die etwas verwilderten ehemaligen europäischen Haushunde in Brasilien. Im Prozeß der Domestikation des Hundes mag das Jahrhunderte oder sogar Jahrtausende nicht anders ausgesehen haben! Die Art, wie die brasilianischen Hunde das Vieh zusammentrieben, knüpft an das Verhalten der Wölfe, Beutetiere aufzustöbern

194

und zu hetzen, an. Es kommt bloß nicht zum Reißen. In ihrer Eigenschaft als Selbstversorger ist das eine erstaunliche Zurückhaltung, die sich nur aus der häuslichen Bindung erklären läßt. Gegenüber anderen Tieren erwiesen sie sich als Jäger: „Gelegentlich üben sie auch die Jagd aus, doch nur auf eigene Faust. Jede lebende warmblütige Kreatur, die in ihren Bereich kommt, wird vernichtet."

Von HENSEL wissen wir auch, daß und wie die brasilianischen Hunde zur Jagd geführt wurden. „Sie gehören im allgemeinen keiner bestimmten Rasse an. Vielfach gekreuzt und ausgeartet, haben sie ihre Triebe und Sinne nach keiner bestimmten Richtung besonders entwickelt, sondern nähern sich mehr dem Urzustand des Hundes, in dem der Kampf ums Dasein alle Sinne zur Geltung bringt." Zu ihrer Jagdverwendung gibt uns der Autor folgende Darlegung: „Manche Hunde verbellen gern das Wild auf den Bäumen, andere jagen lieber die Bisamschweine und den Tapir. Der Hauptvorzug eines solchen Hundes ist der, daß er auf der Jagd nicht in der Nähe seines Herrn bleibt, sondern selbständig den Wald durchsucht und, wenn er sein Wild gestellt hat, sei es über, auf oder unter der Erde, mit Bellen anhält, bis der Jäger kommt und sollten Stunden darüber vergehen." Die brasilianischen Hunde entfernten sich zum Beispiel von den Jägern kilometerweit. Kaum vernehmbare Schreie beantworteten sie mit Bellen gegen den umlagerten Baum, auf dem die Beute Zuflucht gefunden hatte. Sie gaben auf diese Weise Standlaut, und mit dem Auftauchen der Jäger verstärkte sich ihre Kampfeserregung.

Hunde, die sich selbst versorgen, sind keine Belastung für den Menschen, der sie hält. Ihre Lebensweise führt zu unkontrollierter Paarung und zügelloser Vermehrung.

Eine Nachricht über verwilderte Hunde gibt es aus jüngster Zeit: „Zu einer gefährlichen Landplage am Fuße der Kordilleren bei Mendoza in Argentinien haben sich die dort zu Tausenden wild lebenden Hunde entwickelt. Sie fallen Rinder, Pferde und andere Haustiere an. Die argentinischen Behörden entschlossen sich daher jetzt zu einer ungewöhnlichen Maßnahme: Mit Hilfe von weiblichen Geschlechtsgenossen und großen Käfigen sollen die Rüden jetzt buchstäblich in die ,Liebesfalle' gelockt werden" (NEUES DEUTSCHLAND, vom 11./12. Oktober 1975).

Der Dingo

Für den Wildhund Australiens, den Dingo, sind in seiner Heimat keine Ahnen nachweisbar. Wölfe gab es in Australien nie, und der Dingo gilt als das einzige eigentliche Raubtier in diesem Erdteil. Wer waren seine Ahnen? Wo kommt er her? Alles spricht dafür, daß der Dingo von Haushunden abstammt, die mutmaßlich bei der erstmaligen Besiedlung dieses Kontinents mitgeführt worden sind. Die Hunde verloren den Kontakt mit den Menschen und verwilderten. „Wann die ersten Dingos nach Australien gekommen waren, wissen wir nicht. Wahrscheinlich sind wenigstens drei bis vier Jahrtausende seither vergangen" (BRENTJES, 1975).

Der Dingo hat eine Widerristhöhe von etwa 40 bis 50 cm. Er ist gedrungen von Gestalt mit großem plump wirkendem Kopf. Das aufrechtstehende Ohr ist an der Wurzel breit und an der Spitze abgerundet. Die Läufe sind relativ kurz. Das Fell ist nicht sehr dicht aber auch nicht dünn behaart. Die Rute reicht tief herab. Die Färbung besteht aus blaßgelblichem Rot, mehr oder weniger ins Graue, auch wohl ins Schwärzliche übergehend. Kinn, Kehle, Unterseite und Rute sind heller, die Haare der Oberseite meist dunkler, weil die an der Wurzel lichteren Haare dunklere Spitzen zeigen. Desgleichen kommen auch schwarzgefärbte Dingos vor und ebenso Dingos mit weißen Pfoten.

Tagsüber liegen die Dingos in ihren Schlupfwinkeln verborgen, nachts unternehmen sie ihre Beutezüge. Ein Rudel von ihnen zählt meist nicht mehr als fünf bis sechs Tiere. Die Dingos leben in Gemeinschaften auf bestimmten Territorien gleich den Wölfen. Sie würden aus ihren Gebieten nicht herauslaufen und anderen Dingos nicht gestatten, einzudringen.

Solange die Dingos hauptsächlich hinter Känguruhs her waren, kam niemand auf den Gedanken, sie auszurotten. Die Ureinwohner vertrieben sie bei passender Gelegenheit von ihrer Beute und eigneten sie sich selbst an. Den Dingos verblieben in solchen Fällen lediglich die Eingeweide.

Die Ureinwohner Australiens erbeuteten junge Dingos, um in kalten Nächten eine lebende „Wärmflasche" verfügbar zu haben. Frauen säugten Welpen. Tiere zu säugen war unter Naturvölkern nichts außergewöhnliches und ist, wie BRENTJES (1975) ausführt, eine auch in Europa (Spanien), bis in die Gegenwart hinein gelegentlich zu beobachtende Sitte. Die zahm gehaltenen Dingos waren dem Menschen auch als Wächter nützlich.

„Ähnliche Verwendung jung gefangener Wölfe dürfen wir für die Eiszeitjäger Eurasiens voraussetzen. Vermutlich währte eine solche Übergangsphase zwischen Haltung und Zucht Jahrtausende" (BRENTJES, 1975).

Bemerkenswert ist, daß die Ureinwohner Australiens ihre zahmen Dingos nicht zur Jagd verwendeten. Als in Australien die Schafzucht aufblühte, zogen sich die Dingos den Zorn australischer Ansiedler zu, die mit der Schafzucht wegen der beutelustigen Dingos in große Bedrängnis gerieten. „Ehe die Ansiedler regelrecht gegen diesen Erzfeind ihrer Herden zu Felde zogen, verloren sie durch ihn erstaunlich viele Schafe. Man versicherte, daß in einer einzigen Schäferei binnen drei Monaten nicht weniger als zwölfhundert Stück Schafe und Lämmer von den Dingos geraubt wurden. Größer noch als die Verluste, die ein Einfall des Raubtieres unmittelbar zur Folge hat, sind die mittelbaren, weil die Schafe beim Erscheinen des Räubers wie unsinnig davonrennen, blind in die Steppe hinausjagen und dann entweder anderen Dingos oder dem Durst zum Opfer fallen" (BREHMS TIERLEBEN, o. J.)

In einer vergleichbaren Lage dürften die Menschen gewesen sein, die in prähistorischer Zeit dazu übergingen, Pflanzenfresser zu züchten. Wie die Dingos, so dürften die Wölfe ein Störfaktor bei der Entwicklung der Viehzucht gewesen sein.

Zwischen Haushunden und Dingos herrschte wie zwischen Hunden und Wölfen erbitterte Gegnerschaft. War es einer Rotte von Hunden möglich, einen Dingo zu stellen, fielen sie über ihn her und rissen ihn in Stücke. Im umgekehrten Falle war es ebenso. Gegenüber einem Haushund war ein Dingo im allgemeinen furchtsam und scheu. Menschen gegenüber floh er, was seine Läufe hergaben. War ihm der Fluchtweg versperrt, kehrte er sich jedoch nach Art der Wölfe gegen seine Verfolger. Er kämpfte dann auch gegen Menschen in wilder Wut und ungezügelter Schärfe, nahm aber sofort jede sich bietende Gelegenheit zur Flucht wahr.

Da der Dingo die Entwicklung der Schafzucht behinderte, wurden größte Anstrengungen unternommen, ihn mit Fallen, Schußwaffen und Gift zu bekämpfen und auszurotten. Das scheue und flüchtige Tier mit der Schußwaffe zu erlegen, war sehr schwer und führte nicht zum gewünschten Ergebnis. Größere Erfolge bei der Vernichtung der Dingos erreichte man mit vergifteten, an Büschen aufgehängten Fleischbrocken. Heute gilt der Dingo als nahezu ausgerottet.

Sechs bis acht Welpen bringt eine Dingohündin in einer Höhle oder einem Versteck unter Baumwurzeln zur Welt. Das ist die Art der Wölfe, und jeder verwilderte Haushund zeigt gleiches Verhalten. Kreuzungen zwischen Dingos und Hunden sind möglich und auch ohne Regie des Menschen öfter vorgekommen. Folgt ein Hund einer läufigen Dingohündin, gerät er gewöhnlich über kurz oder lang mit anderen Dingos zusammen, die dann Jagd auf ihn machen. Ein alter Buschmann erzählte laut BREHM: „Als ich eines Morgens aus meinem Zelt trat, sah ich eine Dingohündin mit unseren Hunden spielen. Sobald sie mich wahrnahm, ging sie davon. Einer unserer Hunde folgte ihr aber, blieb drei Tage aus, kam sodann zurück, an allen Gliedern zerrissen, wahrscheinlich weil er die Eifersucht der berechtigteren Liebhaber erregt haben mochte".

Eine Dingohündin brachte in der Gefangenschaft eines Tiergartens fünf Junge zur Welt. Der Dingorüde blieb bei der säugenden Dingohündin im Käfig und wurde den Welpen nicht gefährlich. Wird ein Dingo als Haustier gehalten, kommt seine Haushundart zum Vorschein: Er ist dem Menschen gegenüber anhänglich und beginnt zu bellen. Der Kulturlaut Bellen ist ein Beweis mehr, daß die Dingos von Haushunden, die verwilderten, abstammen. Der Dingo ist sehr temperamentvoll und stürmisch, wenn er Auslauf erhält. Sein Bewegungsdrang ist sehr groß. Wir kennen nicht das Verhalten der Dingos aus jener Zeit, da sie Haushunde waren. Das Jahrtausende lange Leben der Dingos als australische Wildhunde dürfte auch zu genetisch manifesten Veränderungen geführt haben. Doch die Fähigkeit, wieder bellen zu können, sobald sie als Haushunde gehalten werden, ist nicht verloren gegangen.

Herrenlose Hunde
im Dreißigjährigen Krieg

Jeder Krieg bringt nicht nur unter den Kämpfenden Verluste, sondern auch unter der Bevölkerung. Er führt auch dazu, daß Hunde herrenlos werden und damit die häuslichen Bindungen verlieren. Herumstreunende Hunde finden entweder eine neue Bindung an Menschen oder verwildern ganz. Manche von ihnen werden, wenn Hunger und Not groß sind, auch geschlachtet.

Die Schrecken des Dreißigjährigen Krieges entwurzelten nicht nur Menschen, sondern auch Haushunde, die verwilderten. Es bildeten sich Rotten, die in den verwüsteten Landen nach Beute umherstreiften und wie Wölfe lebten. Wir wissen nichts darüber, wie in dieser Zeit die sich ebenfalls stark vermehrenden Wölfe mit den verwilderten Hunden auskamen. Mutmaßlich mieden Wolfsrudel und Hundemeuten gleichermaßen eine Begegnung. Es ist nicht auszuschließen, daß die Wölfe gegenüber den mehr oder weniger verlassenen Wohnstätten der Menschen zurückhaltender waren als die verwilderten Hunderotten, die unter dem verbliebenen Viehbestand beträchtlichen Schaden anrichteten.

Der Grad der Verwilderung soll soweit gegangen sein, daß sich die Hunde auf Schlachtfeldern den Wölfen gleich über Leichen hermachten. Daß sie dabei mithalfen, Seuchenherde nicht aufkommen zulassen, ist eine andere Frage. Der Hunger soll sie dazu getrieben haben, daß sie „sogar", so schreibt BAUER (1957), „lebende Menschen anfielen, zuweilen töteten und auffraßen". Ob es solche Vorkommnisse tatsächlich gegeben hat, läßt sich heute nicht mehr nachprüfen.

Daß Hunde verwilderten, hat es zu allen Zeiten gegeben. Der Grad der Verwilderung ist abhängig von den äußeren Umständen. 1711 erschien eine Schrift „Wahrhafftige Beschreibung Von denen Drey wilden Hunden, Welche sich unweit Leipzig in der Gegend Dölitzsch, Bitterfeld, Kühna und Schenkenbergk im Jahre 1710 vom Monat Augusto bis zum Ende des November sehen lassen und was sie vor großen Schaden an Schaff-Vieh getan" (BAUER, 1957).

Sie seien nachts durch enge Löcher in die Ställe eingedrungen und hätten Schafe getötet. Es wurden verschiedene Vermutungen geäußert, so auch, es könne sich um tollwütige Hunde handeln. Dagegen aber sprach, daß verletzte Schafe keine Anzeichen von Tollwut erkennen ließen. Die unmittelbare Abstammung von Wölfen wurde mit in Betracht gezogen. In der Ratlosigkeit gewann die abergläubische Vorstellung Raum, es habe sich bei den drei Tieren um in wilde Hunde verwandelte Menschen gehandelt. Der Glaube, Menschen könnten sich in wilde Hunde bzw. Wölfe verwandeln, war noch nicht überwunden.

Der Hurenweibel.
Aus »Das Ständebuch« von Jost Amman

Die Hunde
der Eskimos

Vor etwa 1000 Jahren wurde Grönland entdeckt, erhielt es seinen Namen: Grünes Land. Und wirklich gab es damals in der Nähe der Küsten eine üppige Vegetation. Die im Inneren des Landes auch vor tausend Jahren vorhandenen Eismassen drangen erst später, hauptsächlich im 15. und 16. Jahrhundert, weiter vor und schufen das Bild, das wir heute von Grönland haben.

Die Entdeckung Grönlands erfolgte von Island aus, einem Gerücht nachgehend, daß westlich von Island ein unbekanntes Land liege, das man von Schiffen aus schon gesichtet habe. Von einem der ersten isländischen Siedler stammt folgender Bericht: „Wir stießen in Grönland auf Menschen, die in Erdlöchern wohnen und die Schlitten benutzen, die sie von kleinen, langhaarigen Hunden ziehen lassen." Das ist die erste Kunde über die Eskimos und ihre Hunde.

Den Namen Eskimos (Eskinmantsik = Rohfleischfresser) erhielten sie von den Abenaki, einem Algonkinstamm. Sie selbst nannten sich Innuit (Inuit), was nichts anderes als Mensch bedeutet. Das einzige Haustier der Eskimos war der Hund, eine dem Wolf noch recht nahestehende Art. Er wurde zum Ziehen der Schlitten und zur Jagd gebraucht und lebte hauptsächlich von Fischabfällen. Während der Zeit des Jagens wohnten die Eskimos in Schneehütten. Später, wenn der Schnee sich nicht mehr als Baumaterial eignete, legten sie Eishütten an. Die monatelange Winternacht verbrachten sie in aus Torf gebauten Behausungen, die halb im Boden steckten und mit Erde und Moos bedeckt waren. Durch ein Loch im Dach, überspannt mit durchsichtigen Därmen von Seetieren, fiel schwaches Licht in den Raum. Ein niedriger Eingang führte unter der Erde entlang. Das waren die Erdlöcher, von denen bereits im ersten Bericht über die Eskimos vor etwa tausend Jahren die Rede war.

Ohne Hunde als Zugtiere vor dem Schlitten gab es in arktischen Eisregionen kein Vorwärtskommen. Auch zur Jagd wurden Hunde benötigt. Zu längerdauernden Jagden verwendete man Hunde auch als Tragtiere, wobei sie jeweils eine Last von etwa 15 kg aufgebürdet bekamen. Menschen hätten in diesen Gebieten ohne Hunde nicht existieren können.

Die Zahl der vor einen Schlitten gespannten Hunde ist unterschiedlich. Die Hunde werden in Reihen oder fächerförmig angeschirrt – bis zu dreißig vor einen Schlitten. Und über die Leistungen der Hunde gibt es folgende sich annähernde Angaben: „Ihrer sechs bis acht ziehen einen Schlitten, der mit fünf bis sechs Personen oder mit einem Gewicht von 600 bis 800 Pfund besetzt ist, acht bis zehn Meilen weit in einem Tag. Nach langer Ruhe und guter Fütterung vor einem Schlitten gespannt, sind sie kaum zu zügeln und durchlaufen auf ebener Bahn mehr als zwei geographische Meilen in einer Stunde" (BREHMS TIERLEBEN, O. J.).

„Ihrer 6 bis 10 ziehen einen Schlitten, der mit 300 bis 400 kg beladen ist, 11 bis 13 km weit in einer Stunde" MEYERS KONVERSATIONSLEXIKON, 1885).

„Ein reisefertiger Schlitten wiegt etwa zehn Zentner. Gezogen wird er von zwölf bis fünfzehn Hunden, und die durchschnittliche Stundengeschwindigkeit beträgt neun bis elf Kilometer. In besonderen Fällen läßt sie sich aber auch auf zwanzig und fünfundzwanzig Kilometer steigern" (BAUER, 1957).

Die Masse der Eskimohunde wird in einer älteren Schrift mit 34 bis 45 kg, in einer neueren mit 25 bis 35 kg angegeben. Ihre Widerristhöhe beträgt etwa 50 bis 60 cm, einzelne Tiere sollen sogar eine Schulterhöhe bis etwa 75 cm erreichen.

Reine Gebrauchshundezucht

Zu der Auffassung, der Eskimohund habe sich trotz einer jahrtausende alten Domestikation des Hundes eine gewisse Ursprünglichkeit und Wildheit bewahrt, ist folgendes zu berücksichtigen: Der Eskimohund ist nicht auf die älteste Hundewerdung zurückzuführen. In seine Bestände sind immer wieder Wölfe eingekreuzt worden. Einkreuzungen von Wölfen hat es zu vielen Zeiten auch in andere Bestände von Haushunden gegeben, aber nie so intensiv wie bei den Eskimohunden bzw. anderen nordischen Schlittenhunden. Das Einkreuzen großer nordischer Wölfe in die Hundebestände der Eskimos war für ihre Verwendungsfähigkeit nicht von Nachteil – im Gegenteil! Von den nordischen Wölfen stammt ihre besondere Widerstandsfähigkeit gegenüber Lebensbedingungen in Eisregionen und den harten Anforderungen als Lauftier vor dem Schlitten.

„Es ist etwas vom wölfischen Wesen in ihm, in leiblicher Hinsicht sowohl wie in geistiger. Dem arktischen Wolf gleicht er so sehr durch seine dichte Behaarung, die aufrechtstehenden Ohren, die Breite des Oberkopfes und die spitzige Gestalt der Schnauze, daß beide, aus einiger Entfernung gesehen, gar nicht unterschieden werden können. Während Parrys zweiter Polarreise wagte eine Jagdgesellschaft nicht, auf einen Trupp von zwölf Wölfen zu feuern, die einige Eskimos bedrohten, weil sie, über die Art der Tiere im Ungewissen, fürchteten, einige von den Hunden zu töten, die den einzigen Reichtum jener gutmütigen Menschen ausmachten" (Brehms Tierleben, o. J.).

Naturgemäß ergeben sich bei den Hunden Größenunterschiede. Die kleineren Hunde werden für die Jagd, die größeren für längere Schlittenfahrten bevorzugt.

Nahrung müssen sie sich selbst suchen

Mit Recht kann man die Hunde der Eskimos wegen ihrer fortgesetzten engen Verwandtschaft zu den Polarwölfen als halbwild bezeichnen. Auch die Lebensumstände halten diese Hunde auf der Stufe halbwilder Tiere. Der Eskimo teilt seine Behausung nicht mit ihnen. Sie leben im Freien. Der Eskimo tut auch nichts dazu, ein engeres Verhältnis zu seinen Schlittenhunden herzustellen. Im Sommer werden die Tiere gewöhnlich nur einmal in der Woche gefüttert. Sie erhalten Fische und Abfälle, zum Beispiel Seehundeingeweide. Die Hunde sind da, sie sind nützlich und werden gebraucht, sie haben den Schlitten zu ziehen und bei der Jagd zu helfen – mehr nicht. Nur vom Zweckdenken läßt sich ein Eskimo leiten. Seit Jahrhunderten halten die Eskimos ihre Hunde ausgesprochen schlecht. Besonders in Zeiten, in denen sie nicht benötigt werden, müssen sie sehen, wie sie ihren Hunger stillen können. Aus der Feder von EGEDE vor mehr als 200 Jahren stammen die Worte: „Diese armen Tiere müssen so wie die wilden Tiere sich selbst versorgen. Sie müssen Knochen suchen, welche ihre Herren, wenn sie selbige angenagt haben, hinwegwerfen. Einige gehen und fressen Muscheln am Ufer des Meeres, und des Sommers müssen sie Kräckebeeren oder Revlinger fressen".

Bis heute hat sich daran nichts Grundsätzliches geändert. Kräckebeeren allerdings sind recht rar geworden und dürften als Nahrung keine Rolle mehr spielen. Die Eskimohunde sind zu Streifzügen nach etwas Freßbarem gezwungen. Sie führen ein ungebundenes Leben und können deshalb beliebig dazu aufbrechen. Meist wählen sie den Weg an der Küste entlang. Mit großem Geschick vermögen sie Fische zu schnappen und ernähren sich von Muscheln, Krabben und allem sonst noch Freßbarem. Sie sind nicht wählerisch. Satt werden sie nur selten und magern oft erbärmlich ab. Es ist keine Seltenheit, daß sie sogar Lederstücke fressen, um etwas in den Magen zu bekommen. Kein Wunder, daß unter diesen Lebensverhältnissen die Gesetze des Wolfslebens nicht aufgehoben sind, bei passender Gelegenheit auch ein Gefährte zerfleischt und aufgefressen wird. Es braucht nur ein Hund im Gespann zu Schaden zu kommen, sofort stürzen sich die anderen über den Unglücklichen und zerfleischen ihn. In solchen Fällen ist der Eskimo machtlos und hütet sich, zwischen die Hunde zu treten. Sonst erweist sich der Eskimo gegenüber den Hunden als der Stärkere, als der ihnen Überlegene. Unter Umständen ist es die mit einem Stock eingebläute Überlegenheit des Menschen gegenüber dem Tier. Die Unterordnung unter den Menschen entbehrt deshalb einer großen Anhänglichkeit. Kein Wunder ist es deshalb, wenn Eskimohunde gegenüber ihren Besitzern bei dieser oder jener Gelegenheit aufsässig werden und eine bedrohende Haltung einnehmen.

„Die Eskimos erklären, daß sie nicht aus Schikane ihre Hunde so erbärmlich behandeln. Sie müßten knappgehalten, ja auf Notration gesetzt werden, weil sie frühzeitig an die karge Verpflegung der Hungerzeiten gewöhnt werden müßten, mit denen immer zu rechnen sei, und weil der gutgenährte Hund seinem Herrn gefährlich werden könnte. In dieser Hinsicht zeigt sich nun freilich ein bedenklicher Charakterzug des Eskimohundes" (BAUER, 1957).

Die Begründung, die Tiere hungern zu lassen, damit sie dem Menschen weniger gefährlich seien, ist nicht logisch. HAYES sah laut BREHM im Gegenteil dazu die Gefährlichkeit der Eskimohunde gegenüber ihren Besitzern in dem großen Hunger, den sie ständig erleiden. Er vertrat weiterhin die Auffassung, daß die Eskimohunde nur wenig von den Wölfen abweichen und zu keiner Anhänglichkeit an den Menschen fähig seien. Letzteres entspricht nicht den Tatsachen. Der Eskimohund giert danach, gekrault und gestreichelt zu werden und ist sehr empfänglich für ein gutes Wort. Hat man das Zutrauen eines Eskimohundes gewonnen, daß man ihn anfassen kann, wird er überschwenglich in seinem freudigen Gebahren. Die nicht zu vermeidende Begünstigung eines Tieres gegenüber den anderen, – man kann ja nicht alle zur gleichen Zeit streicheln –, bringt Zwiespalt unter sie. Schnell kommt es zu einer Gefahrensituation. Der begünstigte Hund zeigt den anderen die Zähne, um sie auf Distanz zu halten. Auf ihrer Seite ist die Kraft der Gemeinschaft. Ehe man es sich versieht, kann man mitten in eine Beißerei geraten, die unangenehm werden kann.

Sie buddeln sich
in den Schnee ein

Bei der Schlittenfahrt ist das Rudel der Hunde durch Riemen verbunden. Von jedem Hund führt ein Riemen zum Schlitten, und zwar so, daß die Hunde an ihren Riemen fächerförmig auseinanderstreben. Die Fächeranspannung ist nicht gleichbleibend, sondern mutmaßlich zur Verlagerung der Zugspannung wechseln die Hunde oft ihre Plätze. Sie folgen einem Leittier, einem älteren und erfahrenen Hund, der an der Spitze des Gespannes läuft. Mit der Zeit verstricken sich die Riemen wegen des ständigen Herumquirrlens der Hunde. Aus irgendeinem Grunde kann auch plötzlich eine Beißerei ausbrechen. Dann geht alles drunter und drüber. Sie dauert so lange, bis die Riemen sich soweit verflochten und verknäult haben, bis es für die Tiere keinen Bewegungsspielraum mehr gibt. Wenn es einem Eskimo nicht gelingt, die Rauferei schon im Ansatz zu unterdrücken, kann er nur noch warten, bis wieder Ruhe eintritt. Danach wird das Knäul entwirrt und die Fahrt fortgesetzt. Die Peitsche wird danach fleißiger geschwungen. Mit ihr wird geknallt und die Richtung angezeigt, aber nur selten auf ein Tier eingeschlagen. Die Hunde zu schlagen, kann sehr gefährlich werden. Allerdings kennen die Eskimos die Eigenarten ihrer Hunde, und verstehen es, sie individuell auf solch einer schwierigen Fahrt zu behandeln.

Die Fächeranspannung ist die älteste, jedoch nicht die einzige, die im hohen Norden bekannt ist. Es können auch Hunde einzeln oder paarweise hintereinander angeschirrt werden. Ein Ausruhen gibt es für die Hunde während der Schlittenfahrt nicht, auch nicht zur Verrichtung der Notdurft. Die Hunde verrichten sie in gedrückter Haltung mit Anspannung aller Muskeln, dabei eigenartig auf den Vorderläufen hüpfend.

Die Plagerei vor dem Schlitten ist groß. Was treibt die Hunde zu dieser Anstrengung? Welche Triebregungen bedingen oder haben Anteil an dieser Leistung? Ist es die Unterordnung dem Menschen gegenüber? Kommt die Schlittenfahrt als Fluchtverhalten zustande, ausgelöst von der Peitsche des Schlittenführers? Löst die Beschränkung der Bewegungsfreiheit, des Angeschirrtseins, einen Freiheits- und Bewegungsdrang aus? Stürmt die Meute lediglich dem Leithund nach? Wahrscheinlich sind alle diese Triebregungen am Zustandekommen der Zugleistung mit vielleicht wechselnder Intensität beteiligt. Aber auch der Jagdeifer kann noch hinzukommen.

Eskimohunde werden vorzugsweise bei der Seehund-, Otter- und Bärenjagd verwendet. Manche Jagd wird als Schlittenfahrt eingeleitet, führt zum Hetzen und Erlegen von Wild. Es kann aber auch dazu kommen, daß eine gewöhnliche Schlittenfahrt, wenn die Hunde die

frische Fährte eines Bären wittern, zu einer vom Menschen unbeab-
sichtigten Jagdpartie wird. Die Hunde halten sich dann nicht mehr an
die angewiesene Richtung. Eine rasende Fahrt voller Jagdleidenschaft setzt ein, der Spur des Bären nach. Sobald eine solch wilde
Jagd in Gang gekommen ist, ist der Eskimo machtlos. Er wartet nur
noch den passenden Zeitpunkt ab, die einzelnen Leinen vom Schlitten zu lösen. Dies kann in voller Fahrt mit einem einzigen Griff geschehen. Der Schlitten läuft aus. Der Eskimo wird jetzt Zeuge, wie
sich seine Hunde auf den Bären stürzen und ihn von rückwärts angreifen. Wendet sich der Bär ihnen zu, weichen sie aus. Mancher von
ihnen gerät in den Bereich der Pranken des Angegriffenen und wird
erschlagen. Eine von Eskimos beabsichtigte Jagd würde sich in ihrem
Ablauf nicht anders gestalten. Die Hunde verbeißen sich im Fell des
Gejagten. Der Schlittenführer greift zur Büchse. Oft ist es problematisch, im Gequirl des Kampfes der Tiere den Schuß ohne Gefährdung
eines Hundes anzubringen. Dieses Jagdverhalten entspricht der natürlichen Veranlagung der Hunde, dazu ist keine Abrichtung erforderlich. Die Eskimohunde erweisen sich als sehr vielseitig und sind
darin dem Wolf ähnlich. Wir erkennen in dem Eskimohund noch
stark wölfisches Verhalten.

Die Eskimohunde sind nicht nur, was Nahrung und Leistungen betrifft, an schwere Lebensbedingungen gewöhnt. Besonders hohe Anforderungen an ihre Widerstandsfähigkeit ergeben sich aus den Wit-
terungsbedingungen. Temperaturen von 40 bis 45 Grad unter Null
müssen sie, die kein Dach über den Kopf kennen – und sei es nur die
spärlichste Hundehütte – im Freien ertragen. Sie legen sich, je nach
Jahreszeit und Witterungsumständen, in eine Erdmulde oder bud-
deln sich im Schnee ein und lassen sich auch einschneien. Sie liegen
zusammengerollt mit dem Kopf auf den Vorderläufen und bedecken
den Fang mit ihrer buschigen Rute. Wird ein Gespann von einem
Schneesturm überrascht, verhalten sich die Hunde ebenso. Sie leiden
es, daß man sich zu ihnen legt, um sich bei ihnen zu wärmen. Die
Hunde eines Gespannes dienen bei längeren Fahrten auch als Nahrungsreserve. Davon ist auch auf Expeditionen schon Gebrauch gemacht worden.

Sie fürchten den Wolf

Erstaunlicherweise hört und liest man nur, daß die Eskimohunde, im Gegensatz zu vielen anderen Hunden, den Kampf mit einem Wolf nicht suchen, ja sich vor ihm sogar fürchten. „Hemmungen gegenüber anderen Tieren hat der Eskimohund nur wenig. Sogar den Moschusochsen, dessen massiger Körper etwa 2,50 m lang und etwa 1,20 m hoch ist, geht er an" (BAUER, 1957). Aber das „Wenige" an Hemmungen gegenüber anderen Tieren bezieht sich ausgerechnet auf den Wolf. Bereits der englische Polarforscher ROSS bezeugte die Ängstlichkeit von Eskimohunden beim Auftauchen ihrer Vettern. Heulen und zittern würde ein Eskimohund beim Nahen eines Wolfes. BAUER (1957), spricht von einem besonderen Fall: Als die Eskimohunde einen Wolf witterten, begannen sie jämmerlich zu jaulen. Einer der Hunde suchte Zuflucht in einem metereologischen Instrumentenhäuschen. Und nichts weiter war geschehen, als daß ein Wolf in einer doch beachtlichen Entfernung von 300 Metern vorbeistrich. Eine wissenschaftlich begründete Erklärung für diese Ängstlichkeit des Eskimohundes vor dem Polarwolf konnte noch nicht gegeben werden.

Untereinander verwandt

In den nordischen Weiten Europas, Asiens und Amerikas werden allerorts von den Menschen Hunde gezüchtet, die zum Ziehen von Schlitten, zur Jagd, zum Treiben und zum Schutz der Rentierherden verwendet werden und auch als Wach- und Haushunde dienen. Ihre Namen entstanden ohne die Absicht, damit Hunde unterschiedlicher Art kennzeichnen zu wollen. Nach ihren Besitzern sprach man von Eskimohunden. So entstanden auch die Namen Samojedenspitz, Lappenhund, Finnenhund usw. Nach der geographischen Lage

sprach man von Polarhunden und Nordlandhunden als Sammelbe-
griffe, und nach Territorien auch vom Karelischen, Sibirischen Hunden usw.

Nach ihrem vorzugsweisen Verwendungszweck kam es zu den Namen Schlitten-, Elch- und Bärenhunde. Schlittenhunde ist eindeutig
ein Sammelbegriff, ebenso wie Husky, der auch zu den Schlittenhunden rechnet. Grenzen sind bis heute kaum abzustecken. „Der Husky
ist ursprünglich der Indianerhund Alaskas und der benachbarten Gebiete. Für alle diese Hunde gelten keine derart differenzierten und
scharf umrissenen Rassenkennzeichen wie etwa für unsere Hunde:
entscheidend für ihre Gruppierung ist in erster Linie ihr Gebrauchswert" (FEHRINGER, 1954).

Nach ihrer Abstammung und nahen Verwandtschaft zu den Wölfen wegen ständiger Einkreuzungen der Wölfe in die Hundebestände
ist dieses Wildtier gewissermaßen der gleiche Nenner für alle diese
Hunde. Ein weiterer Sammelbegriff ist Laika. „Laika bedeutet ‚Bel-
ler' und verrät die wichtigste Funktion dieses nordischen Hundes,
Wild zu verbellen. Außerdem gilt diese Bezeichnung im Norden für
alle Hunde, die vor den Schlitten gespannt werden" (FEHRINGER,
1954). Zu den Laiki zählen unter anderen die Finnen- und Samoje-
denhunde. „Jeder Volksstamm in diesen nordischen Weiten hat seinen eigenen Hund langsam herausgebildet, und so lassen sich heute
die Laiki der Wodjaken, Ostjaken, Wogulen, Karelier und Syrianen
und andere unterscheiden. Sie stehen im Äußeren etwa zwischen
einem großen Spitz und dem Schäferhund. Gemeinsam ist ihnen ferner der gestreckte Körper, die verhältnismäßig hohen Läufe, eine
spitz zulaufende Schnauze, straffe Stehohren und ein buschiger
Schwanz, meist über den Rücken geschwungen oder nach der Seite
geringelt. Die schrägstehenden Augen sind ein Beweis für dauernde
Wolfseinkreuzungen, die bei diesen nördlichen Volksstämmen gebräuchlich sind, um Zähigkeit und Wetterfestigkeit zu heben. Die
mitvererbte wölfische Wildheit wird in Kauf genommen.

Erstaunlich ist, daß das Haarkleid dieser Laiki nicht etwa ein dichtes Langhaar, sondern nur ein derbes Stockhaar ist, wie es der wilde
Wolf auch trägt" (FEHRINGER, 1954).

Das Langhaar bei Hunden ist ein Kulturprodukt, ist herausgezüchtet. Es vermag zwar auch vor Kälte zu schützen, aber Schnee fängt sich in ihm. Zweckmäßiger für ein Leben im Schnee ist das halblange Stockhaar mit der reichen Unterwolle, die auch den Wölfen eigen ist und besonders warm hält. Die Laiki sind im Norden fahlgelb bis weiß, weiter südlich kommt es zur Wolfsfärbung, außerdem gibt es noch recht unterschiedliche Färbungen. Die Haarfarbe wird bei der Zucht nicht berücksichtigt, auf sie kommt es nicht an.

Die Beschreibung der Eskimohunde bei der Jagd auf Bären erinnert an die Brackenjagd. Es ist jedoch nicht sicher, daß Eskimohunde in jedem Fall, obwohl sie bellen können, auch bellen werden. Sie sind mit dieser Lautgebung weiter als der Wolf. Das Bellen ist im hohen Norden durchaus nicht immer eine Selbstverständlichkeit. „Interessant ist in diesem Zusammenhang, daß die Eskimohunde, die zwar Haustiere sind, sich aber noch eine gewisse Wildheit bewahrt haben, auch in ‚sprachlicher' Hinsicht eine Zwischenstellung einnehmen. Daß sie überhaupt nicht bellen können, wie dies häufig behauptet wurde, ist widerlegt. Sie können es. Aber charakteristisch für sie ist ihr Heulen, das sie bei Sonnenuntergang, gegen Mitternacht und gegen Morgen ertönen lassen und das durchaus an das Geheul der Wölfe und Schakale erinnert" (BAUER, 1957).

Zumindest weist die Bezeichnung Laika auf die Wertschätzung des zur Jagd verwendeten guten Bellers hin. Aufschlußreich ist eine Einschätzung FEHRINGERS über den Finnischen Spitz, der zu den Laiki zählt: Er sei ein ausgesprochener Einzelbeller, der „die Methode der übrigen Laiki nicht mitmacht, die beim Lautgeben ihrer Kameraden alle zusammenströmen und mitbellen". In der Sowjetunion ist man bestrebt, die Jagdlaiki züchterisch zu erfassen. „Waren es vor dem sowjetischen Kynologischen Allunionskongreß im Jahre 1947 noch 16 Schläge der Laiki, die, wie die sowjetischen Kynologen schreiben, unbegründet wegen kaum merklicher Unterschiede unterteilt wurden, so kennt die moderne sowjetische Kynologie nur noch vier anerkannte Jagdlaika-Rassen" (SEUPEL, 1976). Das sind der Russisch-Europäische Laika, der Westsibirische Jagdlaika, der Ostsibirische Jagdlaika und der Karelo-Finnische Jagdlaika.

IX
Erfahrungen
mit zahmen Wölfen

Mittelalterliches Stadtwappen von Pritzwalk.
Die Linde gilt als Symbol des Christentums,
der Wolf als das der Heiden.

Hauswölfe
in unserer Zeit

Wenn Wölfe nicht als Raubtiere im Käfig gehalten werden, sondern unter häuslichen Verhältnissen aufwachsen, kommt es zu einer starken Aktivierung ihres Gemeinschaftstriebes gegenüber den sie betreuenden Menschen. In ihrer Anhänglichkeit unterscheiden sie sich kaum noch oder überhaupt nicht mehr von Hunden.

1837 erwarb das schwedische Ehepaar Bedoire drei junge Wölfe, die sie wegen ihrer gleich anfänglichen hundlichen Zutraulichkeit nur „Hündchen" riefen. Die Wolfsjungen blieben nicht beisammen, zwei von ihnen kamen in andere Hände. Dem zurückgebliebenen Wolf behagte das Alleinsein nicht, deshalb suchte er jetzt verstärkt Anschluß an seine menschlichen „Meutegefährten". Dieses enge Verhältnis förderte, wie aus den Worten von Katharine Bedoire zu entnehmen ist, seinen Schutztrieb: „Sonderbar war es, wie dieser Wolf zutraulich wurde, daß er sich, sobald wir zusammen ausgingen, neben uns legte, wo wir ruhten, aber nicht duldete, daß irgend jemand sich uns auf mehr als zwanzig Schritt näherte. Kam jemand näher, so knurrte er und wies die Zähne. Sowie ich nun schalt, leckte er mir die Hände, behielt aber die Augen auf die Person gerichtet, die sich uns nähern wollte."

Der Wolf durfte sich in den Zimmern und selbst in der Küche aufhalten und mit den Kindern spielen. In dem Bewußtsein, ein Wildtier vor sich zu haben, schloß man nicht aus, der Wolf könnte mit zunehmendem Alter auch gegenüber Familienangehörigen gefährlich werden. Ihm traute man kein beständiges Hundeverhalten zu. Als er „fünf Monate alt und bereits groß und stark war", wurde entschieden, „ihn anzubinden, aus Furcht, daß er bei seinen Spielen mit den Kindern dieselben mit seinen scharfen Klauen ritzen oder sie einmal blutend finden und dann Lust bekommen könnte, schlimmer mit ihnen zu verfahren."

Es gibt keine Beweise dafür, daß ein in Menschengemeinschaft lebender Wolf bei Blutgeruch sich in eine „wilde Bestie" verwandeln würde. Bekanntlich ist die Feindschaft zwischen Hunden und Wölfen schier sprichwörtlich. Von dieser Feindschaft bleibt nichts übrig, wenn Wolf und Hund häuslich zusammen aufwachsen.

Der schwedische Wolf bewohnte schließlich mit einem Jagdhund zusammen eine Hundehütte. Das Verhältnis zwischen beiden war so eng, daß sie auch wegen eines Stückes Fleisch nicht aneinandergerieten und sich gegenseitig respektierten.

Versuche mit Wolfi

„Sein Vater war ein russischer Wolf, die Mutter stammte aus Rumänien. Beide gerieten in Gefangenschaft" (SCHMID, 1941). So beginnen die Aufzeichnungen über Wolfi aus dem Jahre 1935. Als ihn der bekannte Tierpsychologe in seine Wohnung aufnahm, war Wolfi noch so klein, daß er in einem Kistchen in der Größe von 48 cm × 30 cm × 28 cm, die im Korridor stand, bequem liegen und stehen konnte. Tagsüber spielte Wolfi im Garten mit Blumen und Dingen, die für ihn erreichbar waren: alte Stiefel, Hosenträger usw. Besonders gefiel ihm ein Ziegenfell, in das er sich verbiß, das er anknurrte und nach Leibeskräften schüttelte. Der Hund des Hauses ließ ihn gewähren. „Dann wandte er sich dem Hund selbst zu, umsprang ihn schwänzelnd und versuchte, ihm galoppierend zu folgen" (SCHMID, 1941).

Bereits am zweiten Tag seiner Anwesenheit winselte er nachts um ein Uhr und kündigte damit sein Bedürfnis an. „Dieses Sich melden behielt er bei, solange er im Hause schlief, ein Beweis dafür, daß es nicht allzu schwer fallen dürfte, einen Jungwolf gleich Hunden zimmerrein zu halten, wenn man seine Meldung versteht und ihr rechtzeitig nachkommt" (SCHMID, 1941).

Weil Wolfi noch klein war, hatte er Mühe, die Freitreppe Stufe für Stufe zu erklimmen. Manchmal purzelte er zurück. Vor der Haustür angelangt, winselte er um Einlaß. Das geschah schon in den ersten Tagen seines Hauswolf-Daseins. Ließ man ihn ein, stand er neuen Schwierigkeiten gegenüber. Die Treppe zum ersten Stock führte nach rechts im Bogen herum. In der engen Windung waren die Stufen ganz schmal, nach außen wurden sie breiter. Der kürzere Weg führte über die schmal zulaufenden Stufen in der engen Windung. Hier strebte Wolfi nach oben. Zwei Stufen vermochte er noch zu bezwingen, bei der dritten verlor er den Halt und fiel zurück. Weil die Stufen schmal waren, purzelte er alle wieder hinunter. In solch einem Fall wurde er getragen, sammelte aber dennoch Erfahrungen. „Durch diese Erfahrungen klüger geworden, probierte er das Klettern auf der Breitseite, und in der Tat gelang es ihm, auch selbst noch die letzte und 18. Stufe zu erreichen. Fortab mied er beim Auf- wie Abwärtsgehen die engen Windungen. Dieses Beispiel einer raschen Auffassungsgabe blieb typisch für das Verhalten Wolfis neuen Situationen gegenüber" (SCHMID, 1941).

Der kleine Wolf hatte immer einen guten Appetit, der bis zur Freßgier reichte. Körperlich entwickelte er sich schneller als gleichaltrige Hunde. Auch im Verhalten zeigte er ein größeres Reaktionsvermögen. Er trieb auch sein Spiel mit Mäusen, biß sie sofort tot, warf sie hoch und fing sie wieder auf. Dies und jenes zu erbeuten, war seine tägliche Beschäftigung. Holzstücke, Bälle, Fußteppiche und was sich sonst noch herumschlepen ließ, wurde von ihm angegriffen und gewürgt. Ohne gezielte Dressur brachte er Gegenstände, die man warf, wieder heran. Es war nur ein Animieren. „Aber es dürfte sicher nicht schwer fallen, ihn auf das Bringen zu dressieren. Denn im Grunde genommen ist das alles schon das ‚Bringsel', das ‚Aportl', das nicht selten auch wieder herangebracht wird, wenn man es fortschleudert" (SCHMID, 1941).

Den Beutetrieb des Wolfes in vom Menschen gewünschten Bahnen zu lenken, hat zur Voraussetzung, daß er bereit ist, den Beutegegenstand freizugeben. Soll eine derartige Leistung dressurmäßig gefestigt werden, bedarf es neben der „Meutebindung" zum Menschen auch noch der Unterordnung, die zwar im Verhaltensbereich der Unterwerfung bzw. Demutshaltung liegt, aber sich von ihnen unterscheidet. „Ausgesprochen wolflich-hundlich ist auch seine Unterwürfigkeit. Sobald ich tadelnd seinen Körper berühre oder ihm mit einem Gertchen drohe, wirft er sich auf den Rücken, meist sogar mit angezogenen Beinen oder auch seitlich in dem Bestreben, seine

Oberfläche zu verkleinern. Mitunter kriecht er bei empfangenem Tadel ängstlich auf mich zu. Das ist umso merkwürdiger, als er noch niemals ernstlich Schläge bekommen hat" (SCHMID, 1941). Das ist schon ein Zuviel an Unterordnung, das ist Unterwürfigkeit, das ist Demutsverhalten gegenüber dem Ranghöheren, worin der Wolf gewöhnlich Hunde übertrifft.

Nach dem Gesagten dürfte es nicht schwer sein, einem Wolf das Heranbringen von Gegenständen beizubringen – solange alles Spielerei bleibt. Eine solche Leistung hat ihre Grenzen, reicht an Festigkeit und Sauberkeit der Ausführung sowie an Variierbarkeit der zu bringenden Gegenstände bei weitem nicht an eine mit einem Hund erzielbare Leistung heran.

Konfliktsituationen

Ein Wolfsrudel reagiert bei aufkommender Gefahr einheitlich – es flieht vor ihr. Einmal ausgelöstes Fluchtverhalten überträgt sich von einem Wolf auf den anderen als Ausdruck eines sogenannten passiven Abwehrverhaltens.

In der gemischten Meute „Mensch-Wolf" fehlt es an dieser Einheitlichkeit im Verhalten gegenüber Umweltfaktoren. Wolfi erschrickt, flieht und muß erleben, daß sein menschlicher Meutegefährte ihm nicht folgt. Im Wolfsrudel unterstützt der Gemeinschaftstrieb das Fluchtverhalten, anders in der Mensch-Wolf-Gemeinschaft. Es ist der Meutetrieb, der Wolfis Flucht abbremst und schließlich den Sieg über den Fluchttrieb davon trägt. Wolfi wendet sich um. Die Rückkehr zu den ihm vertrauten Menschen ist ihm jetzt das Wichtigste.

In dem Maße, wie der Meutetrieb den Fluchttrieb verdrängt, kommt es zu Konsequenzen im tierischen Gesamtverhalten: Das sogenannte aktive Abwehrverhalten erlangt zunehmende Bedeutung. Auch die Gebundenheit an ein engbegrenztes Territorium unterstützt diesen Prozeß, was sich bei Wolfi erweist. „Zuletzt zum Haustier herangereift, sucht er die in den Garten eintretenden Fremden zu umkreisen und durch leises Pusten und Knurren ihre Unerwünschtheit zum Ausdruck zu bringen. Aber hinter dem steht mehr. Der zur Tür hereinkommende Fremdling betritt Wolfsbesitz, und der auf mich Zukommende nähert sich fremdem Eigentum. Genau so wie auf dem Baum, wo bereits ein Starenpaar nistet, ein anders verjagt wird, hat ein Eindringling in unserem Garten nichts zu tun. Und ich? Ich gehöre zum Eigentum des Wolfes" (SCHMID, 1941).

Da Wolfi in Gemeinschaft mit Menschen aufwuchs und er grundsätzlich mit Menschen keine bösen Erfahrungen machte, versuchte er – wie ein junger Hund – auch bei fremden Menschen Anschluß zu finden. Scheu und Vorsicht bei der Annäherung standen in Widerstreit zu der aufkeimenden „Meuteerweiterung".

Bereitschaft zur Flucht und Bereitschaft zur Freundschafterweisung schaffen eine Konfliktsituation. „Mitunter glaubt man den inneren Kampf in ihm zu verspüren, wenn er einen Anlauf nimmt, sich fremden Menschen freundlich zu nähern, und er dann plötzlich mit gesträubtem Nackenhaar wieder zurückweicht" (SCHMID, 1941).

Gegenüber Kindern siegte bei ihm der Meutetrieb bzw. der Spieltrieb, kam die Scheu nicht auf, die er sonst fremden Menschen gegenüber offenbarte. Es genügte der Geruch eines unbekannten Menschen, um Wolfi scheu und vorsichtig werden zu lassen. Die Fährte eines fremden Menschen, eines Kaminkehrers, der auf betoniertem Weg vom Gartentor bis ins Haus gekommen war, wurde für ihn zu einem schier unüberwindbaren Hindernis. „Als Wolfi wie immer munter aus seinem Schlafraum (hinter dem Haus gelegen) sprang und in der Nähe des betonierten Weges zwischen Gartentor und Haus kam, sträubte er das Rückenhaar und ging einige Schritte rückwärts. Daraufhin wurde er mit Fleisch herangelockt, aber auch das half nicht. Wolfi benahm sich so wie ein Hund oder ein Mensch, der über einen tiefen Graben oder einen Bach springen will und den Sprung, in der Annahme, dieser könnte fehlgehen, nicht wagt. Und so lief er auf der einen Seite des Weges in seinem zwischen Begehren und Scheu schwankenden seelischen Zustand hin und her. Endlich gab er sich einen Anlauf und übersprang das Hindernis. Merkwürdigerweise war dort nicht die geringste Spur eines Fußabdruckes vom Kaminkehrer zu sehen. Es war lediglich die von der Nase festgestellte

Geruchswahrnehmung, die Wolfi so stark beunruhigte" (SCHMID, 1941).

Käme es nur auf ein gutes Geruchsvermögen und den Trieb an, Gerüche zu untersuchen und ihrem Verlauf zu folgen, hätte Wolfi einen erstklassigen „Fährtenhund" abgeben können. „In der Verfolgung von menschlichen Spuren macht Wolfi erhebliche Fortschritte. Wir und ihm gut bekannte Personen geben ihm kein Rätsel mehr auf, jedoch wird die Fährte ihm unbekannter und unsympathischer Menschen mit großem Interesse aufgenommen und verfolgt. So wurde, wie bereits erwähnt, die Spur jenes Gartenarbeiters, der einmal Wolfis Eigentum bedrohte, wiederholt und gründlich untersucht. Nach alledem sind seine Nasenleistungen geradezu hervorragend. Seine Spürlust ist so groß, daß er ohne Leine die Fährte ausarbeitet, was mir von keinem Junghund und selbst nur von wenigen Berufshunden bekannt ist. Seine Arbeit ist ungemein gründlich und kritisch in der Ablehnung von Fremdfährten.

Zu diesen starken Qualitäten tritt eine ausgeprägte negative, nämlich seine Scheu. Diese ist naturbegründet und für das Raubtier Wolf zweifellos von Vorteil, insofern sie ihn zur Vorsicht bei Gefahren mahnt. Für einen Fährtenhund, im Sinne eines Berufshundes jedoch wäre er nicht zu gebrauchen. Ihm dürfte bei der Arbeit kein Mensch begegnen, ja nicht einmal ein Geräusch stören. In solchen und ähnlichen Fällen würde er Hals über Kopf die Flucht ergreifen" (SCHMID, 1941).

Der Wolf
im Flugplatzrestaurant

Aus der Sowjetunion stammen Mitteilungen, wonach mit Erfolg ein Hauswolf gehalten wird. Man darf aus einer solchen Nachricht nicht den Schluß ziehen, die Zahl der Halter von Hauswölfen sei sehr groß. Einer von ihnen ist MASLOW, der als Dispatcher auf dem Flugplatz der jakutischen Siedlung Oimjakon arbeitet. Dort ist er als der „Mann mit der Wölfin" bekannt. Dynda, so heißt die Wölfin, wurde von ALEXANDER MASLOW in der Tundra gefunden. Sie wuchs im häuslichen Milieu auf und wird im Zwinger gehalten. Von den Hunden des Ortes lebt sie nicht isoliert und bekommt immer wieder Gelegenheit, mit ihnen zu spielen. Ihre Scheu vor ihnen hat sie überwunden. Von Wärme hält sie als echter Polarwolf nicht viel. Das ganze Jahr über lebt sie in einem Zwinger neben einem Treibhaus, das in dieser nördlichen Zone zum normalen Besitz einer Familie zur Erzeugung von Frischgemüse gehört. Als im Winter das Thermometer 62 Minusgrade anzeigte, hielt es MASLOW für geraten, die Wölfin im Treibhaus unterzubringen, was ihr aber gar nicht behagte. Sie winselte und kratzte so lange, bis man sie wieder herausließ. Einmal war der Zwinger nicht sicher verschlossen, und Dynda konnte die Tür aufdrücken. Sie nutzte ihre Freiheit zu einem Besuch im nahen Flugplatzrestaurant. „So schnell hatten die Gäste den Raum noch nie verlassen. Doch Dyndas Absichten waren durchaus friedlich, beschnupperte sie doch in aller Ruhe die Speisereste auf den Tischen und kostete vom Fleisch, vom Brot und von der Suppe. Unwirsch wurde sie erst, als sie von ihrem Herrn zurück in den Zwinger befördert wurde" (NBI 3/1976).

Die natürliche Vorsicht des Wolfes, seine Scheu vor allem, was ihm unbekannt ist, trennt ihn vom Hund, wie wir ihn uns vorstellen. Aber andererseits erscheint uns ein häuslich gehaltener Wolf in seiner Anhänglichkeit, Neugier und wie er sich in der Umwelt des Menschen zurechtfindet, einem Hund ähnlich. Die große Lücke klafft nicht zwischen Hund und häuslich gehaltenem Wolf, sondern zwischen dem zahmen Wolf und dem in freier Wildbahn lebenden.

X
Tierpsychologie und Hundeabrichtung

Hundedarstellung.
Miniatur aus der 2. Hälfte des 15. Jahrhunderts

Verhaltensunterschiede
von Wolf und Hund

Die überbetonte hündische Anhänglichkeit des häuslich gehaltenen Wolfes paßt so gar nicht zu dem Bild eines blutrünstigen Tieres. Wenn man ihn so sieht, möchte man ihn einem Hund gleichstellen. Aber es ist nicht die Anhänglichkeit allein, die einen Hund ausmacht, obwohl diese Eigenschaft für ihn charakteristisch ist. Ein genereller Unterschied zwischen dem Wolf und dem Hund besteht in der Dressurfähigkeit. Die natürlichen Triebe des Wolfes sind schwerer in die vom Menschen gewünschten künstlichen Bahnen zu lenken als die eines Hundes. Die Anstelligkeit des Wolfes zur Bringeleistung läßt sich nicht zu einer Unterordnungsleistung gestalten, wie das beim Hund möglich ist. Auch das Kampfverhalten des Wolfes entspricht nicht dem, was wir von einem Hund erwarten. Auf dem III. Kynologischen Weltkongreß gliederten R. und R. MENZEL das Schutzverhalten des Hundes auf. Im Bereich des aktiven Schutzverhaltens unterschieden sie: Verteidigungstrieb, Schutztrieb und Kampftrieb, jeweils verbunden mit den gleichfalls testfähigen Wesenseigenschaften wie Schärfe und Härte. MENZELS sprächen noch von Mut, den man aber nur als einen kynologischen Ausdruck gelten lassen kann. Besser wäre es, von Angriffsdrang zu sprechen. Wesentlich ist, daß der Mensch als Reizauslöser in Erscheinung tritt. Der Verteidigungstrieb wird ausgelöst durch eine Bedrohung des Hundes oder durch einen Angriff auf ihn. Während der Wolf die Flucht vorzieht und sich erst in Bedrängnis verteidigt (bei blockiertem Fluchtweg), wird vom Hund erwartet, daß bei ihm von vornherein der Verteidigungstrieb dominiert.

Beim Wolf steht die Flucht vor dem Menschen oben an und beim Hund der Kampf gegen einen Angreifer. Der Schutztrieb erweist sich bei der Abwehr eines Angriffes auf den menschlichen Meutegefährten, ist also eine Fremdschutzhandlung. Der Kampftrieb wird verstanden als Verhaltenseigenschaft, die auf größere Distanz ausgelöst werden kann, sich nicht auf die Abwehr eines Angriffes, gleich gegen wen gerichtet, bezieht. Der Gipfel hundlichen Kampfverhaltens ist eine Folge der Domestikation. Nicht jeder Hund erreicht sie gleichermaßen. Hier gibt es rassenspezifische Unterschiede und individuelle. Hunde, die als Angstbeißer bezeichnet werden, kommen in ihrem Verhalten dem Wolf nahe.

Die Wölfe von heute dürften hinsichtlich ihres Verhaltens besonders Menschen gegenüber nicht mit denen identisch sein, die zur Zeit der frühen Tierzüchter existierten und mit denen man den Prozeß der Domestikation einleitete. Während einerseits die bestehende Toleranz zwischen Mensch und Wolf verloren ging, der Wolf zunehmender Verfolgung ausgesetzt war, fand der Hauswolf innerhalb der menschlichen Gemeinschaft seine Heimstatt. Im Leben des Wolfes erlangte der Fluchttrieb eine höhere biologische Bedeutung, im Leben der Hauswölfe bzw. der Hunde die Verteidigung des eigenen Territoriums, der eigenen Wirkwelt und der damit verbundenen Personen.

Eine hohe biologische Bedeutung hat für den Wolf auch die Schärfe, die beim Reißen eines wehrhaften Beutetieres, in den Rangkämpfen, bei der Territoriumsverteidigung gegenüber rudelfremden Wölfen und beim Kampf in Bedrängnis auch gegenüber Menschen zum Ausdruck kommt. Diese Kämpfe sind keine Spielerei und werden mit der Schärfe ausgetragen, die die Erhaltung des Lebens gebietet. Im Zusammenleben mit den Menschen besteht als Folge der Domestikation für die Hunde die Tendenz abnehmender Schärfe. Deshalb sind zu allen Zeiten dort, wo es auf eine wilde Kampfweise der Hunde ankam, immer wieder Wölfe eingekreuzt worden, so mit größter Wahrscheinlichkeit auch in die Molosser-Hirtenhunde in der Antike.

Bellen
ist ein Kulturlaut

Ein Wolf kann nicht bellen. Dazu noch einige Zeilen zu Wolfi: „Lautlich ist Wolfi weit weniger begabt als der Hund. Wohl kann er knurren, winseln, heulen wie dieser, aber nicht bellen, d. h. er macht mitunter einen Ansatz zu diesem, aber es bleibt lediglich bei einem einstimmigen und meist einmaligen Laut bei ein und derselben Gelegenheit" (SCHMID, 1941).

Weshalb bellt der Hund und ein Wolf nicht, bzw. bei welchen Gelegenheiten setzt der Wolf zum Bellen an, ohne es zuwege zu bringen? Er gibt diesen eigenartigen Wuff-Laut ab, wenn er erschreckt wird. Man kann ihn als Warnlaut werten, der im natürlichen Milieu das Wolfsrudel aufschreckt. Weniger scheint er unter diesen Bedingungen ein Drohlaut zu sein, da er nur einmal abgegeben wird. Menschen würden in einem solchen Fall mit „Ach!" reagieren. Auf der Flucht wäre ein solcher Laut verräterisch, beim Belauern eines Beutetieres unzweckmäßig. Aber indem ein Wolf, gleich dem Hund, unter häuslichen Verhältnissen lebt, sich sein Leben auf eng begrenztem Territorium abspielt, das er behaupten muß, gewinnen der Verteidigungstrieb eine erhöhte und der Fluchttrieb eine geminderte Bedeutung. Der Laut des Erschreckens übernimmt jetzt mehr die Funktion des Drohens.

Die gleiche Situation lag schon bei den prähistorischen Hauswölfen vor. Das Bellen entstand aus einer neuen biologischen Notwendigkeit. Für die Bracken wurde das Bellen Kampflaut beim Jagen des Wildes und war gleichzeitig das Signal, die Meute zusammenzurufen. Im Leben des Hundes verlor das Heulen seinen Signalwert. „Eine besondere Eigentümlichkeit des Hundes ist sein Bellen, mit dem er Interesse an irgendwelchen Ereignissen bekundet. ,Bellen', so stellte schon der französische Naturforscher BUFFON, einstiger Leiter des Pariser Botanischen Gartens, fest, ,ist die Sprache, die der Hund im Verkehr mit den Menschen erworben hat'. Verwildert ein Hund, so verlernt er diese ,Sprache'. Doch bleibt sie in seinem Unterbewußtsein haften, denn jung eingefangene wilde Hunde und Bastarde von Wölfen und Hunden erlernen das Bellen schnell" (BAUER, 1957).

Dingos zum Beispiel geben, gleich den Wölfen, in der freien Wildbahn keinen Bellaut von sich. Hält man sie als Haustier, bellen sie wie andere Hunde. Dies ist zum Beispiel ein Argument dafür, daß Dingos in ferner Zeit einmal Haushunde waren und verwilderten. Auch in der Lebensweise der Parias liegt es, zu heulen und nicht zu bellen. Hält man sie von kleinauf als Haushunde, bellen auch sie.

Während das Bellen also ein Kulturlaut ist, der den Wildtieren im Laufe der Domestikation eigen wurde und für sie nur unter den Bedingungen der Haustierhaltung Bedeutung erhielt, ist das Heulen ein Naturlaut. Hunde heulen, wenn sie allein sind, meistens in der Nacht und besonders bei Vollmond. Mutmaßlich unterliegen sie dabei dem uralten Wolfstrieb, den Standort zu signalisieren und sich „zusammenzuheulen".

„Vor allem das Bellen", stellt ZIMEN (1978) fest, „ist sehr viel differenzierter als beim Wolf, dessen einfaches Wuffen ihm fast ausschließlich als Warnlaut dient. Beim Hund ist das Bellen zu einer sehr ausdrucksreichen Form der Kommunikation mit dem Menschen geworden. Er drückt damit ‚Gefahr' aus, Aggressionen oder Spielbereitschaft, und einige für die Jagd gezüchtete Hunde drücken durch Bellen sogar aus, um welche Art von Beute es sich handelt, ob nur die Spur der Beute verfolgt wird oder die Beute schon gefunden ist, ob sie gestellt oder tot ist."

Bellen kann auch das Betteln um einen Leckerbissen bedeuten oder auch die Aufforderung zu einem Spaziergang. Bellen ist ein variantenreiches Kommunikationsmittel des Hundes dem Menschen gegenüber.

Die Tierpsychologie – eine der ältesten Wissenschaften

Der Mensch hatte sich bereits in Zeiten, da er noch als Jäger lebte, mit dem Verhalten von Tieren beschäftigen müssen. Für die prähistorischen Jäger waren Kenntnisse über die Lebensgewohnheiten des Wildes Voraussetzung zum Jagderfolg. So sich auch im Verlaufe von Zehntausenden von Jahren das Wissen des Menschen über das Verhalten der Tiere vergrößerte und besonders mit der Domestikation von Hunden und Pferden bereichert wurde, blieb bis in die Neuzeit hinein die Tierpsychologie eine anthropomorphistisch geprägte Wissenschaftsdisziplin. Erst mit der Begründung der Reflextheorie (*lat.*

Canis Indic9 i.

Canis Indi . 2.

Canis Venatorius . Iag hund :
Windſpiel .

*Verschiedene Hunderassen
aus »Historia Naturalis« von Johann Jonstonus,
1652*

reflex = Widerspiegelung) erhielt die Tierpsychologie die wissenschaftlichen Grundlagen, um qualitative Unterschiede nervaler Leistungen zwischen Tieren und Menschen voll zu ermessen.

Den Begriff Reflex gebrauchte als erster der französische Philosoph DESCARTES (1596 bis 1650), der auch erstmals eine allgemeine Darstellung vom Mechanismus des reflektorischen Geschehens gab. Im Jahre 1863 schrieb SETSCHENOW einen Artikel „Über die Hemmungszentren der Reflexe". Für PAWLOW waren besonders die Arbeiten SETSCHENOWS von großem Einfluß. „PAWLOWS Erfolge in der Erforschung der höheren Nerventätigkeit beruhen nicht zuletzt darauf, daß es ihm nach vielen Mühen gelang, eine objektive, naturwissenschaftliche Methode für die experimentelle Untersuchung der Tätigkeit des Gehirns zu finden. Zu diesem Zwecke entwickelte er die damals aufgekommene und besonders auch von den deutschen Gelehrten LUDWIG und HEIDENHAIN gepflegte Methode der Fistelbildung weiter" (GEHRING, 1957).

PAWLOW benutzte vorwiegend Hunde für seine Experimente. Er untersuchte bei ihnen Speichel- und Magensaftabsonderungen nach Menge und Beschaffenheit abhängig von den Faktoren, die zu diesen Absonderungen führen. Es erwies sich, daß unterschiedliche Nahrung als Reizerreger auch nach Menge und Beschaffenheit unterschiedliche Sekretabsonderungen auslöst. Sie waren eine unbedingte Antwortreaktion des Organismus auf den Nahrungsreiz. Mit diesem unbedingt-reflektorischen Geschehen verband sich bald ein bedingt-reflektorisches Geschehen, das PAWLOW als erster in seiner Gesetzmäßigkeit aufdeckte und zur Lehre über die höhere Nerventätigkeit vervollständigte. Es erwies sich, daß bis dahin indifferente Umweltreize, zum Beispiel Schritte eines Menschen als akkustische Signale oder auch optische Reize, unter bestimmten Bedingungen die gleichen Reaktionen auszulösen vermochten, wie die natürlichen Futterreize in unmittelbarem Kontakt mit dem tierischen Organismus, die zu einer Erhöhung der sekretorischen Tätigkeit führen. Diese Stellvertretung eines Reizes durch einen anderen ist Hauptansatzpunkt der Lehre PAWLOWS vom bedingten Reflex.

Nach der Geburt eines Tieres ist jeder Reflex nur von einem ganz bestimmten Reiz auslösbar; im Verlaufe des Lebens können die Reflexe unter bestimmten Voraussetzungen (oder „Bedingungen") auch von anderen, nicht von vornherein zugehörenden Reizen ausgelöst werden. Deshalb nennt PAWLOW diese neuen nervalen Verbindungen „bedingte" Reflexe.

Das Territoriumsverhalten

In kynologischen Schriften wird über das Territoriumsverhalten der Hunde gewöhnlich nichts oder nur wenig geschrieben. Das Wenige beschränkt sich so etwa auf den Hinweis, Wachhunde abgeschieden von Fremden zu halten, damit sie desto sicherer ihren Wachdienst verrichten. Mehr ist die Rede davon, wie Wachhunde beschaffen sein sollen, damit sie sich für diese Aufgabe eignen.

Es ist die Sache wert, daß man sich mit ihr befaßt. Das Verhalten des Wachhundes erklärt sich aus dem Territoriumsverhalten von Caniden. Diese Verhaltensweise gehört zum Gesamtverhaltensbild aller Hunde, gleich welcher Rasse. „Junge Caniden leben zunächst in der Nähe ihrer Geburtsstätte. Später, wenn sie erwachsen sind, grenzen sie sich ein Herrschaftsgebiet, das Territorium oder Revier, ab, in dem ihr Alltagsleben sich in einem bestimmten Raum-Zeit-System abspielt. Es ist gekennzeichnet durch Zeit und Ort des Schlafens, das regelmäßige Begehen von Wechseln, Zeit und Ort des Trinkens, des Kotens und der Markierung auffallender Gebilde mit Harn" (FISCHEL, 1956).

Das instinktive Verhalten kann sich bei dem Wolf in der freien Wildbahn unbeeinflußt vom Menschen unter natürlichen Bedingungen entfalten. Das Territorium umfaßt drei Zonen, wie bei allen Wildsäugetieren. Zuerst wäre die Schlafstelle zu nennen. Sie ist der „Ort maximaler Geborgenheit". Das zweite Gebiet ist eine „Schonzone", die die Stelle maximaler Geborgenheit umgibt. In ihr verzichten Wölfe auf Nahrungserwerb. Der dritte Bereich ist das Jagdrevier, die „Beutezone".

Zum Territoriumsverhalten gehört, dieses gegen fremde Eindringlinge zu verteidigen. Wölfe verteidigen aber nicht ihr gesamtes Territorium gegenüber rudelfremden Wölfen, sondern nur einen Teil davon, die Schonzone, nicht das gesamte Jagdrevier. Daraus erklärt sich die Toleranz der Wolfsrudel untereinander in den Gebieten, wo sich ihre Jagdreviere, was möglicherweise oft vorkommt, überschneiden. Aber die Wolfsrudel testen nicht diese Toleranz, sondern bemühen sich, Überschneidungsgebiete beiderseitig nur wenig in Anspruch zu nehmen. Demgemäß ist der Beutedruck gegen Grasfresser in einem solchen Gebiet geringer.

Das Wolfsgeheul dient einerseits auch dazu, Wolfsbesitz akustisch zu markieren und andererseits die Standorte der Rudel in den jeweiligen Territorien bekanntzugeben, um Begegnungen desto sicherer auszuschließen.

Der Hund ist als Wolfsnachkomme triebhaft mit dem Territoriumsverhalten seiner Ahnen ausgestattet. Er lebt aber in einer künstlichen Umgebung, die ihm territoriale Grenzen nach menschlichen Maßstäben setzt. Wie wird er mit ihnen fertig? In einem eingezäunten Gartengrundstück ist es der Gartenzaun, der das Territorium des Hundes begrenzt. „Es kann nun sein, daß der Garten, den ein Hund verteidigt, nicht sein ganzes Territorium, sondern nur die Schonzone darin ist. Denn nicht wenige Hunde verlassen ihr Wohngebiet gern nachts, streifen umher, hetzen Wild und sind in ihrem Gebaren anders als bei Tage. Auf diesen Ausflügen ist ihr Jagdinstinkt aktiviert. Das Verhalten mancher Hunde läßt vermuten, daß sie dabei ein bestimmtes Gebiet, ihr eigentlich ganzes Territorium, bevorzugen. Indessen stehen zuverlässige Beobachtungen darüber aus" (FISCHEL, 1956).

Wiederholt konnte beobachtet werden, daß Stubenhunde eines Mehrfamilienhauses mit Garten nur die Wohnung verteidigen und innerhalb der Umzäunung keine Angriffshandlungen zeigen. Das ist jedesmal dann der Fall gewesen, wenn die Gartentür immer offen stand und für den Hund, wenn er außer Haus kam, die Umzäunung nie zu einer Begrenzung wurde. Da es ihm in einem solchen Fall auch verwehrt war, sich im Garten aufzuhalten, kam er auch nicht dazu, dieses Territorium als Schonzone „in Besitz" zu nehmen. Der Garten blieb somit ein außerhalb der Schonzone liegender Teil seines gesamten Territoriums, in dem er spazieren geführt wurde, und wo er allerorts seine Duftmarken setzte, und wo er dulden mußte und auch duldete, daß sich dort noch andere Hunde bewegten. Innerhalb der Wohnung hätte ihn nichts dazu gebracht, die Anwesenheit eines anderen Hundes zu tolerieren.

Nicht anders verhält es sich mit einem Hund, der den gesamten Garten als Schonzone verteidigt. Wehe dem fremden Hund, der in sie einbräche. Dazu kommt es nicht, weil andere Hunde diese Abgrenzung respektieren. „Drohendes Gebell gegenüber fremden Hunden ist vor allem als akustische Unterstreichung der Reviergrenze aufzufassen. Zwei Hunde bellten sich oft an einem Zaun gegenseitig an. Eines Tages fehlte aber von ihm ein Stück. Beide rasten wie gewöhnlich bellend an ihm entlang und kamen an die offene Stelle. Jäh verstummten sie dort, kehrten dann aber um, rasten Flanke an Flanke nach dem Teil des Gartens zurück, wo der Zaun noch stand und bellten wutbeflissen weiter" (FISCHEL, 1956).

Sinnesorgane von Wolf und Hund

Wolf und Hund verfügen, abgesehen von äußeren anatomischen Unterschieden, über die gleichen Sinnesorgane wie der Mensch. Aber in ihrer Leistungsfähigkeit gibt es Qualitätsdifferenzen. Diese bestehen auch zwischen Wolf und Hund. Doch ist es schwer, darüber eine richtige Aussage zu treffen. Sicherlich haben Domestikationseinflüsse Abweichungen in der Leistungsfähigkeit der Sinne vom Haustier zum Wildtier herbeigeführt – sei es zum Besseren oder zum Schlechteren. Darüber ist bisher kaum etwas zu lesen. Und das Wenige entspricht mehr subjektiven Einschätzungen als wissenschaftlichen Beweisführungen. Mit dem seit Jahren anwachsenden Interesse für den Wolf auch als Forschungsobjekt werden Schritt für Schritt Erkenntnislükken geschlossen, vielleicht auch bald solche, die dieses Thema betreffen.

Es gibt Anhaltspunkte, das Riechvermögen des Wolfes höher einzuschätzen als das eines Hundes. Die Nase von Wolf und Hund besteht jeweils aus einer mit Schleimhaut ausgekleideten Doppelröhre, die zu den eigentlichen Nasenhöhlen führt. Von der Schleimhaut der Nasenhöhlen ist nur ein eingegrenzter Bezirk mit Geruchsrezeptoren ausgestattet: das sogenannte Riechepithel, das in der Riechnische jeder Seite liegt. Das Epithel wird durch die Bowmanschen Drüsen feuchtgehalten. Von dem Riechepithel führen Nervenbahnen zum Riechhirn, dessen Anfangsteil die Riechkolben bilden. Diese Riechkolben sind bei Wolf und Hund als Nasentiere besonders stark ausgeprägt. Die Geruchsreize entstehen aus gasförmigen Stoffen. Damit sie aber Riechvorgänge auslösen können, müssen sie erst im Sekret der oben erwähnten Bowmanschen Drüsen gelöst werden.

Man muß aber auch sagen, daß die objektive Erforschung des Geruchssinnes größere Schwierigkeiten bereitet als der anderer Sinnesorgane. Dazu äußerte sich PAWLOW: „Obwohl der Geruchsapparat der vollkommenste Analysator des Hundes zu sein scheint, ist doch bisher seine Erforschung bei uns natürlicherweise aus methodischen Gründen noch höchst mangelhaft. Es ist auch heute noch sehr schwer und beinahe unmöglich, Gerüche ebenso genau und bestimmt zu handhaben, wie andere Reize. Wir sind nicht imstande, ihre Wirkung in der Zeit genau zu begrenzen, und besonders hinsichtlich des Vorhandenseins oder Nichtvorhandenseins von Spuren dieser Reize hat man weder ein subjektives, noch objektives Kriterium."

Gleiches gilt selbstverständlich auch für den Wolf. Es ist bis jetzt noch nicht befriedigend gelungen, die Gerüche (im Gegensatz zu Grauwerten, Farben und Tönen) einzuteilen. Man benennt sie deshalb meist nach Gegenständen oder Stoffen, denen bestimmte Gerüche für gewöhnlich anhaften. Indem man aber die Masse eines riechbaren Stoffes als Maßstab nahm, die Intensität der Duftquelle zu kontrollieren und die Riechbarkeit des Stoffes auf die Erreichung der Reizschwelle des Geruchsorgans abstimmte, kam man zu folgendem Ergebnis: Der Hund rieche zwölfmal besser als der Mensch. Haberhauffe/Albrecht (1979) vermerken: „Im allgemeinen wird angenommen, daß das Riechvermögen des Hundes 1000mal empfindlicher ist als das des Menschen".

Auch der Gehörsinn von Wolf und Hund ist leistungsfähiger als der des Menschen. Nachweislich vermag der Hund Töne in einer Höhe aufzunehmen, die der Mensch in weiterer Entfernung nicht mehr hört. Darauf beruht auch die Konstruktion einer Signalpfeife, die nur für den Hund hörbar ist. Versuche haben ergeben, daß der Hund auch im Richtungshören dem Menschen überlegen ist. „Es ist erwiesen, daß der Hund etwa achtmal besser hört als der Mensch. Er hört allerdings die Töne nicht achtmal lauter, sondern der anatomische Bau seines Ohres ermöglicht dieses feine Gehör.

Das Ticken einer kleinen Uhr hört der Mensch höchstens bis auf eine Entfernung von etwa 3 m, der Hund kann es noch bis auf etwa 25 m vernehmen, also achtmal weiter. Außerdem kann der Hund Töne hören, die bereits im Ultraschallbereich liegen, also oberhalb des Hörbereiches des Menschen. Der Ultraschall beginnt bei etwa 20 kHz. Die untere Hörgrenze liegt sowohl beim Menschen als auch beim Hund bei etwa 16 kHz. Der Hund nimmt Töne bis zu einer Frequenz von 40 kHz auf. Das bedeutet, daß er wesentlich mehr durch akustische Erscheinungen belastet wird als der Mensch" (Handbuch für Diensthundeführer, 1968). Auf keinen Fall steht der Wolf dem Hund an Hörfähigkeit nach.

Mit dem Sehvermögen reichen Wolf und Hund nicht an das des Menschen heran. Nur in der Differenzierung von Grauschattierungen übertreffen beide mit großer Wahrscheinlichkeit den Menschen. In der Analyse von Farben und auch Formen sind sie dem Menschen wiederum unterlegen. Es gibt Fälle, in denen der Hund seinen Herrn nicht einmal über die Straße hinweg erkennt. Über die Sehweite des Hundes bestehen unterschiedliche Angaben. Sie schwanken zwischen 400 m und 800 m als maximale Entfernung zum Wahrnehmen von sich bewegenden Personen. Der Scharfsehbereich beginnt je nach Widerristhöhe ab 5 bis 8 m.

„Das binokulare Sehen – die Fähigkeit, mit beiden Augen gleichzeitig einen Gegenstand zu sehen und ihn räumlich zu erkennen – ist beim Hund nicht so möglich, wie z. B. beim Menschen. Die anatomische Lage der menschlichen Augen gestattet ein binokulares Sehen auch auf kürzesten Entfernungen. Der Hund kann das nicht. Bei ihm kommt es erst auf weiterer Entfernung zur Vereinigung beider Sehfelder. Die Auswirkung dieser Tatsache kann man beobachten, wenn der Hund beim Betrachten eines nahen Gegenstandes den Kopf schief hält, um wenigstens mit einem Auge den Gegenstand erfassen zu können" (Handbuch für Diensthundeführer, 1968).

Wenn auch die Sehleistung bei Wolf und Hund hinter dem Geruchsvermögen und dem Gehörvermögen zurückliegt, wäre es falsch, ihre Bedeutung im Leben beider Tiere gering anzusetzen. Sobald der Wolf an seine Beute nahe genug herangekommen ist, versucht er alles, sie im Auge zu behalten und zu hetzen. Das erspart ihm Geruchsprüfungen, die ihm Atem kosten und sein Verfolgungstempo beeinträchtigen würden. Auf diese bedeutungsvolle Schlußphase im Nahrungserwerb ist die Sehleistung des Wolfes bestens abgestimmt.

Fest steht, daß der Wolf ein Dämmerungsjäger ist. Der Sehsinn als Sinnesorgan eines Dämmerungsjägers liegt in seiner Bedeutung für den Organismus hinter den Sinnen, die für Geräusche und Gerüche zuständig sind. Als Wolfserbe hat der Hund auch heute noch die Befähigung eines Dämmerungsjägers. Wolf und Hund sehen in der Dämmerung recht gut. Für beide trifft als Dämmerungsjäger zu, daß Farben in der Dämmerung keinen Signalwert haben, da diese Tageszeit Farben in Grau- und Schwarztöne verwandelt.

Farbenversuche sind mit Hunden schon oft vorgenommen worden. Absolute Farbuntüchtigkeit wird ihnen nicht zugesprochen, aber sie sollen nur auf primitive Farbunterschiede reagieren, die auch in der Grauwertskala ihren Ausdruck finden müssen. Für den Wolf gilt sicherlich gleiches. Wolf und Hund sehen in der Dämmerung relativ gut. Mit weiterer Abnahme der Lichtstärke wäre eine Überlegenheit des Wolfes in der Sehleistung gegenüber dem Hund nicht ausgeschlossen.

Der Gefühlssinn umfaßt Empfindungen, die für Wärme, Kälte, Druck und Schmerz zuständig sind. In diesem Bereich erfolgt auch die Kommunikation von Gunstbezeichnungen der Tiere untereinander und dem Menschen gegenüber.

Zum Geschmackssinn: Wolf und Hund treffen nach ihren Maßstäben, die unter denen des Menschen rangieren, Unterscheidungen im Geschmack. Bei einem hungrigen Tier verlieren Geschmacksunterschiede ihre Bedeutung, und sie lassen sich dann zur Futteraufnahme oder Futterverweigerung von Geruchseindrücken leiten. Es wird angenommen, daß Wolf und Hund wie der Mensch vier grundsätzliche Geschmacksrichtungen zu unterscheiden vermögen: süß, sauer, bitter und salzig. Für Leckerbissen sind sie durchaus empfänglich, und man kann mit diesen gewünschte Verhaltensweisen bekräftigen (in der praktischen Abrichtung nicht unbedingt zu empfehlen).

Instinkte

Die Instinkte sind angeborene Triebregungen, zum Beispiel in Form von Anhänglichkeit, Unterwerfung, Unterordnung, Feindschaft, Kampf, Flucht, Nahrungsaufnahme usw. Die Instinkte werden von der Domestikation beeinflußt, können bestehen bleiben, abgeschwächt werden und auch ganz verschwinden. „Hunde scharren nach dem Absetzen von Kot gelegentlich kräftig mit den Hinterbeinen nach rückwärts. Das ist meist wenig zielgerichtet und einige Schritte vom Ort des Kotabsetzens entfernt. Viele Hunde haben diesen Instinkt überhaupt verloren. Dagegen vergrub unser Boxer seine Verdauungsreste in der Nähe eines Komposthaufens stets vollständig, während er an anderen Stellen nur flüchtig scharrte" (FISCHEL, 1956).

Zu den instinktiven Triebregungen zählt auch die Kreisbewegung des Wolfes zum Beiseitedrücken von Steppengras, zum Ausmulden des Schlafplatzes. Für einen Hund auf einer Decke sind solche Kreisbewegungen unnötig, der Situation nicht angepaßt und laufen als Triebregung ab.

Das Verhalten des Wolfes und des Hundes erschöpft sich nicht in angeborenen Verhaltensweisen. Auch der Wolf zeigt Veränderungen im Verhalten auf Grund von Lebenserfahrungen. Wolf und Hund sind zu Lernleistungen befähigt. Hier aber übertrifft der Hund den Wolf bei weitem.

Der Wolf in einer, der Hund in anderer Weise überlegen

„Durch unterschiedliche Umweltbedingungen, gezielte Kreuzungen und scharfe Auslese nichtgewünschter Merkmale aus der Zuchtlinie in den letzten Jahrhunderten ist schließlich die große Mannigfaltigkeit unserer Haushunde entstanden. Aus dem ‚Zehnkämpfer' Wolf, der viele Disziplinen verhältnismäßig gleich gut beherrscht, ist so der Spezialist Hund entstanden, dessen Leistungen auf seinem ‚Spezialgebiet' die des Wolfes übersteigen. In einem Hunderennen z. B. hätte der Wolf wohl das große Nachsehen – könnte man ihn überhaupt dazu abrichten, einem mechanischen Hasen hinterherzujagen. Auch als Schutzhund würden Wölfe, etwa im Vergleich zu einem deutschen Schäferhund oder zu einem Boxer, nur schlecht abschneiden. Dank ihres Allroundkönnens sind sie dagegen domestizierten Spezialisten in ihrem Lebensbereich – der freien Wildbahn – haushoch überlegen" (ZIMEN, 1978).

In der freien Wildbahn ist mit seinem Allroundkönnen der Wolf einem Hund überlegen und außerhalb dieser natürlichen Lebensbedingungen der Hund dem Wolf. Diese Überlegenheit begründet sich auf eine Spezialisierung und eine als Domestikationserscheinung erhöhte Fähigkeit, sich komplizierteren Lebensbedingungen, als sie das natürliche Milieu bietet, anpassen zu können. Alle Leistungen der Hunde, und seien sie noch so spezialisiert, finden wir – wenn auch nur in Ansätzen – beim Wolf.

Eine Phase des Jagdverhaltens des Wolfes, wenn er als Einzeljäger auf Beute aus ist, ist das Vorstehen. Bei Wahrnehmung des Beutetieres erstarrt der Wolf meist mit angehobener Vorderpfote, aber nur einen Moment, dann folgt die Phase des Angriffes. Bei einem Teil der Jagdhunde wird das Vorstehen besonders gepflegt. „Die Haltung des Vorstehens beruht auf einer Erbkoordination und wird von dem ersten, meist noch ungenauen Wahrnehmen des Opfers ausgelöst.

Aber die ursprünlich hierauf folgende Phase des Jagdverhaltens, nämlich Verfolgung und Angriff, soll der Hund unterlassen, was man gewöhnlich mit dem Befehl ‚Platz' verhindert. Bei hochgezüchteten Jagdhunden ist der Vorstehinstinkt gut ausgebildet, die Angriffsneigung dagegen als Folge einer Selektion entsprechend veranlagter Tiere geschwächt" (FISCHEL, 1956).

Bei der Abrichtung werden Hunde gebraucht, deren Jagdeifer an einer bestimmten Stelle abrichtemethodisch – ohne ungünstige Nebenwirkungen – zu hemmen ist, aber nach dem Schuß wieder enthemmt wird und mit dem Apportieren zur letzten Phase gelangt. Es werden Hunde gebraucht, die das Wechselspiel von jagdtrieblicher Erregung und vom Menschen erzeugter Hemmung nerval gut verkraften. Der Wolf wäre dazu nicht imstande. Das zeigt den genetischen Abstand vom Hund zum Wolf.

Die Abrichtung des Diensthundes

Die Sinnesorgane des Wolfes und sein gesamtes Verhalten entwickelten sich unter den Bedingungen, zur Lebenserhaltung auf Jagdbeute angewiesen zu sein. Mit diesem Wolfserbe ausgerüstet, blieb der Hund in seinem Grundverhalten ein Jäger wie sein Wolfsahne. Alle seine Leistungen, so spezialisiert sie auch sein mögen, leiten sich davon ab. Bei seinem jagdlichen Einsatz mündeten seine Leistungen mit dem Erbeuten eines Tieres, meist bereits durch einen Schuß erlegt. Der Hund wird an der Jagd des Menschen beteiligt, ohne – wie der Wolf – auf diese Art des Nahrungserwerbs angewiesen zu sein. Der Mensch benutzt die natürlichen Triebe des Hundes und leitet sie in künstliche Bahnen. Dazu zählt nicht nur das Vorstehen, sondern auch das Erbeuten eines Wildtieres, ohne es verschlingen zu dürfen. Unter Umständen gewährt der Mensch dem Hund einen kleinen Anteil an der Beute – zum Bekräftigen der Leistung. Auf diese Weise erhält der Jagdtrieb wiederholt eine Futterbekräftigung.

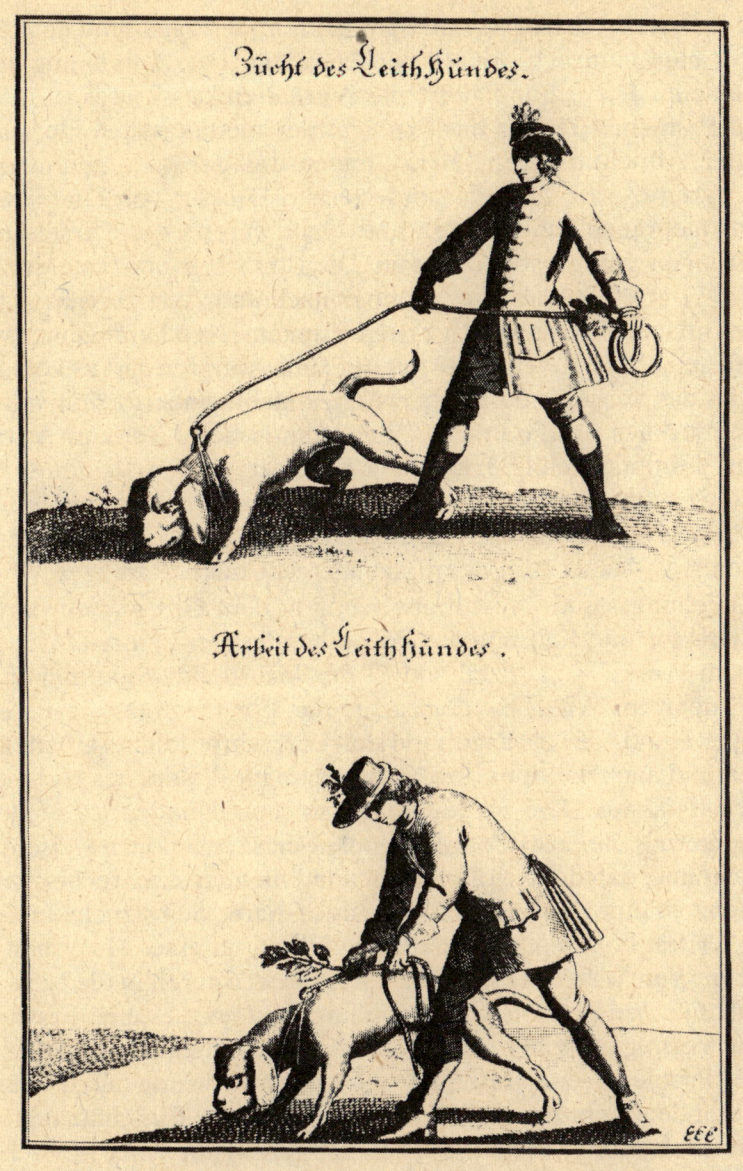

Arbeit mit dem Hund. Aus »Der Vollkommene Teutsche Jäger«
von Hanns Friedrich von Fleming, 1719

235

Schweißfährte, Schleppe und Spur sind für den Jagdhund noch Signale für eine natürliche Beute und Nahrung. Die Abrichtung eines Hundes zum Diensthund führt das Verhalten des Tieres in künstlichere Bahnen. Hier lag das Problem der methodischen Herauslösung der Abrichtung von Diensthunden aus der von Jagdhunden. Jäger waren es, die die Jahrhunderte alte Dressur von Hunden für den Jagdgebrauch beherrschten und Jäger waren es, die erste Dressurleistungen zur Ausbildung von Diensthunden erarbeiteten. Im Jahre 1911 erschien das Buch „Der Polizeihund" von GOTTSCHALK in erster Auflage. 1920 gab der Verlag Neumann, Neudamm, eine zweite Auflage heraus. Zwei Zitate aus der Einleitung: „So ist es kein Zufall, daß das vorliegende Buch, welches nichts anderes sein will als ein Dressurbuch für die Praxis, einen praktischen Jäger zum Verfasser hat. Fünfunddreißig Jahre lang habe ich als Forstbeamter und Jäger Gelegenheit gehabt, praktische Erfahrungen zu sammeln, und sie habe ich in diesem Werke niedergelegt. Schon einmal hatte ich Gelegenheit, das zu tun, allerdings in recht unvollständiger Weise. Die Erziehungs- und Dressuranweisung in dem GERSBACHSCHEN Buche: ‚Dressur und Führung des Polizeihundes', ist in ihren Grundlagen mein Werk." – „Polizeihund ist der Jägerhund schon immer gewesen, denn im Walde ist der Jäger, der Forstbeamte, die Polizei. Derselbe Hund, der als Jagdhund der Wildfährte folgte, arbeitet als Polizeihund auch die Spur des Verbrechers im Walde, des Holz- und Wildfrevlers, aus. Die Arbeit eines solchen Hundes ist ungleich schwieriger als die eines Polizeihundes, weil sie unendlich vielseitiger ist. Nicht nur, daß der Jagdhund fast alle Pflichten eines rechtschaffenen Polizeihundes zu erfüllen hat, auch harte Selbstzucht muß er üben. Wie oft kommt es vor, daß er auf der Spur eines Menschen die Witterung von Wild oder dessen Fährten bzw. Spuren in die Nase bekommt. Für den passionierten Jagdhund bedeutet es eine Leistung, bei der Verfolgung einer Menschenspur jene unbeachtet zu lassen."

Zwei Problemkreise traten als besondere Schwierigkeiten bei der Diensthundeabrichtung hervor: – die richtige Einschätzung des hundlichen Leistungsvermögens bei der Verfolgung einer Menschenfährte und – die Notwendigkeit einer weiteren Überwindung der Vermenschlichung des Hundes.

Neue Wege
bei der Abrichtung
von Hunden

HECK schätzte ein, daß bei der Weiterentwicklung des Diensthunde-
wesens nicht alles so glatt ging, wie man es sich vorgestellt hatte. Wis-
senschaftlichkeit sei auch für die Hundeabrichtung unerläßlich, um
vorwärtszukommen. Seit 1909 befaßte sich MOST mit einer neuen Abrichtungslehre. Im Jahre 1911 begann MOST einen Kampf gegen eine
Überschätzung hundlichen Leistungsvermögens, verstärkt ab 1913.
HECK: „Im Jahre 1909 schuf MOST eine neue Abrichtungslehre. Sie
brach mit der bis dahin üblichen Vermenschlichung des Hundes und
baute auf wissenschaftlicher Grundlage auf. Daraus ergaben sich bedeutende Vorteile; eine wesentliche Vereinfachung der Abrichtung,
ferner ein erheblich schnelleres Lernen des Hundes und nicht zuletzt
durch einleuchtende Begründung das bis dahin fehlende lehrbare und
erlernbare System für die Ausbildung von Hundeführern."
1912 erschien das Buch „Die Abrichtung des Hundes" von MOST/
BÖTTGER in Erstauflage. Im Vorwort der 1938 erschienenen 8. Auflage vermerkten die beiden Autoren: „Mancherlei Neues enthält die
vorliegende Auflage. Die Verständigung zwischen Mensch und Hund
sowie eine Reihe weiterer Abschnitte sind wesentlich vertieft. Neu
hinzugekommen ist das Stehenbleiben, die Mannarbeit am ungeschützten Gehilfen, der heutige Stand der Spürleistung und das Spü-
ren des fährtensicheren Hundes."
MOST und BÖTTGER: „Annehmlichkeit und Unannehmlichkeit sind
die Zügel, mit denen wir den Hund lenken und ihm verständlich machen, worin er seinen Vorteil oder Nachteil findet. Von entscheidender Wichtigkeit für die Abrichtung ist es, aus der Ferne Annehmlichkeit und Unannehmlichkeit erregen zu können. In den ursprünglichen Zwangseinwirkungen haben wir die unmittelbar auf den Körper
wirkenden Zügel, weshalb wir sie hauptsächlich nur beim angeleinten
oder dicht bei uns befindlichen Hund verwenden können. Geistige

Zügel, mit denen wir den Hund aus der Ferne zu lenken vermögen, verschaffen wir uns durch stellvertretende Einwirkungen: die Hör- oder Sichtzeichen."

In der von Most entwickelten Abrichtelehre nahm die Theorie über „ursprüngliche Einwirkungen" und „stellvertretende Einwirkungen" die zentrale Stellung ein. In ihr verdeutlichte sich ein neuer tierpsychologischer Erkenntnisstand. Laut den als Einband erschienenen Protokollen des III. Kynologischen Weltkongresses vom 22. bis 25. April 1935 in Frankfurt a. M. erklärte Most als Referent, seinen theoretischen Darlegungen lägen die Pawlowschen Erkenntnisse über die „unbedingten Reflexe" und die „bedingten Reflexe" zu grunde. Somit kann man feststellen, daß die Arbeiten Pawlows über die höhere Nerventätigkeit bei Hunden die Basis schufen, der Vermenschlichung des Hundes wissenschaftlich zu begegnen und neue Wege in der Abrichtung des Hundes gehen zu können.

XI
Rassehunde und ihre Entwicklung

Hundedarstellung aus »Historia Animalium«
von Conrad Gesneri, 1551

Historische
Artbeschreibungen –
bedeutungslos

Die Variabilität des Wolfes ist sehr groß. 20 Unterarten werden beschrieben, und selbst innerhalb eines Rudels können gleichaltrige und gleichgeschlechtliche Wölfe in Größe und Färbung Unterschiede aufweisen. Dennoch übertrifft der Hund als Folge der Domestikation in der Artenvielfalt seine wilden Ahnen. Mit der Variabilität in der körperlichen Beschaffenheit verbindet sich der Rassebegriff.

Was verstehen wir unter Rasse? „Innerhalb der Haustierarten ist die Mannigfaltigkeit der Formen und Leistungen sehr groß, eine Kennzeichnung der verschiedenen Eigenschaften ist notwendig.

Man hat zunächst die gleichen Kategorien wie bei der Kennzeichnung der innerartlichen Variabilität bei Wildtieren angewandt. Das ist nach den zoologischen Nomenklaturbestimmungen anfechtbar [...]." „Um eine Begriffssicherheit zu erreichen, ist daher die Auffassung begründet worden (HERRE, 1961), den erstmalig bei Gliederungen innerhalb von Haustieren definierten Begriff ‚Rasse' nur für Untergliederung von Haustieren zu verwenden und ihn streng auf Haustiere zu begrenzen. Rassen sind demnach von Menschen in sexueller Isolation gehaltene, verbreitete Untereinheiten der Haustiere einer Art, welche sich in mehreren Merkmalen und Erbeinheiten voneinander stärker unterscheiden; sie werden nach subjektivem Ermessen abgegrenzt. Es sind Kollektiveinheiten, deren Besonderheiten oft durch statistische Methoden erfaßt werden können; ihre Heraushebung im zoologischen Nomenklatursystem ist nicht gerechtfertigt, eine Bezeichnung durch Vulgärnamen genügt" (HERRE/RÖHRS)

Es verbleibt, darauf hinzuweisen, daß es auch innerhalb einer Rasse Untereinheiten geben kann, die als Schläge, Stämme, Linien, Zuchten, Familien usw. bezeichnet werden.

Die Definition der Rasse erlaubt es, auch die Hunde des Altertums nach Rassen einzuteilen. Nach überlieferten Benennungen kann die

Zahl der Hunderassen des Altertums auf etwa 150 geschätzt werden. Ihre Vulgärnamen lauteten zum Beispiel Meder, Perser, Kreter-Achäer, Melitäer, Thracier, Molosser usw. Die Namen besagten, auf welchen Territorien die Hunde existierten oder von welchen Völkerschaften sie gehalten wurden. Keinesfalls dürfte die Absicht bestanden haben, mit den Namen Rasseunterschiede zu kennzeichnen.

Jede wissenschaftlich begründete Rassebezeichnung hat züchterische Entscheidungen zur Voraussetzung und bedingt gezieltes selektives Eingreifen durch den Menschen. Mit Sicherheit läßt sich aber feststellen, daß die damaligen Hunde selbst innerhalb einer Rasse sehr uneinheitlich waren. Und so wie wir historisch geschlossene Leitlinien von unseren heutigen Hunderassen nicht zu denen des Altertums ziehen können, gibt es umgekehrt auch keine direkte Entwicklungslinie von den Pfahlbauspitzen (Torfhunde), Schlittenhunden, Bronzehunden, Lagerhunden, Aschenhunden und Langkopfhunden bis in unsere Gegenwart.

Hierzu wird folgendes festgestellt: „Angesichts der Fülle von Haushundearten glaubte man zunächst, daß diese auf verschiedene wilde Stammarten zurückgingen. In den Zeiten von KÜTIMEYER und STUDER wurden als Stammarten der Haushunde Canis palustris (Spitze), Canis intermedius (Jagd- und Laufhunde), Canis matrisoptimae (Schäferhunde), Canis poutiatini (Doggenartige), Canis leineri (Windhundähnliche) u. a. genannt. Es handelt sich dabei um Formen, die schon bei den ältesten bekannten Haushunden unterschieden werden können (EPSTEIN, 1971). Dies ist gewiß auffällig; eine sehr alte Domestikation könnte dadurch belegt werden, wenn nicht Unsicherheiten in den Datierungen Fragen offen ließen, die aber mehr kulturgeschichtliches als zoologisches Interesse beanspruchen. Die bei den frühen Haushunden unterschiedenen Arten wurden in einer Zeit beschrieben, in welcher ein typologisches, starres Denken in der zoologischen Systematik die Beschreibung neuer Formen bestimmte"... „In Erörterungen über Haustiere, insbesondere im kynologischen Schrifttum, sind aber immer noch Auseinandersetzungen über nur historisch verständliche Artbeschreibungen im Gange; nach heutigen zoologischen Maßstäben kommt ihnen keine Bedeutung mehr zu" (HERRE/RÖHRS).

241

Der Molosser –
kein Ahne
unserer Doggen

„Die Geschichte der Doggen ist auf vielen Spekulationen aufgebaut, denn der absolute Beweis, daß die assyrische Dogge vom Tibethund abstamme und von diesem oder von beiden wiederum der römische Molosser, wird von vielen Kynologen nur angenommen" (SEUPEL, 1976). Es lassen sich keine historischen Leitlinien vom Tibethund zur assyrischen Dogge, weiter zum römischen Molosser und schließlich bis zu den Doggen unserer Zeit nachweisen. Die Abstammungs-Spekulationen bleiben Spekulationen. Bereits SCHÄME (1913) äußerte Zweifel, daß der Molosser ein Ahne der Doggen sei: „Früher wurde er als der Vorfahr unserer heutigen Doggen: deutsche Dogge, Mastif, Bulldog usw. hingestellt. Das genaue Studium der alten Abbildungen und Statuen, welche uns in ziemlicher Anzahl zur Verfügung stehen, drängt aber immer mehr zu der Ansicht, daß der Molosser ein großer, stehohriger, rauhzottiger Schäferhund gewesen ist. Es war sicher der alte Hütehund, der gezüchtet wurde, die Herden gegen die Angriffe des großen Raubzeuges zu schützen, und der bei allen europäischen Völkern vorkommt und vorkam, deren Herden noch von großem Raubzeug bedroht werden und bedroht wurden."

Was berechtigt uns, den assyrischen Hund und den Tibethund als Doggen zu bezeichnen? – mit einem Begriff zu belegen, der erst in der modernen Rassehundezucht zu einem Rassebegriff wurde? Dogge – das war ursprünglich nichts anderes als ein Schreibfehler bzw. eine Schreibvariante der englischen Bezeichnung für Hund. In der englischen Literatur wurde um das Jahr 1500 erstmals ein Bullenbeißer als Bullenhund erwähnt. Die älteste Schreibweise war „boldog" und „bonddog". „Der bandog kommt auch in SHAKESPEARES Heinrich VI., 2. Teil, Akt 1, vor. ‚The time when screech owls cry and bandogs howle.' In der deutschen Übersetzung von AUG. WILH. SCHLEGEL: ‚Die Zeit, wo Eulen schrein und Hunde heulen.'" (TRENKLE, 1937).

Im Jahre 1576 verfaßte Caius, der Arzt der Königin Elisabeth, eine Abhandlung über diesen Hund, den er als außerordentlich schrecklich, furchteinflößend, wild und grausam, tapfer und angriffslustig bezeichnete. Er bediente sich der Schreibweise „banndogg" ohne besondere Absichten. „dogg" war lediglich die Variation einer phonetischen Widergabe des Wortes „Hund". Die Selektion erfolgte nach Leistung. „Schönheit und Ausgeglichenheit der Form war in keiner Weise erwünscht, nichts galt die Erscheinung des Hundes, aber alles Mut, Kraft und Wildheit" (Trenkle, 1937). Die Engländer züchteten solche „Stier-Hunde" bzw. „Bullen-Hunde" für den Tierkampf zu Schauzwecken als circensische Vergnügen nachweislich seit dem 12. Jahrhundert. 1835 sollen in England die blutigen Schaukämpfe Tier gegen Tier abgeschafft worden sein. Es gab aber nicht allein in England Hunde mit der Qualität von Tierkämpfern. Wir finden sie in vielen europäischen Staaten als Nachfahren bodenständiger Hirtenhunde bei der Jagd auf Wildschweine und Bären.

„Die Ordnung der Waldförster auf dem Haardt von 1483 besagte, ‚daß alle unnütz Hunde abgetan werden und niemand keinen Hund halten, denn die gut Hofrüden, die im Winter zur Schweinhetz zu bringen sind [...]" (Rolfs, 1970).

„Markgraf Moritz verordnete, daß jeder Fleischer und Schäfer seine starken Hunde zur Sauhatz zur Verfügung zu stellen hatte, bei Nichtbefolgen dieser Anordnung wurde er durch Wegnahme von fünf seiner besten Hammel bestraft" (Rolfs, 1970) „Saurüde", „Saubeller", „Saufinder", „Dantziker Bärenbeißer" und „Englische Tokke" waren die gewöhnlichen Bezeichnungen der allerorts auf Leistung und nicht auf Rassemerkmale selektierten Hunde. Der Bezeichnung „Englische Tocke" lag kein anderer Sinn bei, als daß es sich um einen englischen Hund aus deutscher Sicht handelte. Es gibt bisher noch keine Abhandlung darüber, zu welchem Zeitpunkt man den einheitlichen Begriff „dogg" und „dog" für Hund zu differenzieren begann, Dogge zu einem Rassebegriff wurde. Und wenn wir heute eine Reihe von Hunderassen unter dem Sammelbegriff Doggen finden, so können wir das nicht mehr in der Beziehung eines einheitlichen Rassekreises nach Fehringer (1940) auffassen, wie überhaupt diese Vorstellung von Rassekreisen wissenschaftlich nicht haltbar ist.

Moderne Hunderassen

Nach dem Stand unserer heutigen Erkenntnisse können wir die modernen Hunderassen höchstens drei Jahrhunderte zurückverfolgen, und dies nicht einmal lückenlos. Die eigentliche Entstehungszeit der modernen Hunderassen beginnt mit der organisierten Rassehundezucht, der Gründung von Züchtervereinigungen, der Eröffnung von Hundestammbüchern und der Veranstaltung von Rassehundeausstellungen.

Im Jahre 1873 wurde der englische Kennel Club gegründet. mit 40 eingetragenen Hunderassen erschien 1874 der erste Band des englischen Hundestammbuches. Auch in anderen europäischen Staaten setzte eine derartige Entwicklung im vorigen Jahrhundert ein, so auch in Deutschland. Verschiedene Vereine und Klubs zur Prüfung der Leistungen von Jagdhunden, wie der Verein zur Prüfung von Gebrauchshunden zur Jagd in Berlin und der Norddeutsche Hetzklub entstanden.

Die Vereine legten Rassekennzeichen fest, veranstalteten Ausstellungen, hielten Prüfungen ab und führten ein Hundestammbuch. Am zahlreichsten waren damals die Prüfungen für Hühner-, Dachs- und Schweißhunde. Bis ins vorige Jahrhundert unterschied man die Jagdhunde noch wie folgt: Bracken, Dachshunde, Otterhunde, Parforcehunde, Retriever (Wiederbringer), Saufinder, Saupacker (Saurüde), Schweißhunde, Vorstehhunde (Hühnerhunde) und Windhunde.

Die Entwicklung der modernen Rassehundezucht vollzog sich vor dem Hintergrund industrieller Umwälzungen in allen kapitalistischen Staaten, die zuerst in England einsetzte. Dort begann sie etwa 1780, und bereits um die Mitte des 19. Jahrhunderts produzierten die Hauptzweige der englischen Industrie mit Hilfe von Maschinen. Die führende Stellung, die damit England in der industriellen Warenproduktion anderen Staaten gegenüber einnahm, brachte England auch in die führende Stellung in der modernen Rassehundezucht.

Erste Hundeausstellungen sind uns bekannt – im Juni 1863 in Hamburg, September 1863 in Wien, September 1881 in Fluntern nahe Zürich und 1880 in Moskau.

Plakat der ersten Rassehundeausstellung
in Hamburg 1863

Saurüde
(nach Fleming, 1719)

»Niederländischer Bollbeißer«
(nach Fleming, 1719)

»Englische Tocke«
(nach Fleming, 1719)

»Dantzicker Bährenbeißer«
(nach Fleming, 1719)

»Stöberhund«
(nach Fleming, 1719)

»Teutscher Jagd Hund«
(nach Fleming, 1719)

248

»Saufinder«, Hirtenhund
(nach Fleming, 1719)

»Saubeller«
(nach Fleming, 1719)

»Wasserhund«
(nach Fleming, 1719)

»Französisch Par Force Hund«
(nach Fleming, 1719)

»Hühnerhund«
(nach Fleming, 1719)

»Barber oder Wasserhund«
(nach Fleming, 1719)

251

Setter, um 1880

Setter, um 1880

Hühner- oder Vorstehhund, um 1880

Neufundländer, um 1880

Mastiff, um 1880

Pointer, um 1880

Bernhardiner, um 1880

Bracke, um 1880

Englischer Fuchshund, um 1880

Dachshund, um 1880

Ulmer Dogge, um 1880

Dänische Dogge, um 1880

Russischer Setter, um 1880

Russischer Windhund, um 1880

Schweißhund, um 1880

Wachtelhund (Spaniel), um 1880

Bulldogge, um 1880

Wachtelhund (Spaniel), um 1880

King Charles, um 1880

Möpse, um 1880

Rauchhaariger Pinscher, um 1880

Glatthaariger Pinscher

Englische Windhunde, um 1880

Griechischer Windhund, um 1880

Nacktes Windspiel, um 1880

Italienisches Windspiel, um 1880

Skye-Terrier, um 1880

Kurzhaariger Dachshund,
um 1900

Pudel, um 1880

Schwarzer Schnürpudel und weißer halbgeschorener Wollpudel.
Darstellung 1896

Bull-Terrier, um 1880

Tigerhund, um 1880

Eskimohund, um 1880

Stöberhund, um 1880

Afrikanischer Windhund, um 1880

Wasserhund, um 1880

Schottischer Schäferhund, um 1882

Kurzhaariger St. Bernhardiner Hund, um 1882

Spitz, um 1880

Kleiner Wachtelhund, um 1882

Seidenpudel, um 1882

Habanesischer Seidenspitz, um 1882

Schäferhund, Darstellung 1844

Vorstehhund. Darstellung 1888

Sibirischer Hund, Darstellung 1844

Deutscher Schweißhund (stehend)
und Englischer Schweißhund (liegend),
Darstellung 1888

*Windspiel (oben), darunter Dachshund,
Darstellung 1844*

Jagdhund, Darstellung 1844

Die vier Jahreszeiten der Hunde: Der Sommer
Stich von Johann Elias Ridinger

LITERATURVERZEICHNIS

ALBRECHT, Os.: Zur ältesten Geschichte des Hundes. München 1903
ARAMILEW, I.: Erzählungen eines Jägers. Weimar 1954
AUTORENKOLLEKTIV: Handbuch für Diensthundeführer. Berlin 1968
AUTORENKOLLEKTIV: Im Hundewinkel. Berlin 1948
AUTORENKOLLEKTIV: Wildtiere in Menschenhand. Berlin 1975
AUTORENKOLLEKTIV: Vierzig Abbildungen edler Hunde-Racen. Leipzig 1882

BATOCKI, E. T. v.: Die Wölfe in Preußen. Aus alten Schriften zusammengestellt.
    In: „Wild und Hund", 1905
BAUER, H.: Seine Ahnen waren Wölfe. Leipzig 1957
BECKMANN, L.: Die Rassen des Hundes. Braunschweig 1895
BIANKI, W.: Die Waldzeitung. Übersetzung aus dem Russischen. Berlin 1956
BOSCH, W. VAN DER u. W. HASCHKE: Können Tiere denken? Leipzig/Jena 1956
BRENTJES, B.: Von Schanidar bis Akkad. Leipzig/Jena/Berlin 1968, 2. Auflage
BRENTJES, B.: Die orientalische Welt. Berlin 1972
BRENTJES, B.: Die Erfindung des Haustieres. Leipzig/Jena/Berlin 1975
Bx.: Aus dem Testament Philipp I., Landgraf von Hessen. In: „Wild und Hund", 1905

CREYTZ, A. v.: Der Deutsche Schäferhund. Dresden 1922
CHOLOSTOW, W. G.: Hetzjagd im alten Rußland. In: „Unsere Jagd", Nr. 7/8, 1967

DEMBOWSKI, J.: Tierpsychologie. Berlin 1955

ENDE, R. v.: Die Abrichtung des Fährtenhundes. Halle 1954
ENDE, R. v.: Lux greift an. Berlin 1958
ENDE, R. v.: Einmaleins der Abrichtung. Teil I, Neuenhagen 1960
ENDE, R. v.: Einmaleins der Abrichtung. Berlin 1962, Teil II

FEHRINGER, O.: Wildtiere und Haustier, Stuttgart 1936
FLEMING, H. F.: Der vollkommene Teutsche Jäger. Leipzig 1719*
FLOERICKE, K.: Wisent und Elch. Stuttgart 1930
FEHRINGER, O.: Das neue Hundebuch. Berlin 1954
FISCHEL, W.: Die Seele des Hundes. Berlin 1950

FISCHEL, W.: 16. Haushunde. Leipzig 1956
   Aus: Handbuch der Zoologie, Band 8
FISCHEL, W.: Das Verhalten von Hunden gegenüber Artgenossen.
   In: „Der Hund", 1956

GERSBACH, R.: Dressur des Polizeihundes. Berlin 1923
GESNERI, CONRAD: Historia Animalium. 1551*
GOTTSCHALK, W.: Der Polizeihund. Neudamm 1920, 2. Auflage
GRÄNITZ, R.: Schloß Augustusburg. Leipzig 1973

HERRE, W. u. M. RÖHRS: Haustiere zoologisch gesehen. Jena 1973
HERZ, MICHAEL: Gründtlicher Underricht / warhaffte und eygentliche Beschreibung /
   wunderbarlicher seltsamer Art /.. 1546*
HARTENSTEIN, E.: Auf den Spuren unserer Haustiere. Berlin 1956
HABERHAUFFE, L. u. G. ALBRECHT: Diensthunde – ihre Abrichtung
   und Haltung. Berlin 1979
HEINZE, H.: Bär und Wolf in Thüringen. In: „Unsere Jagd", Nr. 2/1970

ILGNER, E.: Der Hundesport. Leipzig 1904

JONSTONUS, JOHANN: Historia Naturalis Frankfurt 1652*

KAHLKE, H. D.: Großsäugetiere im Eiszeitalter. Leipzig/Jena 1955
KOBER, U.: Mein Hund. Berlin 1952

LEHMANN, A.: Tiere kamen zu uns. Leipzig 1953
LEHMANN, A.: Tiere als Artisten. Wittenberg/Lutherstadt 1955
LENK, W.: Dokumente aus dem deutschen Bauernkrieg. Leipzig 1974
LÖFFEL, K.: Alte Kunde von dem Hunde wohl vor 2000 Jahren.
   Unveröffentlichtes Manuskript, Leipzig o. J.
LONDON, J.: Wolfsblut, Leipzig 1953
LONDON, J.: Wenn die Natur ruft. Berlin 1954

MEYER, A.: Brehms Tierleben. Bd. 3, Wien/Hamburg/Budapest/Zürich o. J.
MEYER: Konversationslexikon. Bd. 1 – 16, Leipzig 1885 bis 1890
MOEKEL, P.: Mein Hund Rolf. Stuttgart 1921
MOST-BÖTTGER: Die Abrichtung des Hundes. Berlin 1938. 9. Auflage
MELISSEN-HACKEN, B.: Besuch aus den Wäldern. Oldenburg/Berlin 1942

PAWLOW, I. P.: Sämtliche Werke. Band II, III, IV und V, Berlin 1953
PAWLOW, I. P.: Ausgewählte Werke. Berlin 1953
PETRON: Satiricon. Berlin/Weimar 1978
POL, W.: Kok Myśliwca. Warschau 1957

ROLFS, K.: Der Jagdgebrauchshund. Berlin 1970, 3. Auflage

SCHÄME, R.: Hundezucht. Berlin 1913
SCHMIDT, B.: Begegnungen mit Tieren. München 1941, 3. Auflage

SCHNEIDER. LEYER, E.: Pudel. Stuttgart 1971
SEIBT, E.: Wolfsjagd im 17. Jahrhundert in Thüringen.
    In: „Unsere Jagd" Nr. 11/1966
SENGLAUB, K.: Wölfe – Legende und Wirklichkeit.
    In: „Wissenschaft und Fortschritt" Nr. 27/1977
SEUPEL, I.: Rassehunde einst und jetzt. Berlin 1976
SKOWRONNEK, F.: Die Jagd. Bielefeld/Leipzig 1901
SMIRNOW: Jagderlebnisse. Berlin 1956
STEPHANITZ, M. V.: Der deutsche Schäferhund in Wort und Bild Jena 1932
STREBEL, R.: Die deutschen Hunde und ihre Abstammung.
    Frankfurt/Main 1901/05

TEMBROCK, G.: Grundlagen der Tierpsychologie. Berlin 1971
TRENKLE, E.: Die Französische Bulldogge. München 1937

WAZURO, E.G.: Die Lehre Pawlows von der höheren Nerventätigkeit.
    Berlin 1975, 4. Auflage
WÖLFING, G.: Thüringische Wolfsjagden im 17. Jahrhundert.
    In: „Unsere Jagd" Nr. 6/1970

ZIMMERMANN, H.: Lexikon der Hundefreunde. Berlin 1933
ZIMEN, E.: Der Wolf. Mythos und Verhalten. Wien 1978

ABBILDUNGEN zu Oken's Naturgeschichte. Stuttgart*
PROTOKOLL des III. Kynologischen Weltkongresses, 1935
UNTERHALTUNGEN aus der Naturgeschichte. Der Säugetiere erster Teil.
    Augsburg 1806*
ZEITSCHRIFT „Wild und Hund". Jg. 1905

Die mit einem Stern versehenen Buchtitel befinden sich im Besitz der Deutschen
Staatsbibliothek Berlin/DDR. Die Deutsche Staatsbibliothek stellte uns aus diesen
Büchern Reproduktionen zur Verfügung, wofür wir uns herzlich bedanken.